本著作系国家自然科学基金项目（No. 41171126）、西安市科技局软科学项目（YF07208-01）和中国旅游研究院西部旅游发展研究基地年度研究成果，由陕西师范大学优秀著作出版基金与西部旅游发展研究基地科研项目资助出版。

秦岭北麓观光农业旅游资源开发研究

严艳 著

中国社会科学出版社

图书在版编目（CIP）数据

秦岭北麓观光农业旅游资源开发研究／严艳著.—北京：中国社会
科学出版社，2012.10
ISBN 978 – 7 – 5161 – 1505 – 3

Ⅰ.①秦…　Ⅱ.①严…　Ⅲ.①秦岭 – 观光农业 – 旅游资源开发 –
研究　Ⅳ.①F592.741

中国版本图书馆 CIP 数据核字（2012）第 229011 号

出 版 人	赵剑英	
责任编辑	任　明	
特约编辑	乔继堂	
责任校对	韩海超	
责任印制	李　建	
出　　版	中国社会科学出版社	
社　　址	北京鼓楼西大街甲 158 号　（邮编100720）	
网　　址	http：//www. csspw. cn	
	中文域名：中国社科网　　　010 – 64070619	
发 行 部	010 – 84083685	
门 市 部	010 – 84029450	
经　　销	新华书店及其他书店	
印　　刷	北京奥隆印刷厂	
装　　订	北京市兴怀印刷厂	
版　　次	2012 年 10 月第 1 版	
印　　次	2012 年 10 月第 1 次印刷	
开　　本	710 × 1000　1/16	
印　　张	16. 75	
插　　页	2	
字　　数	298 千字	
定　　价	48. 00 元	

凡购买中国社会科学出版社图书，如有质量问题请与本社联系调换
电话：010 – 64009791

前　言

农业是我国国民经济的命脉，发展农业是我国的国策。观光农业改变了我国传统农业仅仅专注于土地本身的大耕作农业的单一经营思想，把发展的思路拓展到关注人—地—人和谐共存的更广阔的背景之中。基于"天时、地利、人和"的新型观光农业，将成为我国传统农业向高精尖、高附加值深度开发转移的农业现代化的主流方向之一。观光农业开发以农业资源为基础，实行以旅游需求为主体的合理规划、设计与施工，把农业绿色生态、农业生产、农业文化及旅游者的广泛参与融为一体，满足旅游者"回归自然"、领略农业艺术及良好生态的需要，将生态保护和开发利用有机融合。

近年来，随着城市化进程的加快，促使城市居民在假日离开城市，到环境幽静、自然优美的郊区去观光休闲旅游，各种类型的观光农业休闲园应运而生，全国的观光农业旅游发展速度加快。这些观光农业园以观光采摘功能为主，兼顾休闲、娱乐、度假、体验、教育、生态功能，大多分布在大中城市郊区和经济发达地区以及大型景区周围。陕西的观光农业也是如此，应该说，还是处于观光农业发展的初级阶段，内容和功能比较单一，服务设施不够完善，经营管理水平低且不够规范，需要进一步规划与整合。

中国的旅游研究经 30 多年的发展，已取得很大进展。农业休闲旅游研究也取得了一定的成果，已出版的国内外相关书籍有：《旅游农业》（江苏科学技术出版社，2001）、《海峡两岸观光休闲农业与乡村旅游发展》（郭焕成，中国矿业大学出版社，2004）、《休闲农业和乡村旅游发展理论与实践》（中国矿业大学出版社，2006）、《观光休闲农业与乡村休闲产业发展》（郑健雄，中国矿业大学出版社，2007）《观光农业园规划与经营》（王树进，中国社会出版社，2008）、《乡村旅游发展规划与景观设计》（郑健雄等，中国矿业大学出版社，2009）。已出版的此类书籍多半是关于农业旅游研究的相关论文集。关于秦岭北麓的农业旅游研究还未见相关书籍出版，本书的研究内容和研究方法具有一定的创新性。

　　陕西省秦岭北麓农业旅游观光带位于西安市南郊，不仅是陕西省乃至全国的旅游资源密集带之一，而且是我国传统的农业耕作区，农业经济发达，特别是现代农业科学技术的应用，更加丰富了该地区的农业旅游资源，非常适宜发展农业休闲观光旅游。秦岭是西安人文之都的文化标志和经济发展与人民生活的生命线，要建设国际性现代化的西安大都市，必须深刻认识保护秦岭和开发秦岭的重要意义。本书的出版，正是意在为发展秦岭北麓观光农业旅游提供指导。

　　区域旅游资源开发潜力评价是对区域旅游业发展前景的一种综合测度，旅游资源开发潜力的大小关系到一个区域发展旅游业后续能力的强弱。本书运用理论与实证相结合的方法，从分析区域旅游资源开发潜力的影响因素出发，建立了一套区域农业旅游开发潜力评价指标体系，并运用灰色系统理论和数理统计方法进行评价与分析，为进一步进行相关研究提供了有价值的参考，可增进对区域旅游资源开发潜力的理解，补充、完善区域旅游发展理论的研究内容，具有较强的学术价值。

　　本著作具有以下特点：

　　（1）构建了区域农业旅游资源潜力评价体系，补充、完善区域旅游发展理论的研究内容，并以秦岭北麓为实证，可对制定区域科学的发展战略、激发潜在能力、引导旅游经济健康协调发展起指导作用。

　　（2）在资料统计和野外考证的基础上，首次梳理了秦岭北麓507个农业旅游资源单体，并综合评价了秦岭北麓各个县区的农业旅游资源；首次梳理了秦岭北麓69个观光农业园，对其数量、类型等方面进行了细致深入的分析工作，为今后秦岭北麓观光农业的研究者提供了详细的资料基础和依据。

　　（3）对秦岭北麓旅游客源市场进行深入调查和预测，对本区农业观光园的发展和农业旅游产品谱系的构建提出了科学合理的建议。

　　（4）利用大量的市场调查资料、数学模型、计算机处理等手段，在数据分析的基础上，使定性分析与定量分析相结合，提高了成果的科学性和精确性。

　　（5）本书有图48幅，表85个，图文并茂，有效利用图表直观反映研究成果。

　　著作执笔分工：严艳负责策划与统稿，执笔前言、第一章、第二章、第三章一部分，第四章一部分，第六章一部分，第七章一部分，实证研究等，参与执笔第七章一部分，第九章一部分；杨晓美执笔第三章、第八章，田野考察笔记；宋秀云执笔第四章、第五章；高群（长沙市旅游局规划产业处副处长）执笔第六章；李德山执笔第七章；王晓庆（郑州旅游职业学院教师）、连丽娟执笔第二章；董文珍参与执笔第一章，负责整理参考文献。陕西省旅游局副局长陈清亮，旅游与环境学院延军平教授、孙根年教授，数学科学学院王光生副教授多次参与讨论并给予指导，咸阳民族学院旅游管理系教师章杰宽、咸阳职业学院旅游管理系教师韩燕妮参与了本课题工作，韩改芬、高言玲、卫红、周文、邓晓霞、王世超、王艳丽、连丽娟、王文文、郜学敏、沈宏洁、程萍、田泽民、董文珍、王莹莹等参与了野外调研并完成部分写作，陕西师范大学旅游与环境学院 2005 级、2006 级本科生和部分研究生协助参加了调研。

　　本著作系国家自然科学基金项目（41171126）、西安市科技局软科学项目（YF07208-01）和中国旅游研究院西部旅游发展研究基地年度研究成果之一，由陕西师范大学优秀著作出版基金与西部旅游发展研究基地科研项目资助出版。著作中提出的建议与举措旨在抛砖引玉，不妥之处欢迎批评指正。

目　　录

图 表 目 录

第一章

绪　论

第一节　研究背景

　　农业是我国国民经济的命脉，发展农业是我国的国策，观光农业改变了我国传统农业仅仅专注于土地本身的大耕作农业的单一经营思想，把发展的思路拓展到关注人—地—人和谐共存的更广阔的背景之中。基于"天时、地利、人和"的新型观光农业，将成为我国传统农业向高精尖、高附加值深度开发转移的农业现代化主流方向之一。观光农业开发是以农业资源为基础，实行以旅游需求为主体的合理规划、设计与施工，把农业绿色生态、农业生产、农业文化及旅游者的广泛参与融为一体，满足旅游者"回归自然"，领略农业艺术及良好生态的需要，将生态保护和开发利用有机融合。

　　近年来，随着城市化进程的加快，促使城市居民在假日离开城市，到环境幽静、自然优美的郊区去观光休闲旅游，各种类型的观光农业休闲园应运而生，全国的观光农业旅游发展速度加快，这些观光农业园以观光采摘功能为主，兼顾休闲、娱乐、度假、体验、教育、生态功能，大多分布在大中城市郊区和经济发达地区以及大型景区周围。陕西的观光农业也是如此，应该说，还处于观光农业发展的初级阶段，内容和功能比较单一，服务设施不够完善，经营管理水平低且不够规范，需要进一步规划与整合。

　　秦岭北麓农业旅游观光带位于西安市南郊，不仅是陕西省旅游资源密集带之一，而且是我国传统的农业耕作区，农业经济发达，特别是现代农业科学技术的应用，更加丰富了该区农业旅游资源，非常适宜发展农业观光旅游。本研究拟在对秦岭北麓观光农业旅游资源综合评价的基础上，对其观光农业旅游产品进行深度开发研究，并就观光农业示范园选址与布局进行定位研究，结合秦岭北麓农业实际，规划"优质小麦、水果、蔬菜示范区"、"绿色保护示范林"、"观光农业旅游园"和"科普教育和农业科技示范园"等系列农业观光示范园，提出秦岭北麓观光农业示范园的发展模式。秦岭北麓农业旅游观光带示范园建设是秦岭北麓社会主义新农村建设的最佳选择，是秦岭生态保护的有益尝试和经济与环境可持续发展的必由之路。近年来，随着秦岭北麓旅游开发的不断升温，一些低档次的"农家乐"无序建设，生态环境也遭到明显破坏，在社会主义新农村建设的新形势下，亟须新的开发思路和整体策划理念，农业生态示范区的旅游开发，就是把生态保护和开发利用有机统一，把秦岭北麓建成西安的生态带、景观带和旅游带。

第二节　研究现状综述

一　秦岭北麓研究现状

国内诸多学者已经从不同的角度和层面研究秦岭，关于秦岭的研究成果较为丰富，如秦岭植被（朱晓勤，2006；徐浩，2006；莫申国，2007 等）、秦岭气象气候（程路，气象，2006；齐增湘等，2011；张立伟，2011 等）、秦岭山地（刘宇峰等，2008；孔庆蕊，2009；朱美宁、宋保平，2009），有关秦岭地质地貌（陆松年，2006；姚书振，2006；李传友，2006 等）和生态环境与水土保持（郭晓东，2006；刘康，2004；王香鸽等，2003 等）等方面的研究成果为数不少。关于秦岭北麓的研究成果也较为多见，尤其是对于秦岭北麓地质地貌的研究、生态环境、水资源的研究较多（李勤，2007；段青维，2011；武宇红，2011；高天凝等，2011；马致远等，2011；张静，2006），也取得了一定的研究成果。

二　观光农业研究现状

观光农业也称旅游农业、休闲农业（leisure agriculture），其他相关的名词有：观光休闲农业、观赏农业、观尝农业、体验农业、旅游生态农业、田园农业、饭店农业、农村旅游等十余种（卢云亭、刘军萍，2002）。对于观光农业的内涵、发展阶段、发展内容的理论与实践也有许多学者涉及（杨俊杰等，2002；王国莉，2005；郭红芳，2007；黄蓉，2004）。更有一些学者结合某一区域对观光农业的发展进行了实证分析（钟国庆，2009；张万荣，2010，等）。农业休闲观光旅游起源于 20 世纪 60 年代初的欧洲，逐渐遍布欧美等发达国家，1997 年美国有 1800 万人赴农场观光度假。我国农业旅游起步于 90 年代初，市场规模、产品类型都亟待拓展。

三　农业示范园区建设现状研究

关于观光农业园区的类型和功能，有很多学者做过研究（王云才，2001；郑业鲁，2002；李春亭，2008；陈彪，2009；白洁，2011；杜姗姗，2012）；观光农业园区的规划、设计理念（高旺，2008；陈宇，2010；肖国增，2011），农业园区的开发模式，包括成长阶段、运作模式、特定地区不同观光农业园的发展特征也有一些研究成果（舒伯扬，1997；王云才，2001；赵敏，2001；欧阳欢，2006；张建国，2007；马守臣，2008；田晓珍，2009；张毅，2010等）；还有如《农业科技园的建设理论与模式探索》（蒋和平等，2002）等有关农业园区的专著，这些研究成果将为本课题的完成提供有益的帮助。

四　秦岭北麓观光农业研究现状

秦岭北麓的研究课题大多偏重于自然环境演变、生态环境保护等方面，而对于观光农业和农业示范园的研究多偏重于理论研究，缺乏实证研究与分析。关于秦岭北麓的旅游开发问题，也有一些学者进行了研究，但多偏重于森林旅游的研究（孙根年，2004；马占元，1999；张晓慧，2002；张晓慧，2002；杨新军，2004；蔡平，2002）、生态环境方面的研究（李海燕，2005；王克西，2007；王红权，2008；职晓晓，2009；姚江鹏，2009等）。关于秦岭北麓观光农业旅游的研究，据查证，目前仅有少量学者涉及（郭威，西北建筑工程学院学报，2001；杨晓美，2008；严艳，西安电子科技大学学报，2008；韩改芬，2009；等等），可见，对这一论题的研究，既缺乏充分的实地调查，也缺乏深入的研究分析。

第三节　研究内容

一　秦岭北麓观光农业旅游资源综合评价

秦岭是我国传统的农业耕作区，农业经济发达，具有从事林果种植、淡水养殖的优良条件，特别是现代农业科学技术的应用，更加丰富了该地区的农业旅游资源，非常适宜发展农业休闲观光旅游。本项目将在大量实地考察的基础上，利用定性和定量相结合的方法，对秦岭北麓观光农业旅游资源进行系统性的综合评价，为综合规划观光农业示范园区提供依据。评价内容包括：秦岭北麓观光农业旅游资源类型结构评价、等级结构评价、功能结构评价、空间结构评价、开发条件评价、优势特色资源评价和资源综合评价。

二　秦岭北麓观光农业示范园类型与分布研究

观光农业园开发是以农业资源为基础，实行以旅游需求为主体的合理规划、设计与施工，把农业绿色生态、农业生产、农业文化及旅游者的广泛参与融为一体，满足旅游者"回归自然"、领略农业艺术及良好生态的需要。通过对农业观光园内涵的确定，研究秦岭北麓农业观光园的现状发展和布局特征，在秦岭北麓观光农业旅游资源综合评价的基础上，结合秦岭北麓实际，本课题将对秦岭北麓观光农业示范园的选址与布局进行深入研究，选择甄别不同类型的观光农业示范园的最佳区位。

三　秦岭北麓观光农业客源市场调查分析与预测

在市场调研的基础上，对秦岭北麓客源市场进行分类分析和研究，以秦岭北麓最大的客源市场西安市为例，研究西安市民对秦岭北麓农业旅游产品的认知态度与消费意愿分析，并在此基础上，对秦岭北麓客源市场的发展趋势进行分析预测。

四　秦岭北麓观光农业旅游产品深度开发研究

农业休闲观光旅游，是以广义的农业资源为基础的所有旅游产品的统称，主要形式包括农业观光、瓜果采摘、务农活动、乡间度假等。农业休闲观光旅游项目的开发中，产品类型组合应当丰富，按照农业生产规律，结合当地自然优势，统一规划设计，种植、养殖、畜牧配合开发。

秦岭北麓作为我国传统的农业区，农作物品种繁多，既有小麦、玉米、水稻等作物和苹果、梨、猕猴桃、柿、核桃等果树，还有鱼、牛、羊等养殖业，更有一批现代化农业生产基地，可以在高山区发展中药材、干果生产，开发绿色食品，在低山和平地大力发展粮、棉、油、果、养殖等传统农业，以及观赏性的动植物生产，同时要借助关中地区农耕史的丰厚文化底蕴，以及"后稷嫁穑"和杨凌农业高新技术开发区等可以利用的资源，对产品进行统一规划设计，通过间插种植成熟期不同的品种，配合开发不受季节性影响的养殖、畜牧项目等手段，开发秦岭北麓农林休闲观光旅游产品。

观光农业旅游产品的开发要注重提高参与性，把农业休闲观光旅游与城市学生的修学旅游相结合，普及农业科学知识，把秦岭北麓建设成城镇学生的第二课堂。同时要充分利用农业科研基地发展高科技农业休闲观光旅游，要能体现农业产业的发展趋势，在旅游产品开发上要追求"新、特、土"，通过栅格分析，构建秦岭北麓观光农业产品谱系。

五 秦岭北麓观光农业带示范园经营发展模式研究

从理论上讲，不同类型的观光农业示范园区应有不同的发展模式，从投资开发的基础与诱因看，主要有政府主导示范开发、资源导向开发、市场导向开发、政府主导资源与市场相结合开发四种开发模式；从经营的角度看，主要有以"农"为主以"旅"为辅的经营模式，"农"、"旅"产品结合的综合经营模式，以及以"旅"产品为主的农业主题公园经营模式等多种经营模式；从空间发展角度看，主要有城市边缘区发展模式、王牌景点（区）依托型发展模式、地域风情拓展发展模式三种空间发展模式。秦岭北麓地域辽阔，农业旅游资源丰富，其类型各异的观光农业示范园应当有不同的发展模式，本课题将对秦岭北麓的观光农业示范园的经营模式、投资开发模式、空间拓展模式等进行初步探讨，为示范园建设提供理论指导。

六 秦岭北麓观光农业旅游资源潜力评价研究

本课题运用理论与实证相结合的方法，从分析区域旅游资源开发潜力的影响因素出发，建立了一套区域农业旅游开发潜力评价指标体系，并运用灰色系统理论和数理统计方法进行评价与分析，为进一步进行相关研究提供有价值的参考。该选题将科学评价秦岭北麓农业旅游业资源开发潜力，正确认识秦岭北麓各个县区农业旅游发展现状，为制定科学的发展战略，激发潜在能力，引导区域旅游经济健康协调发展起到积极的作用。

第四节 研究意义

陕西省秦岭北麓农业旅游观光带位于西安市南郊，距西安约20公里，东西长约40公里，南北宽2—3公里，总面积约110平方公里，不仅是陕西省乃至全国的旅游资源密集带之一，而且是我国传统的农业耕作区，农业经济发达。

秦岭北麓地域辽阔，农业旅游资源丰富，不同类型的观光农业示范园建设，将极大地推进本区经济发展和新农村建设，具有良好的推广前景。观光农业园开发是以农业资源为基础，实行以旅游需求为主体的合理规划、设计与施工，把农业绿色生态、农业生产、农业文化及旅游者的广泛参与融为一体，满足旅游者"回归自然"，领略农业艺术及良好生态的需要，就是把生态保护和开发利用有机统一，把秦岭北麓建成西安的生态带、景观带和旅游带，既有良好的经济效益和环境效益，又可以加速农业科技成果转化，提高农业综合生产能力，推进地区农业经济的可持续发展，确保农业增效、农民增收，是秦岭北麓社会主义新农村建设的必然选择，社会效益不言自明。

一　观光农业带示范园建设是秦岭北麓经济开发的有效途径

观光农业旅游开发是国家宏观经济调整时期社会资金寻找新投资领域的必然选择，并将成为新的经济增长点。观光农业旅游因其开发项目的农业特色，直接受到国家投资政策的倾斜照顾，城市周边农村地带正是基于这种地缘加血缘的优势，吸引了大批投资者纷纷进入，使农业休闲观光旅游区可能成为下一轮房地产开发的热点地区。农业是我国国民经济的命脉，发展农业是我国的国策，观光农业改变了我国传统农业仅仅专注于土地本身的大耕作农业的单一经营思想，把发展的思路拓展到关注人—地—人和谐共存的更广阔的背景之中。基于"天时、地利、人和"的新型观光农业，将成为我国传统农业向高精尖、高附加值深度开发转移的农业现代化主流方向之一。秦岭北坡浅山地带是我国传统的农业耕作区，农作物品种繁多，既有小麦、玉米、水稻等作物和苹果、梨、猕猴桃、柿、核桃等果树，还有鱼、牛、羊等养殖业，更有一批现代化农业生产基地，秦岭北麓农业休闲观光旅游的开发对秦岭北麓山前各乡镇的产业调整和经济发展都具有示范带动效应，配合生态工程的建设，不但可以促进山前绿化，而且还可以促进当地经济的发展和农民群众的致富。可见，观光农业旅游的产生是时代发展的必然，高效益的观光农业，为我国传统农业的现代化提供了一条可持续发展的途径。

二　观光农业带示范园建设是秦岭北麓社会主义新农村建设的必然选择

人类向往自然，农业拥有最多的自然资源，乡村是孕育文化的摇篮，所以农业是提供体验最适当的产业，乡村是体验最深沉的地方。处此新世纪，正值社会主义新农村大力建设之际，对目前秦岭北麓沿山、沿路、沿河的各类农家乐项目进行整合优化，建设观光农业园，设立高科技含量和影响力的农业科技示范项目，引导农业资源高效利用和示范建设，对加速农业科技成果转化，提高农业综合生产能力，增强我国农业和农产品的市场竞争力，推进地区农业经济的可持续发展，确保农业增效、农民增收具有重要意义。把农业休闲观光旅游的开发与农村小城镇建设及房地产开发相结合，不但可以改善当地农民的居住条件、完善当地的经济结构、增加就业机会、提高农民的经济收入，而且还可以满足西安市城市居民安置"第二家园"的市场需求。

三 观光农业带示范园建设是秦岭生态保护的有益尝试

秦岭是我国一条十分重要的分界线，对我国的气候、植被、动物、水文都起着极其重要的作用，保护秦岭的生态，对我国甚至邻国的气候与环境都有深远影响。秦岭北麓是关中"一线两带"的天然生态屏障，对关中地区尤其是西安市的经济发展、社会进步影响巨大，秦岭北麓是我省近年来矿产资源、生物资源和水资源的重点开发地区，为关中地区的经济发展提供了强有力的保障，同时秦岭北麓是重要的生态旅游胜地，一些重要的国家级风景名胜区、自然保护区和森林公园都分布在这里。近年来，随着秦岭北麓的旅游和矿产资源开发不断升温，一些低档次的"农家乐"无序建设，生态环境也遭到破坏，观光农业园区的建设与发展，对秦岭生态保护是有益的尝试。

四 观光农业带示范园建设是秦岭北麓经济与环境可持续发展的必由之路

秦岭是西安人文之都的文化标志和经济发展与人民生活的生命线，要建设国际性现代化的西安大都市，必须深刻认识保护秦岭的重要意义。农业生态示范区的旅游开发，就是把生态保护和开发利用有机统一，切实把秦岭建成西安的生态带、景观带和旅游带。

第五节 研究方法和技术路线

主要研究方法与技术路线：
➢ 野外调查法（包括野外考察和社会调查等）
➢ 综合分析法（因子分析法等）
➢ 计算机建模法
➢ 定性定量结合研究法
➢ 实证分析法

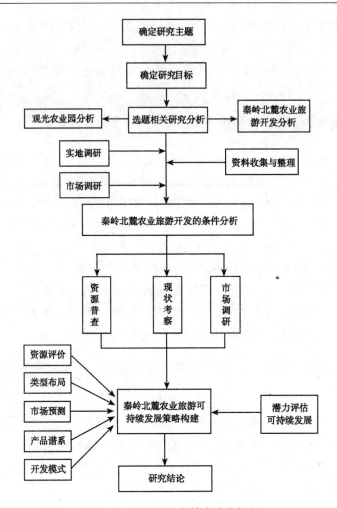

图 1-1   本课题研究技术路线框架

第二章

秦岭北麓自然、经济与旅游开发概况

第一节　秦岭北麓自然地理环境概况

一　地理位置

秦岭是我国南北自然地理的天然分界线，也是长江、黄河两大水系的分水岭。广义的秦岭，西起昆仑，中经陇南、陕南，东至鄂豫皖——大别山以及蚌埠附近的张八岭。而狭义的秦岭，仅限于陕西省南部、渭河与汉江之间的山地，东以灞河与丹江河谷为界，西止于嘉陵江。陕西秦岭是广义秦岭的主要组成部分，横亘在关中平原和汉江谷地之间。在行政区上，秦岭山区涉及西安、咸阳、宝鸡、渭南、汉中、安康、商洛 7 个市（地区）13 个县的全部和 22 个县的部分区域。

秦岭地区生物资源丰富，动植物复杂多样，被誉为"世界生物基因库"。而秦岭北麓位于秦岭分水线至关中平原南缘之间，泛指秦岭主梁以北至渭河以南地区，介于 106°28′E—110°25′E，33°55′N—34°35′N 之间，面积约为 1.45 万平方公里，占秦岭山地总面积的 1/4。秦岭北麓作为秦岭的北边防线，扼守着众多的山川、河流和百余公里长的山缘线，山外即是人口密集的关中盆地，使其在保护秦岭上占有举足轻重的地位。

陕西秦岭北坡浅山地带处于暖温带半湿润区，是高大山地与广阔的关中平原的过渡地带。受新构造运动作用，秦岭山地第三纪以来发生了大规模的和多次的断裂抬升，导致秦岭山地北仰南俯，北坡产生大量清晰的断层崖，诸峰拔地而起，加之花岗岩垂直节理发育，岩体沿节理风化崩塌，使山地陡峭险峻。加之地貌反差大，深切峡谷，使该区山势雄伟，拥有各种各样的地质地貌风景资源和瀑布资源。秦岭北坡浅山地带的山体岩性主要为花岗岩、片麻岩、石英岩及碳酸盐岩等，其地貌类型以流水侵蚀剥蚀的中低山和洪积扇为主，土壤生物气候具有明显的过渡性特征，地带性土壤植被是黄棕壤和常绿与落叶阔叶混交林。山地与平原两大系统在一定条件下相互作用，常形成某些"边缘效应"，从而使该地带呈现出某些既不同于山地，又异于平原的独特景观，加上特殊的历史条件（冰期和间冰期的植物南北大迁徙），尤其是由于古地理原因，使其成为冰期植物的"避难所"，植物种类极其丰富多彩。

秦岭是一个东西长约 1500 公里，南北宽 200—500 公里的区域，由数条平行山岭和介于其间的河谷、盆地组成，是地质、地貌、气候、水文、植被、土壤等各种自然要素相互作用、相互影响而形成的统一整体。在地质地貌上，秦岭南坡平缓，峰峦叠嶂，北坡险峻，山势陡峭；高峻的秦岭东西横亘，1 月平均气温 0℃线与年均 800 毫米等降水量线基本上与秦岭山地重合，以北为暖温带半湿润气候，以南为亚热带湿润气候；就水文特征而言，秦岭是长江、黄河两大水系的分水岭，由于气候地貌的影响，秦岭南坡水量丰富，北坡河流短促，多急流瀑布，泥沙含量也较高；在植被分布上，秦岭以北属暖温带落叶阔叶林带，秦岭以南属北亚热带类型，有较多常绿阔叶树种分布；秦岭北坡为山地棕壤与山地褐土地带，南坡为黄棕壤与黄褐土地带。秦岭南北两侧的地质地貌、气候、水文、植被、土壤等均不尽相同，差异鲜明。因此，划分秦岭北麓的范围不能仅仅考虑单一要素的特征，而应对各自然地理要素进行全面的分析，寻找一些具有相互联系的指标进行范围的确定。秦岭以南是秦巴山地，秦岭北麓是山地与关中平原的过渡地带，地势平坦，土质肥沃，水源丰富，灌溉条件较好，主要农作物有小麦、玉米、水稻、棉花等，林木果树类型众多，生物资源丰富，是进行农业生产和发展观光农业的良好地带。因此，我们在界定秦岭北麓范围的时候，是在秦岭北麓广义概念（即泛指秦岭主梁以北至渭河以南地区）的基础上，以农业因素为主导因子，综合自然地理特征，充分考虑行政区域的完整性以及研究区域的连续性、研究的便利性等多种因素，综合确定出秦岭北麓的范围。

鉴于以上原因，本课题研究确定秦岭北麓的范围北部以渭河为界，与南部的秦岭山脉相对，涉及宝鸡、西安、渭南 3 市 15 个县、区。包括宝鸡市的陈仓区（磻溪镇、钓渭镇、天王镇、坪头镇、胡店镇）、渭滨区、岐山（五丈原镇、安乐镇、曹家镇）、凤县、太白、眉县，西安市及周边的长安区、临潼区、周至、户县、蓝田和渭南市的临渭区、华县、华阴、潼关 15 个县、区（见图 2 - 1），该区域在陕西省所处的位置如图 2 - 2 所示。

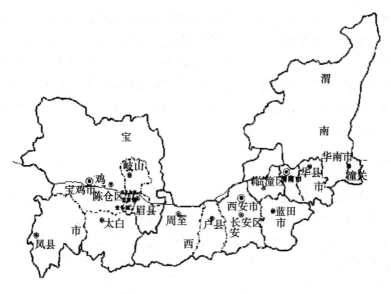

图 2-1 研究区域行政范围

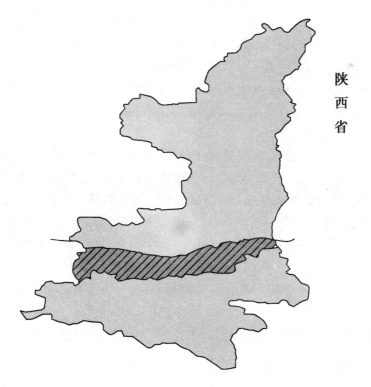

图 2-2 秦岭北麓区位

该区是一个高大山地与广阔的关中平原的过渡地带，属于暖温带半湿润区，土层深厚，水资源丰富，光热资源充足，发展历史悠久，自然和人文景观众多，人口密度较大，生产主要以农业为主，是陕西传统的农业耕作区。但该地区经济增长缓慢，如何利用地区丰富农业旅游资源，发展农业休闲观光旅游，实现秦岭北麓经济发展、新农村建设和生态环境的保护，正是本课题需要研究解决的问题。

二　地质地貌

秦岭是我国大陆上南北地质的主要分界线，也是世界著名的大陆造山带之一。秦岭造山带是在不同发展阶段以不同构造体制发展演化的复合型大陆造山带。秦岭处于中央造山带和南北构造交汇的地方，受地质作用的影响，使得地层变形、岩石变质。第三纪以来秦岭山地发生了大规模的和多次的断裂抬升，形成了秦岭山地、沿山丘梁、黄土残原和峪口冲积扇 4 种地貌类型。北麓地区也由此产生大量的断层崖，加之花岗岩垂直节理发育，岩体易风化崩塌，使山地显得陡峭、沟谷深邃、河流短促，从而形成了太白山、翠华山、骊山、华山等独特的山岳景观，以及石头河、沣峪、辋川峪、华山峪水景和华清池、东汤峪温泉等丰富的水域景观。

地质构造复杂多样，多旋回构造运动又伴随多期岩浆活动，致使多期成矿作用叠加，形成了许多共生、伴生矿产。在这种地质基础上，也使该地区形成了优越的成矿地质条件。已探明和发现的金属和非金属矿遍布秦岭北麓，其中金、铜、铁等金属矿种储量大、品位高，具有很高的开采价值，花岗石、大理石、石灰岩、白云岩、石英岩等非金属矿量大质优。境内宝鸡凤县作为全国铅锌矿四大基地之一，其储量达 350 万吨，约占全省的 80%；西安周至县的黄金远景储量达 50 吨，成为全国黄金生产五十强县之一，在楼观口、镇丰、哑柏成井 3 处也已开发了地热资源，而蓝田玉被列为国家第一个玉石类原产地保护产品；渭南华县的钼储量位居世界第三、亚洲第一，钼资源矿石量达 14 亿吨，是世界六大钼矿床之一，享有"中国钼业之都"的美誉。

秦岭北麓矿产资源丰富，矿种齐全，品质优良，开发潜力巨大。

三　气候、河流水系

横亘黄土高原南部的秦岭山脉是来自热带海洋的偏南气流或来自高纬偏北气流的天然屏障，对东亚季风区夏季来自南方的暖湿气流，冬季来自偏北

方向的干冷气流，均有巨大的障碍作用。高大的秦岭，在气候上形成一道天
然屏障。冬季，秦岭阻挡西北风南下，使其南侧少受寒流侵袭；夏季，东南
气流带来的云雨受到秦岭的层层阻挡，难以进入关中及其以北地区，使得秦
岭南北气候的差异明显加大，使得秦岭以北为暖温带半湿润气候明显不同于
南部的北亚热带湿润气候。因而秦岭成为北亚热带和暖温带的分界线。其北
麓为暖温带气候，年平均气温 8.7℃—12.7℃，1 月平均气温 -7℃—2℃，7
月平均气温 20℃—23℃，霜期 10 月上旬至翌年 3 月下旬，年降水量为
650—800 毫米。四季冷暖干湿分明，气候温和，温度适中。

　　秦岭是我国长江、黄河两大流域的分水岭。它是由数条平行的山岭和介
于期间的河谷、山间盆地等组成的，重峦叠嶂，河溪纵横，蕴藏着丰富的地
表水资源。秦岭北麓是黄河一级支流渭河及其南岸众多支流的发源地，渭河
水系面积占秦岭整个山地面积的 24%。秦岭北麓是关中地区重要的水源涵
养地和供水源地，有"七十二峪"之说。秦岭北麓直接流入渭河的支流有
150 余条，自东向西主要河流有潼关的潼峪河，华阴的柳叶河、罗夫河、葱
峪河，华县的罗纹河、石堤河、遇仙河，临渭区的零河、戏河，西安市的灞
河、沣河，户县的涝河，周至县的黑河、清水河，眉县的石头河，陈仓区的
千河、金陵河，渭滨区的清姜河等。陕西省多年平均径流量总量约 426 亿立
方米，而秦岭地区年径流量约为 226 亿立方米，约占陕西省地表水资源总量
的 53%，是陕西省水资源最丰富的区域之一。秦岭北麓水资源总量每年平
均约 40 亿立方米，占到渭河地表水的 61%，是关中地区工农业生产和人民
生活所依赖的重要水源保障。

　　秦岭北麓水资源丰富，可供旅游开发的水体资源类型多样，除河流
外，还有温泉、堰塞湖、高山侵蚀湖泊、山泉瀑布等，其中温泉以眉县
汤峪温泉和骊山华清池等最为有名。从翠华山山崩堰塞湖天池，到太白
山高山区的侵蚀湖泊大太白海、二太白海等，特点各异，独具魅力。太
平森林公园有大小瀑布 12 处，形成奇特的瀑布群。低山区有丰富的地
热田，温泉水温达 72℃，内含 20 多种对人体有益的矿物质和微量元素，
是优良的医疗矿泉水。

　　秦岭北麓地表水和地下水是景区、城区居民生活和生产用水的主要
来源，直接关系着西安等大中城市的城镇居民生活用水及八百里秦川的
工农业用水和生态环境用水，也是秦岭自然景观和环境的主要生态因子
之一。

四　生物资源

秦岭被誉为巨大的天然生物"基因库",是中国生物多样性最丰富的地区之一。秦岭北麓属暖温带半湿润地区,气候温和,地带性土壤是黄棕壤,反映在植被分布上,以常绿和落叶阔叶混交林为主,喜欢温暖环境、喜光的树种栓皮栎、锐齿栎、辽东栎、红桦、牛皮桦等多分布在这个地区。秦岭北麓的植物种类极其丰富多彩,主要的野生植物有秦岭冷杉、马蹄香、陕西鹅耳枥等,重要的药用植物资源有党参、天麻、九节菖蒲、丹参、西洋参、甘草、黄连等,还有国家一级重点保护野生动物大熊猫、云豹、朱鹮、金丝猴等,是我国中西部交界处最重要的动植物基因库。为很好地保护和开发利用上述珍稀资源,1982 年以来,陕西省政府在秦岭北麓陆续建起了 19 处森林公园,形成了以太白山、楼观台、王顺山、终南山、朱雀、骊山、黑河、天台山等国家森林公园为主干的森林生态旅游区。近年来,秦岭地区各级政府和有关部门对秦岭进行生态建设和保护,采取了一系列措施,取得了一定成效,森林覆盖率逐年增加,达到 40% 以上。秦岭北麓森林资源丰富,成为关中天然空气的调节器。为保护秦岭北麓丰富的森林资源和生物的多样性,目前在秦岭北麓地区已经相继建立了太白山、周至金丝猴、牛背梁和湑水河大鲵等多个国家级自然保护区,又新建了泾渭湿地、牛尾河、屋梁山和黄河湿地等数个省级、市级自然保护区,现已形成了初具规模的秦岭自然保护区群,在改善环境、保持水土、涵养水源、维持生态平衡、保护生物多样性等方面发挥着重要的作用。

第二节　秦岭北麓社会经济状况

一　秦岭北麓各区县工农业经济状况

秦岭北麓地区包括宝鸡、西安、渭南三市 15 个县区。所属的县区在社会人文特点上具有过渡性,既不同于山地内部(人口稀少,交通不便,经济落后),也有异于平原地区(人口稠密,城市密集,交通网络完善,经济发达)。由于受到自然条件的限制,生产主要以旱作农业为主,各区、县社会经济状况见表 2-1。

表 2－1　　　　　　　　**2007 年秦岭北麓各区、县经济基本状况**

市	区、县	2007 年区域经济基本状况			
		面 积	人 口	农业状况	工业状况
宝鸡市	渭滨区	923km²	37 万	其凭借明显的城郊优势，发展以种植业为主，果、菜、鱼、肉、蛋、奶多业为辅的城郊型农业模式；突出发展蔬菜，鼓励设施化栽培，建设无公害农业、"绿色"农业和反季节农业生产基地	以宝鸡国家高新技术产业开发区为重点，有电子、纺织、机械、建材、有色金属、化工、等多个工业门类，食品、服装、餐饮、娱乐业繁荣兴旺，成为区域经济新的增长点。2006 年，全区实现国内生产总值 120.68 亿元，名列全市第一
	陈仓区	2517km²	60.8 万	通过实施优粮、优果、优菜工程，涌现出了太公庙蔬菜、西枸蘑菇、鲜家山苹果、鹌鹑庄花椒等 60 多个农业特色村。区内农业已形成了以优质粮、果品、蔬菜、林特等为主的四大农产品基地。2007 年上半年，农民人均现金收入 1767 元，同比增长 21.4%	初步形成了机械制造、建筑建材、医药化工、食品饮料、电子电器五大支柱产业，使区内新型工业化进程加快，2007 年上半年，预计实现生产总值 28.42 亿元，同比增长 14.1%
	凤县	3187km²	10.6 万	县区积极实施"矿业富县、药椒大县、畜牧强县、生态名县"四县建设战略，农业以凤椒、药材和畜牧为主导产业，已形成了 2000 万株花椒、3 万亩药材和 10 万头家畜的规模。2006 年全年实现农、林、牧、渔业总产值 9579 万元，比上年增长 10.5%，农民人均纯收入 2170 元，比上年增长 14.7%	工业以黄金、铅锌开发和加工为主，是西北地区最大的锌冶炼基地，全县年产黄金 4 万多两。2006 年全县生产总值达到 16.98 亿元，同比增长 15%。财税总收入达到 2.42 亿元，比上年增长 41.1%
	太白县	2780km²	5.3 万	县区大力发展"菜、药、果、畜"四大产业，建成了 3 个千亩绿色蔬菜产业科技园和 1 个百亩有机蔬菜生产示范园，2007 年上半年农、林、牧、渔业总产值为 5442 万元，同比增长 12.5%，农民人均现金总收入为 1319.2 元，同比增长 14.6%	2006 年太白县实现国内生产总值 3.92 亿元，比上年增长 12.5%；完成地方财政收入 824 万元，增长 32.3%，已经初步形成一个生态环境与经济发展良性互动的局面

续表

市	区、县	2007 年区域经济基本状况			
		面积	人口	农业状况	工业状况
宝鸡市	眉县	852km²	30.2 万	粮食作物以小麦为主，玉米、水稻次之，经济作物有棉花、油菜、大麻、辣椒、花生等，在秦岭北麓已形成了果林带，盛产苹果、柿子、核桃、猕猴桃等，2006年全县农民人均纯收入达到1795 元，是近年来增长最快的一年	工业上已逐步形成了建材、食品、酿造、轻纺、机械、化工、冶金、造纸等八大主导行业，2006 年全县生产总值达到 16.1 亿元，比上年增长 15.1%
	岐山县	856km²	47.1 万	本县是全国的粮棉大县，全国食品工业强县，粮食作物以优质小麦、玉米品种为主，2006 年实现农民人均纯收入 2847 元	形成以汽车零部件为主的装备制造业、医药化工、食品工业、建筑建材、纺织服装、造纸印刷六大支柱产业，2006 年实现国内生产总值 51.3 亿元，财政总收入 2.87 亿元
西安市	周至县	2974km²	63 万	粮食作物主要是小麦、玉米、水稻，辅以大豆，是农业部列为全国唯一的猕猴桃农业标准化示范县，果品、刺绣、养鸡、养猪、肉牛五大多种经营基地相继建成，2007 年上半年，全县农民人均收入首次突破1500 元	工业已形成造纸、机电、化工、食品、建材五大支柱产业，2007年全县完成生产总值 12.77 亿元，比去年同期增长 9.1%，工业增加值 0.94 亿元，地方财政收入 0.23 亿元
	户县	1255km²	58.3 万	盛产小麦、玉米、水稻等，以西瓜、葡萄、苹果、桃、梨、杏等优质设施果品和韭菜、大葱、食用菌、大蒜、辣椒等为主的无公害蔬菜生产基地面积达到 3 万多亩。2007 年上半年，城镇居民人均可支配收入和农民人均现金收入达到 5155元 和 2178 元，同比增长10.9%和22.4%	户县工业起步早、起点高、发展快，已形成了医药、建材、造纸、机械、玻璃、包装材料、电器、化工、铸造等 12 个主导产业，2007 年上半年，户县实现地区生产总值 29.47 亿元，同比增长 12.4%；地方财政收入半年达到 1.52 亿元，增速为近年来最高水平
	长安区	1583km²	93.57 万	经济以农业为主，产粮、棉、油菜子、烟草等，具有发展工农业生产和第三产业的得天独厚条件，2006 年，农民人均纯收入达到 3592元，增速达7.84%	把旅游作为促进区域经济发展的一项支柱产业，2007 年上半年，实现地区生产总值 50.76 亿元，同比增长 14%；地方财政收入达到 2.81 亿元，同比增长 30%
	蓝田	1969km²	63.7 万	粮食作物以小麦、玉米、大豆为主，以城郊型农业为方向，一批农业产业园、示范园正在崛起，食品饲草饲料加工业已形成产业链，农业社会化服务体系健全。2006 年农业总产值 145110 万元，农民人均纯收入 2663 元，同比增长 9.6%	基本形成了建材、机械制造、化工、针织、皮件、家具制造、农副产品加工 7 大工业框架，2007 年上半年，实现区内生产总值 15.96 亿元，同比增长 12%；地方财政收入达到 0.35亿元，同比增长 31.1%

续表

市	区、县	2007 年区域经济基本状况			
		面积	人口	农业状况	工业状况
西安市	临潼区	915km²	70 多万	区内城郊型商品农业格局初步形成，以奶畜、杂果、蔬菜三大产业为主，2006 年农民人均纯收入 3456 元，增加 284 元	形成了乳制品加工、造纸、机械加工、面粉加工四大支柱产业，2007 年上半年实现区内生产总值 34.20 亿元，同比增长 13.1%；地方财政收入达 1.45 亿元，同比增长 21.1%
渭南市	临渭区	1221km²	85 万	临渭区是国家秦川牛、关中驴、奶山羊等良种基地之一，农业上形成"粮、棉、菜、果、牛"五大主导产业，2007 年上半年，农民人均现金收入为 1315.23 元，同比增长 10.53%，城镇居民可支配收入为 4492 元，较上年同期增长 15.13%	工业上以化工、造纸、医药、锅炉、啤酒为五大支柱产业，2007 年上半年，区属规模以上工业完成产值 52075 万元，增长 16.15%，实现销售产值 47398 万元，同比增长 17.12%，实现和带动了周边地区经济超常规的快速发展
	华县	1127km²（2006 年）	36 万（2006 年）	突出发展大棚菜，形成菜畜果为特色的农业格局，建立了各乡镇的"一乡一业亮点工程"。2006 年预计农业总产值 4.48 亿元，增长 9.5%，农民人均纯收入和城镇居民人均可支配收入达到 1645 元和 5550 元	主要有有色金属、医药化工、建材、农产品深加工等工业，2006 年经济仍保持平稳健康发展，预计全县生产总值 37.258 亿元，比上年增长 5.8%，财政收入完成 2.67 亿元，比上年增长 57.8%
	华阴县	817km²	26 万	粮食作物以小麦、玉米为主，土地类型多样，适宜农、工、林、牧、旅游和水产养殖的综合开发利用。2006 年城镇居民人均可支配收入实现 7350 元，农民人均纯收入达到 1891 元	县区初步形成了机械、化工、电力、缝纫、皮革等生产门类，2006 年生产总值预计实现 17.67 亿元，旅游总收入实现 5.19 亿元
	潼关	526km²	15 万	粮食作物以小麦、玉米为主。油料作物主要有油菜、花生、芝麻、油葵。蔬菜、药材近两年也发展较快。2006 年农民人均纯收入达到 1950 元，比 2005 年净增 98 元	黄金产业是其支柱产业，2006 年国内生产总值完成 7.82 亿元，增长 12.8%，是近 10 年来增长速度最快的一年

　　从表 2−1 中可以看出，秦岭北麓各地区，依据不同的地形地貌以及地质特征，形成各自不同的农业特色。宝鸡渭滨区和西安周至县、临潼区大力发展区域城郊特色农业；渭南市临渭区大力调整优化农业产业、产品和品质

结构，成为国家秦川牛、关中驴、奶山羊等良种基地之一；拥有复杂地形地貌的华阴县，山地以发展林、牧、矿产为主，山前洪积扇群以发展华山旅游业和发展工业区为主，渭河阶地是粮、棉、菜、瓜、果的主要产区，黄土台塬是旱作农业粮、棉、果、牧水土保持区，形成了在不同类型的土地上建立不同的农业生产地的模式。在农业产业化的推动下，随着农村经济的深入发展和农业结构调整步伐的进一步加快，各区县的农村经济在不同程度上从单一的粮食生产转入多种种植结构成分相结合的新格局，将小麦、玉米、水稻等传统农业种植和苹果、草莓、猕猴桃、线辣椒等果蔬结合起来，建立特色果菜生产基地，农民的人均纯收入出现了较快增长。

秦岭北麓各地区在农业发展的基础上，针对各地区资源优势和发展状况，积极吸收和引进高新技术，进行经济体制的改革，工业生产一直保持着快速的增长。如西安长安区、渭南临渭区、宝鸡渭滨区建立工业新区或者高新技术开发区，推动现代工业的发展；作为粮棉大县的宝鸡岐山县和"六山一水三分田"的半山区县渭南华县都注重发展农产品的加工工业。特别是近几年来，从整体来看，秦岭北麓发展特色种植、特色养殖、特色观光农业的高效农业与地区的工业有机地结合起来，已逐步形成了建材、食品、酿造、轻纺、机械、化工等多种主导工业行业，并积极吸引和利用外资，加强各地区之间和省市之间的联合，实现地区经济的长足发展。

二　交通、通信、教育文化事业发展

随着西部大开发以及秦岭北麓各地区工农业和旅游业发展的需要，其交通基础设施建设就成为重点建设项目。陕西省规划建设的"一纵三横两环"公路的次干线系统关中环线的建设，就是对秦岭北麓交通线路的建设。107环山公路，从周至县经户县、长安区到蓝田玉山的高等级公路，全长132.5公里，对周边楼观台、朱雀森林公园、沣裕口、辋川溶洞、蓝田猿人遗址等景区的旅游业发展有着重要的意义。西安—沣峪口一级公路、环山公路、西安—汉中高速公路、西柞高速等相继通车，秦岭北麓的公路交通就更为便捷。310国道从潼关经华阴、华县到渭南，过临潼，经西安、周至到眉县，最后至宝鸡，以及陇海铁路、西潼、西宝高速路四线并行横穿渭南、西安、宝鸡三市；312国道、316国道、101省道、212省道等都分别加强了各县区的交通联系。

陕西是教育大省，西安、宝鸡的教育基础雄厚更是陕西的一大优势。作为一项社会公益事业，作为直接影响陕西社会服务产业发展壮大的重要资源，教育事业在各个市区经济建设和社会文明进步中发挥着举足轻重的作用。据不完全统计，截至 2005 年 5 月 24 日，在我们的研究范围内共有普通高等学校 59 所、民办普通高校 15 所、成人高校 21 所。目前，西安 7 所"211 工程"建设院校均顺利通过国家"211 工程"验收，位居西部第一。2006 年，西安长安区也完成了村道硬化和相关配套的建设，并逐渐形成了以教育文化、高新科技为鲜明特色的产业特色，先后成功运作了郭杜科技教育产业开发区、韦曲航天科技产业开发区、以及高新区大学城等多个区域开发热点，全面提升了新区的品位。

秦岭北麓各地区政府或相关单位，为彻底解决人民群众的交通、通信难题，投入大量的资金，到目前为止，实现了村村通公路、通电话、通电视，国道、省道与地方道路相通，四通八达，互联网实现全面开通，并与全省、全国联网。广播、影视行业迅速发展，广播电视覆盖网也得到了不断完善和扩大。

第三节　秦岭北麓生态环境状况

一　秦岭北麓生态环境概况

秦岭是我国南北自然环境和气候的天然分界线，以其丰富的植被、种类多样的野生动物、丰沛的水资源和大量的历史人文遗迹而成为陕西乃至全国重要的生态功能基地。秦岭北麓是秦岭国家级生态功能保护区的重要组成部分，是陕西省关中地区的水源涵养地和天然生态屏障，对于提高关中地区的生态环境质量，促进经济社会的可持续发展具有极其重要的作用。秦岭北麓自然资源十分丰富，具有独特的生物多样性格局，生态系统具有脆弱性和过渡性，且受人为影响较大。秦岭北麓丰富的生态旅游资源为开展生态旅游活动和观光农业旅游活动提供了良好的基础。

（1）植被

秦岭北麓处于华北、华中、横断山脉植物区系的交会过渡地带，具有东西承接、南北过渡、四方混杂、区系复杂等特点。由于受地理位置和气候的综合影响，植物区系具有典型性、独特性和过渡性。该地区位于暖温带落叶阔叶林带的南部，其独特的自然地貌，形成了自然生态系统垂直分异典型，植被垂直带（亚带）的数目随山地绝对高程的增加而较为完整和明显。秦岭北麓地带性植被以常绿与落叶阔叶混交林为主，植被在保持土壤、固定二氧化碳、涵养水源等方面都起着重要作用。秦岭北麓森林覆盖率在 40% 以上，森林资源十分丰富。

秦岭山地生物资源十分丰富，区内有资源植物 1324 种，其中药用植物 620 种、香料植物 116 种，其中，属国家保护植物的有 28 种，所以秦岭又有"天然中草药库"之美誉。据统计，陕西省种子植物种类约 4000 种，秦岭山区约有 3000 种，占陕西省种子植物总种数的 77%，例如，纤维植物 136 种，淀粉及糖类植物 131 种，鞣料植物 108 种，芳香农药植物 31 种。另外还有保护植物约 127 种，占全省保护植物种类总数（159 种）的 80%，其中国家一级保护植物 5 种，二级保护植物 75 种，省级保护植物 47 种。据统计，秦岭山脉内，仅种子植物就有 3400 多种，加上蕨类、苔藓等植物，总数达 3800 种，而且有不少植物，如华杉、连香树、山白树、金线槭、独叶草、星叶草、西麦草、瓶儿小草等 26 种，是国家重点保护的珍稀植物。

秦岭北坡以太白山、南五台为代表的森林垂直带谱，植物种类丰富，不同季节林相变化错落有致，色彩韵律变换丰富，为游客观赏和户外教育提供了景观基础。太白山北坡由上向下依次分布着落叶阔叶林生态系统，针叶林生态系统，灌丛、草甸生态系统等，是我国重要的森林分布区。丰富的森林资源，是野生动物赖以生存的栖息之地，是防风护田、涵养水源，木材与能源供给的可再生资源，是抗御水土流失、防止大气污染的天然屏障，在保护和改善区域生态环境方面发挥着重要的作用。1982 年以来，陕西省政府在秦岭北麓陆续建起了 19 处森林公园，形成了以太白山、楼观台、王顺山、终南山、朱雀、骊山、黑河、天台山等国家森林公园为主干的森林生态旅游区（见表 2 - 2、图 2 - 3）。

表 2 - 2　　　　　　　　秦岭北麓森林公园基本情况一览表

序号	名称	级别	面积（公顷）	批建时间	区位
1	骊山	国家级	1873.3	1992.04	西安市临潼区
2	朱雀	国家级	2621	1992.06	西安市户县
3	太平	国家级	6085	1997.04	西安市户县
4	王顺山	国家级	3633	1992.12	西安市蓝田县
5	终南山	国家级	4799	1992.07	西安市长安区
6	黑河	国家级	7462.2	1997.11	西安市周至县
7	楼观台	国家级	27487	1982.12	西安市周至县

续表

序号	名称	级别	面积（公顷）	批建时间	区位
8	洪庆山	国家级	3000	1995. 11	西安市灞桥区
9	大兴山	省级	6016	1992. 11	西安市长安区
10	沣峪	省级	6273	1992. 01	西安市长安区
11	翠峰山	省级	9318	2004. 08	西安市周至县
12	玉山	省级	1393. 1	2004. 12	西安市蓝田县
13	天台山	国家级	8100	1988. 03	宝鸡市
14	太白山	国家级	2949	1988. 03	宝鸡市眉县
15	红河谷	省级	2314	1997. 08	宝鸡市眉县
16	石鼓山	省级	1420	1997. 04	渭南临渭区
17	华山	省级	10042. 8	1998. 09	渭南市华阴市
18	桥峪	省级	6615	2000. 09	渭南市华县
19	少华山	省级	4022	2002. 05	渭南市华县

图 2-3　秦岭北麓森林公园分布

（2）动物

秦岭地区良好的生态环境、丰茂的森林植被和丰富多彩的植物资源为各种野生动物的生存繁衍提供了得天独厚的自然条件。在动物地理区划上，秦岭北坡属于古北界，南坡属于东洋界，属于东洋界的43种兽类中有30%分布在秦岭北麓，两大区系动物在此过渡、相互渗透，因而分布在这里的许多动物也显示出亚热带和暖温带的过渡性。

由于地形、气候、植被等自然环境条件多样，使秦岭北麓成为各类野生动物的乐园。据初步统计，陕西秦岭山区有兽类144种，占全国的29%，有鸟类399种，占全国总数的34%，有药用动物资源415种，其中国家重点保护的野生动物56种。这里分布的国家一级保护动物大熊猫、金丝猴、羚牛、朱鹮被誉为"秦岭四宝"。秦岭是目前世界上唯一的野生朱鹮分布区，是国宝大熊猫分布的东界和北界，同时还是多种动植物模式标本的产地。

秦岭北麓国家一级重点保护野生动物主要有大熊猫、云豹、朱鹮、羚牛、金钱豹、大鸨、金丝猴、小灵猫、大灵猫、猞猁、金猫、林麝等，其中有许多属于世界性的珍稀濒危动物。在一些深处的河流、小溪中，还生长着大鲵（娃娃鱼）等两栖动物和虎纹蛙、细鳞鲑、哲罗鲑等珍稀鱼类。另外，国家保护鸟类、特有鸟类近20种，包括朱鹮、白鹮、苍鹰、赤腹鹰、雀鹰、松雀鹰、血雉、红腹角雉、白冠长尾雉、鹰鸮、领角鸮，等等。在海拔500米到800米的高度还有隶属鳞翅目蝶亚目喙蝶科的珍稀蝶种朴喙蝶。喙蝶科是蝶亚目中家族成员最少的一个科，全世界只有10种，中国有4种，陕西省也只有1种。朴喙蝶是喙蝶科唯一常见种。因此，秦岭山地在科学研究和生物多样性保护方面具有重要的价值。

西安秦岭野生动物园位于秦岭北麓浅山地带，距西安市区28公里，占地2000余亩，是西安市重点建设的秦岭北麓生态旅游带的核心景区，是西北首家野生动物园，现有动物300余种，约1万（头）只。动物种类齐全，有兽类、鸟类、两栖类和爬行类动物，其庞大的动物种群、数量都是西北之最。拥有稀有的白虎、白蟒、十大毒蛇、秦岭四大国宝（羚牛、金丝猴、大熊猫、朱鹮），以及非洲来客三色犬等十余种西安从未引进过的动物；具有全国规模最大、功能最全的鸟语林；具有全国最大的黑豹基地；食草动物车入区面积为全国野生动物园之最。

（3）自然保护区与生物多样性

秦岭北麓丰富的森林资源和典型的生物群落为自然保护区的建立创造了良好的条件。秦岭是迄今为止世界上几个重要的大熊猫栖息地之一，也是我国南北气候的自然分界线，是古北界、东洋界野生动物和华南、华中、华北、西南植物区系的交汇和过渡区，物种和栖息地类型十分丰富，在生物多样性的保护上具有十分重要的意义。

　　目前在秦岭北麓地区已经相继建立了太白山、周至、牛背梁和长青等多个国家级自然保护区，现已形成了初具规模的秦岭自然保护区群（见表2－3）。秦岭北麓自然保护区是秦岭保护区群的重要组成部分。秦岭保护区群内植被保存完好，生态系统类型复杂多样，森林覆盖率为85%，动物区系复杂且特有种多。自然保护区在改善环境、保持水土、涵养水源、维持生态平衡、保护生物多样性等方面发挥着重要作用。

表2－3　　　　　　　　　　　秦岭北麓自然保护区基本情况一览表

名称	级别	面积/公顷	区位	概　况
太白山	国家级	56325	周至、太白、眉县交界处	该区是以保护暖温带山地森林生态系统和自然历史遗迹为主的综合性保护区。保护区森林面积45725公顷，森林覆盖率达82.2%，森林总蓄积705万立方米。秦岭山脉沿东西方向贯穿整个保护区，将保护区分为南坡和北坡。区内有种子植物1899种，苔藓植物253种，蕨类植物120种，其中太白山特有种子植物40余种，国家重点保护植物21种。据调查，太白山有兽类64种，鸟类192种，两栖类9种，爬行类14种，鱼类6种，昆虫1435种，其中国家一级重点保护动物有大熊猫、金丝猴、羚牛、豹4种，二级保护动物29种，本保护区为大熊猫在我国分布的最北界，有着极为重要的科研价值。
金丝猴	国家级	56393	周至县	该区主要保护对象为金丝猴等珍稀动物及其生态环境，有"金丝猴故乡"之美誉。森林覆盖率达90.5%以上，森林植被属暖温带针阔叶混交林，以华中和华北植物成分为主，有高等植物619种，其中属国家保护的植物有22种，保护区兽类有40多种，鸟类有230多种。
牛背梁	国家级	16418	长安县、宁陕县、柞水县交界处	该区景观独特、旅游资源丰富，森林面积1.4万多公顷，森林覆盖率达97%以上，是以保护羚牛及其栖息地为主的森林和野生动物类型的自然保护区。这里动植物区系复杂、种类繁多，已知区内有种子植物950种，保护植物11种。有兽类68种，鸟类123种，两栖类7种，爬行类20种。国家保护动物25种，其中一级3种，二级22种。
泾渭湿地	省级	63.5	西安市区以北20公里处	该区以水禽及其湿地生态系统为主要保护对象，建设范围包括灞桥、未央和高陵两区一县的灞桥、泾河、渭河交汇区域，是典型的温暖半湿润区河流湿地景观。这里植物种类多样，是水禽重要的栖息场所，有鸟类140余种，也是我国候鸟迁徙的中转、越冬和繁殖地。

续表

名称	级别	面积/公顷	区位	概况
黄河湿地	省级	57348	韩城市、合阳县、大荔县、华阴县、潼关县	该区北起禹门口，南至黄河、渭河和洛河交汇地带的风陵渡铁路桥，东与山西相连，西界北段沿黄河老崖、南段沿黄河第二道大堤。保护区总面积57348公顷，核心区面积22611公顷，旨在加强陕西湿地资源保护，维护湿地生态系统功能和生物多样性，对于保护丹顶鹤等珍稀禽鸟类、调蓄当地黄河干流洪水、调节区域气候、改善生态环境，具有十分重要的作用和意义。
黑河湿地	省级	13125.5	周至县	该区主要保护湿地生态系统。有大熊猫、金丝猴、羚牛、豹、林麝、朱鹮、黑鹳、大鸨8种国家一级保护动物；另有秦岭细鳞鲑、血雉等20种国家二级保护动物。区内分布232种植物，其中药用植物121中，如牛膝、商陆、薄荷、地榆、蒺藜等；乔木17种，如水曲柳、铁杉、华山松等。

二　秦岭北麓生态环境存在的问题

秦岭北麓地区作为秦岭的北边防线，对于保护秦岭的自然生态和关中地区几千万人口的生存环境具有极为重要的战略地位。陕西省环境保护局在制定"十五"环境保护规划中，以创建生态示范省为目标。秦岭北麓地带的环境保护，事关陕西生态环境状况的全局和陕西经济可持续发展的整体利益。然而，随着秦岭北麓资源开发和社会经济的发展，生态环境问题日趋严重，乱砍、乱伐、乱垦、乱挖、乱猎、乱采、乱建、乱排现象十分严重，引起了陕西省政府部门和社会各界的广泛关注。近年来，由于采取了一系列生态环境保护的措施，环境危机状况局部有所改善，但从整体上看，资源破坏、环境污染问题没有从根本上得到解决，在有些地区仍相当严重。因此，为保证关中"一线两带"建设的顺利进行和人民生活质量的提高，亟待采取有效措施改善秦岭北麓生态环境，保障生态安全，维护经济社会的可持续发展。

（1）工矿企业开发建设无序，破坏生态环境

采矿、采石业对秦岭北麓的环境破坏十分严重。多数山峪中分布着众多的采石点，采石引起的噪声污染、粉尘污染和对植被及原始生态的破坏极为严重。据水利部门反映，西安市近年来因采矿破坏地貌、植被达60多平方公里，排放弃土、尾沙达2.5亿立方米。开矿后的废矿不能回填恢复植被，废渣、废石随意堆放，侵占河道和公路。另外，当地仍有一些造纸、化工、

电力、印染、冶炼，制造等各种污染型企业，部分建在河边或峪口附近，给秦岭北麓水源和植被造成污染，缺乏环保设施，废弃物不能及时回收，不遵守"三同时"制度和环保认证制度，随意排放"三废"等有害物质。

（2）旅游业发展对生态环境造成的影响

秦岭北麓的旅游开发总体缺少规划，盲目乱建，重复建设，低层次开发现象比较严重。过度的旅游开发既影响了自然景观，又破坏了生态环境。据西安市旅游局统计，目前秦岭北麓已形成旅游景区（点）70多处，已建成度假村性质的旅游接待设施也多达50多家。这些旅游景点中有相当一部分没有办理任何审批手续，更没有进行环境影响评价。有的旅游景点建立在水源地一级保护区内，向河道随意排泄污水，有的因挤占河道而遭受洪灾。例如，一些宾馆、招待所产生的大量生活垃圾随意倒入山谷，致使华山峪源头、青龙背附近等山谷固体垃圾成堆，白色垃圾挂满峪道两侧，烟尘和油烟随意排放，造成林木生长衰弱、枯萎，已对附近的植被构成严重威胁。还有一些旅游区内城市化倾向严重，重复建设，缺乏特色，又没有环保设施，造成资源浪费，经济效益低下。

（3）水环境受到严重威胁

森林的破坏直接导致了其水源涵养功能的下降，自20世纪70年代以后，秦岭北坡的河流有80%成为间歇河，作为西安市重要水源地的黑河年径流量下降了2144×10^{8}立方米。近年来秦岭北麓各河、峪的流量都在逐年下降，相反，河流的泥沙量却在不断增加。以黑河为例，年均流量50年代为7.48亿立方米，60年代为6.54亿立方米，70年代为5.04亿立方米。特别是近几年来，黑河的水量较引水工程建设初期又有明显下降。

秦岭北麓区域内水污染较为严重，河流水环境承载能力降低。水污染治理工程设施严重滞后，绝大多数排污口超标排放。分属灞河、浐河、沣河、黑河4条河流的17条支流，均发源于秦岭北麓，在其出山前，除少数断面个别污染指数超标外，其余水质尚好。这些支流出山汇入干流后，水质污染逐渐加重，尤其是经过城镇或工业集中区后，污染迅速加剧。

（4）生物资源遭受破坏

由于人类过多干预，秦岭北麓动植物资源日益减少，有的物种已处于濒危状态。该区的坡耕地中有大约一半是毁林开荒形成的。农户做饭、取暖的燃料往往来自坡低下层的乔木、灌木。50多年来，由于森工企业的连续采伐和盲目的毁林开荒，已使秦岭山地森林面积下降到24715×10^{4}公顷，较新中国成立初期减少1213×10^{4}公顷，森林覆盖率由64%降到46%。主要

的森林类型被次生林所代替，蓄积量下降 70% 以上。秦岭山地的林缘较 50
年代后退了 10—20 公里，森林分布的下线上升了 300—500 米。另外，过量
采集与非法狩猎使秦岭地区生物资源受到严重破坏。一些重要的药用植物资
源急剧减少，已成为濒危物种。非法狩猎在山区屡禁不止，使野生动物数量
不断下降，一些有益于人类的动物和鸟类日趋减少，而有害动物则相应增
多。自 20 世纪 90 年代以来，陕西省查获了多起非法狩猎、偷运偷卖野生动
物的案件，绝大多数发生在秦岭地区，涉及大熊猫、金丝猴和娃娃鱼等国家
重点保护动物和大量其他野生动物。

（5）水土流失和洪涝灾害加剧

毁林开荒，导致秦岭山地水土流失不断加剧。据统计，陕西省近 30 年
来新增加的水土流失面积为 1.2 万公顷，其中秦岭山地占一半以上。由于森
林破坏，储水能力下降，径流增大，过度集中的地表径流，既会造成强烈的
土壤侵蚀，在土体水分饱和具备一定地形条件的情况下，还会发生滑坡、崩
塌、泥石流，大量的水土流失，形成高含沙水流，抬高河床，影响排洪，加
重洪水危害。

泾、洛、渭河上中游水土流失严重，导致下游河床泥沙淤积严重，使渭
河变成"悬河"，极易发生洪灾。2003 年 9 月洪水期间华县站发生的
3570m³/s 洪峰，比 1954 年 8 月洪水期间发生的 7660m³/s 洪峰流量要小
4090m³/s，但水位却比后者高出 3.95 米。2002 年 6 月初，陕西省发生特大
洪涝灾害，地处秦岭北麓的沿沣峪河道的数家度假山庄及不少沿河民居受
灾，损失惨重。秦岭北麓地形复杂，沟、峪、塬、坡相互交错，环境脆弱。
该区的 150 多条河流大多没有修库建坝，洪水肆虐，危害平原。

三　农业旅游观光的开发建设是秦岭北麓环境保护的最佳途径

为改善秦岭北麓生态环境，促进当地居民生活和生产发展，建议当地改
变传统的农业耕作模式和只"堵"不"疏"的治理方略，推动生态农业、
观光农业和现代都市农业建设。采用观光生态农业模式将生态农业和旅游业
有机结合，发展观光农业旅游，建设高品质的观光农业示范园，建立以农业
养旅游、以旅游促农业的互动机制，实现秦岭北麓生态环境保护、农民增收
与旅游业发展的良性循环。

（1）转变传统观念，发展新型农业。改变当地农民"重工轻农"、"靠
山吃山"的思想，明确农业资源作为旅游资源的优势，将农业生产与发展
旅游结合起来。要从战略的高度出发，统一思想，达成共识，把发展观光休

闲农业作为转变农业增长方式、建设现代农业的突破口，作为本地经济发展的重要渠道和有效载体，作为构建和谐社会和新农村建设一项重要内容。

（2）发展农业休闲观光旅游，要调整农村产业结构，推动传统农业向现代科技农业转变。运用现代科技手段，提高农业生产的科技内涵，建立"生态农业示范园"、"观光农业旅游园"、"绿色食品生产园"、"绿色保护示范林"等具有高科技含量和影响力的观光农业园区。

（3）完善观光农业旅游发展的管理体制和政策法规。设置环山带管理特区，统一行政、统一环境监管和经济开发。明确各相关部门的职责权限，协商资源利用方式和利润分配比例，防止相互推诿、扯皮，使环境保护和旅游发展落到实处。

（4）科学规划，合理布局。运用景观生态学原理，根据秦岭北麓生态农业旅游资源状况、交通区位条件、客源市场状况和农村建设规划等条件对观光农业区进行全面规划和建设。制定严格的土地利用规划、景观规划、环境保护规划等。将观光休闲农业发展规划纳入地方经济社会发展总体规划中。

（5）环境保护是观光农业可持续发展的基本前提，观光农业的建设必须在尊重自然和保护环境的基础上进行。不论地方政府还是当地农民、景区管理者，都应树立牢固的法制意识和环保意识，把生态保护和开发利用有机统一，切实把秦岭建成西安的生态带、景观带和旅游带。

（6）旅游基础设施和服务项目要与周围环境相协调。观光农园的建设应充分体现乡土气息，防止"城市化"现象出现，让旅游者真正体会到与城市生活完全不同的田园之乐。尽可能选择环境价值最小的区域，维持满足经营的最小规模，将基础设施建设对生态环境的不利影响降低到最小。

（7）因地制宜、因时制宜地发展观光农业旅游，突出地方特色，避免盲目雷同。要根据当地的自然环境条件、交通区位条件和客源市场状况发展适合当地的旅游项目。围绕娱乐、休闲、体验、教育、文化等功能定位，将现代农业、科普教育、农事体验融于一体，突出农村生活风貌和丰富的乡土文化内涵，适当开发多种类型的观光农业旅游项目。

（8）严格控制环境容量和游客规模。防止因游客过多给生态环境带来过大压力，适当发展森林生态旅游和自然保护区旅游，在核心区以内禁止任何旅游设施建设，在缓冲区开展定点定线的旅游活动，将旅游基础和服务设施集中布局在试验区。

第四节　秦岭北麓旅游发展概况

一　秦岭北麓旅游发展现状

秦岭北麓是我国重要的地理分界线，其北坡是陕西省乃至全国的旅游资源密集带之一，秦岭一直被称为古长安的"后苑"。秦岭地处关中经济带，这里有众多的自然保护区、风景名胜区和森林公园，又是旅游资源和矿产资源的集中开发区。

自1982年以来，陕西省政府在本区建立了第一个森林公园——楼观台国家森林公园，陆续建起了19处森林公园，形成了以太白山、楼观台、王顺山、终南山、朱雀、骊山、黑河等10处国家森林公园为主的生态旅游区，形成了以观赏原始森林、喀斯特地貌、溶洞等自然景观和以观赏大熊猫、朱鹮等"国宝"为重要内容的自然生态旅游区。现在人们到秦岭登山游览，自东向西依次可观赏领略到西岳华山之险峻、骊山晚照之绚丽、南五台云雾之仙境、沣峪口夏日之凉爽、楼观台幽谷之灵秀、太白山气势之宏大、汤峪温泉疗病之神奇、天台山炎帝遗迹之古朴、嘉陵江源头之清纯，处处皆景，美不胜收。葱茏茂密的森林不但发挥着重要的生态安全保障作用，而且成为西安乃至西北人的"洗肺中心"。尤其环山公路建成、几条市内直达公交线路开通之后，每逢周末闲暇，越来越多的人或乘车或自驾车前往秦岭北麓，享受山野之趣。

总之，本区具有发展多种旅游形式的优势，农业旅游发展潜力巨大。

二　秦岭北麓旅游发展 SWOT 分析

SWOT 分析法是产业发展战略分析常用的一种方法，所谓 SWOT 分析就是通过对产业内部的优势 S（Strengths）、劣势 W（Weaknesses）和外部环境的机会 O（Opportunity）与风险 T（Threat）进行综合分析，并据此对备选战略方案做出系统评价，最终选出一种适宜战略的方法。

（1）秦岭北麓旅游发展的优势（S）分析

①政府重视。本区所涉及的各个县区政府为了更好地发展旅游业，都制定了各种各样的旅游发展规划。比如周至县和户县由于农业资源和森林资源的丰富，均提出了"生态立县，农业兴县"的口号。为了更好地招商引资，各个政府都在努力营造良好的投资环境，以期得到更多投资，从而带动本区

发展。陕西省旅游业发展规划（2006—2020 年）中也对秦岭北麓生态旅游进行了专门的专题规划。

②优越的区位条件。秦岭北麓区位优越，南通北达，承东启西，东可抵中原大地，西通丝绸之路，南依巴山蜀水，北接西安、咸阳、宝鸡、渭南等大中城市。随着西安—沣峪口公路、环山公路，西安—汉中高速公路等相继通车及铁路网的建设，交通更为便捷。

③旅游资源丰富。秦岭北麓的旅游资源十分丰富，具体表现在以下几个方面：一是种类多。秦岭北麓资源包含自然旅游资源、社会旅游资源和历史文化资源，景观或历史积淀丰厚或自然景色秀丽，特色鲜明，知名度高，颇具魅力；富含各种有益于人体健康的矿物质的温泉；种类繁多的动植物；历史悠久的古迹和宗教寺庙文化；多姿多彩的民族风情等。二是分布范围广。研究区各县都分布有数量众多的旅游资源。三是旅游资源的等级和文化品味高，特点突出，其中有些在全国甚至世界范围内具有代表性和垄断性。如被誉为“世界第八大奇迹”秦始皇兵马俑坑，目前世界上保存最完整、规模最大的古城墙——西安明城墙、骊山古人文景观、道教文化发源地——楼观台风景名胜区和终南山山崩奇观及佛教文化等。

④生态环境优良。秦岭北麓总体生态环境质量较好，全区的森林覆盖率达 40% 以上，受工业和生活污染的程度较低，为本区旅游业可持续发展提供了良好的生态资源和条件。

⑤旅游客源市场优势。丰富的旅游资源和独特的地理区位条件，使本区拥有海内外、区内外广阔的客源市场。区内居民节假日短途旅游已形成相当规模，外省区的游客明显增多，接待海外游客的数量也在不断地增长。

（2）弱势（W）分析

①区域经济落后，基础设施不足。本区经济发展水平较低，经济增长相对于其他地区来说还是比较缓慢的，国民经济总量较低，旅游投资力度不够，这极不利于本区的旅游发展。据统计，本区所涉及的三个市在 2007 年的国民经济总量为 2694.18 亿元。从 2007 年的各市统计年鉴来看，本区的旅游投资项目较少，旅游产品单一，旅游基础设施和配套设施相对比较薄弱。

②精品观念淡薄，竞争意识不强。目前，秦岭北麓观光农业的旅游企业（景区）还未形成以市场为导向的经营理念。在旅游产品生产中只围绕旅游资源去开发产品，而很少考虑客源市场的需求趋势。客源市场是拉动旅游增

长的关键，开拓客源市场应该成为秦岭北麓农业旅游业的重点，而忽略旅游者需求的多样性和个性化，总认为文化名山、民俗农业风情特色良好的观念在当今的旅游市场上已不能适应其发展的需要。在这种情况下，自然也不会再去考虑进一步提升旅游产品的特色，塑造名牌，推出旅游精品。

③资金缺乏。旅游资源的开发、旅游产品的开发、设计、宣传和促销、旅游市场的开拓、旅游基础设施的建设等，这些都需要资金的保障，但是，由于本区的经济比较落后，经济实力不强，不能提供本区旅游发展所需的资金需求。虽然新兴的农业旅游是一种投资少、见效快的产业，但是仅靠农民提供的"农家乐"之类的产品，根本无法满足旅游者的个性化需求，也使得本区的农业观光旅游处于初级阶段。要将本区的资源优势转化为经济优势，资金短缺是一大制约因素。

④行政管理分割，难以形成合力。旅游业的发展不仅要依赖产业内各行业旅游供给的完善与协调，而且越来越依赖和旅游业密切相关的非旅游产业及社会大环境。但在实际经济运行中，诸如公共交通部门、市政基础设施建设部门以及其他窗口行业均实施归口管理，各行其政，难以形成合力，从而会影响旅游精品带动战略的顺利、有效实施。

⑤旅游人才缺乏，经营管理水平较低。本区旅游人力资源总量和后备力量不足，而且目前旅游职工队伍整体素质不高，旅游业队伍经验不足，整个旅游服务体系存在着经营管理不善，服务质量不到位等问题，不能适应旅游业大发展的需要。

（3）本区旅游发展的机会（O）分析

①西部开发的历史机遇。实施西部大开发战略，首先要以市场为导向，立足发挥自身优势，调整和优化产业结构，构建具有发展前景的特色经济和优势产业，培养和形成新的经济增长点。这就给具有壮丽雄伟的地貌地形、生态型农业基地、悠久的历史文化和民俗、众多的民族风情旅游资源的秦岭提供了发展旅游业的契机。发展秦岭大农业旅游业的核心是大农业旅游资源的开发和旅游产品的建设，对于旅游精品的推出，实施旅游精品带动战略就应围绕这个核心，变资源优势为经济优势。

②生态旅游发展的需求带来发展机遇。现代旅游业追求"生态"与"个性"多样化的需求，"生态热"、"休闲热"成为旅游者的追求和渴望，本区所拥有的旅游资源优势，特别是观光农业旅游资源的开发，正好迎合了旅游者"亲近自然"、"返璞归真"的需求。

③假日制度的调整为本区旅游发展提供了新的机遇。2008年我国对休

假制度进行了调整，"五一"黄金周取消了，实行三天短假制度将会更加刺激区内居民的本土旅游、自驾车旅游和近郊旅游，尤其是到本区的"农家乐"进行度假。据宝鸡市旅游部门统计，2008 年 5 月 1—3 日，宝鸡市各景区（点）接待游客 48.8 万人次，同比增长 18%；实现旅游收入 2.4 亿元，同比增长 26%，其中乡村旅游表现得异常火爆。另外，区外到本区进行度假、考察、观光等旅游活动的游客也呈上升态势。

（4）本区旅游发展的威胁（T）分析

①区域竞争激烈。本区的一些旅游资源与周边的山西、北京、四川等地区相似，旅游客源市场相近。本区所拥有的历史文化遗产资源与北京的资源极为相近，"农家乐"等农业旅游资源与四川省相似，甚至在某种程度上还略逊于四川省。随着高速路的不断延伸，秦岭南麓的旅游业飞速发展，在各地大力发展旅游、争夺客源市场份额的情况下，区域竞争日趋激烈。

②旅游季节性明显，产品经营不连续。秦岭北麓农业旅游旺季主要集中在一年的 5 月到 10 月，这使旅游产品经营在旺季供不应求，对特色产品的开发与创新需求不足。在淡季时，绝大多数旅游产品经营进入"假期"，产品、设备闲置，经营成本提高，从而也大大增加了提升原有旅游产品特色、高立意、高水平开发旅游新产品的成本。这种"不经济性"阻碍了旅游精品的推出，制约着旅游精品带动战略的实施。

③生态环境日益退化。由于工矿企业开发建设无序，破坏生态环境，而且在发展初期由于缺乏统一的规划，低层次重复开发建设现象严重，造成本区资源的浪费、环境的污染和生物资源的破坏，日益恶化的环境无疑是本区旅游发展的严重威胁。

表 2 - 4　　　　　　　　秦岭北麓旅游发展 SWOT 分析

项目	优　势	劣　势
外部环境	1. 国家西部大开发发展战略的实施 2. 国际国内市场需求不断上升 3. 本区人均收入和居民个人可支配收入的增加 4. 本区经济发展速度不断加快	1. 周边区域争夺客源市场竞争激烈 2. 从业人员素质低，服务意识较弱 3. 旅游宣传促销力度不够 4. 生态环境破坏，低层次重复开发 5. 新兴旅游产品的开发还处于原始状态，缺少深度的和深层次的具有文化内涵的旅游产品

续表

项目	优　势	劣　势
内部环境	1. 地理优势：南北地理的重要分界线，交通较便利 2. 资源优势：自然资源丰富，人文资源独特，温泉条件优越 3. 市场优势：旅游产品创新性较强 4. 生态环境优势 5. 民风淳朴，参与旅游发展的热情高 6. 旅游客源市场优势 7. 有较强的旅游接待能力 8. 政府重视	1. 国民经济总量较小，投资力度不够 2. 旅游发展资金缺乏 3. 旅游发展缺乏统一规划与协调 4. 旅游人才缺乏，经营管理水平较低 5. 旅游产业结构不平衡 6. 旅游涉外饭店的数量、档次和功能比例失衡 7. 旅行社总体经济效益不高，存在"散、小、弱、差"的状况，且地区分布不平衡

综上所述，本区旅游业发展既有优势和机会，也有劣势和威胁。我们只有抓住机遇，迎接挑战，落实行动，才能使本区的旅游获得更大发展。

第三章

秦岭北麓观光农业旅游资源分析与评价

第一节　秦岭北麓农业旅游资源总体概况

一　资源统计

秦岭北麓整体旅游资源普查的分类体系是依据国家标准《旅游资源分类、调查与评价》（GB/18972—2003）（以下简称《国标》）（2003 年 5 月 1 日正式实施），着重对秦岭北麓具有旅游开发前景并有明显经济、社会、文化价值的农业旅游资源单体进行分析和评价。将旅游资源划分为主类—亚类—基本类型—资源单体四个层次，分为地文景观、水域风光、生物景观、天象与气候景观、遗址遗迹、建筑与设施、旅游商品和人文活动 8 个主类，31 个亚类，155 个基本类型。

表 3 – 1　　　　　　　　　　　旅游资源分类

主类	亚类	基本类型
★A 地文景观	★AA 综合自然旅游地	★AAA 山岳型旅游地　★AAB 谷地型旅游地　★AAC 沙砾地型旅游地　★AAD 滩地型旅游地　AAE 奇异自然现象　AAF 自然标志地　★AAG 垂直自然带
	AB 沉积与构造	ABA 断层景观　ABB 褶曲景观　ABC 节理景观　ABD 地层剖面　ABE 钙华与泉华　ABF 矿点矿脉与矿石积聚地　ABG 生物化石点
	★AC 地质地貌过程遗迹	ACA 凸峰　ACB 独峰　ACC 石林　ACE 奇特与象形山石　ACF 崖壁与崖缝　★ACG 峡谷段落　★ACH 沟壑区　ACI 丹霞　ACJ 雅丹　ACK 堆石洞　ACL 岩石洞与岩穴　★ACM 沙丘地　★ACN 岸滩
	AD 自然变动遗迹	ADA 重力堆积体　ADB 泥石流堆积　ADC 地震遗迹　ADD 陷落地　ADE 火山与熔岩　ADF 冰川堆积体　ADG 冰川侵蚀遗迹
	AE 岛礁	AEA 岛区　AEB 岩礁

主类	亚类	基本类型
★B 水域风光	★BA 河段	★BAA 观光游憩河段　★BAB 暗河河段　★BAC 古河道段落
	★BB 天然湖泊与池沼	★BBA 观光游憩湖区　★BBB 沼泽与湿地　★BBC 潭池
	BC 瀑布	BCA 悬瀑　BCB 跌水
	★BD 泉	★BDA 冷泉　BDB 地热与温泉
	★BE 河口与海面	★BEA 观光游憩海域　BEB 涌潮现象　BEC 击浪现象
	BF 冰雪地	BFA 冰川观光地　BFB 常年积雪地
★C 生物景观	★CA 树木	★CAA 林地　★CAB 丛树　★CAC 独树
	★CB 草原与草地	★CBA 草地　★CBB 疏林草地
	★CC 花卉地	★CCA 草场花卉地　★CCB 林间花卉地
	★CD 野生动物栖息地	★CDA 水生动物栖息地　★CDB 陆地动物栖息地　★CDC 鸟类栖息地　★CDD 蝶类栖息地
★D 天气与气候景观	DA 光现象	DAA 日月星辰观察地　DAB 光环现象观察地　DAC 海市蜃楼多发地
	★DB 天气与气候现象	★DBA 云雾多发区　★DBB 避暑气候区　★DBC 避寒气候区　DBD 极端与特殊气候显示地　DBE 物候景观
E 遗址遗迹	EA 史前人类活动场所	EAA 人类活动遗址　EAB 文化层　EAC 文物散落地　EAD 原始聚落
	EB 社会经济文化活动遗址遗迹	EBA 历史事件发生地　EBB 军事遗址与古战场　EBC 废弃寺庙　EBD 废弃生产地　EBE 交通遗址　EBF 废城与聚落遗址　EBG 长城遗址　EBH 烽燧
★F 建筑与设施	★FA 综合人文旅游地	FAA 教学科研实验场所　★FAB 康体游乐休闲度假地　FAC 宗教与祭祀活动场所　FAD 园林游憩区域　FAE 文化活动场所　★FAF 建设工程与生产地　FAG 社会与商贸活动场所　FAH 动物与植物展示厅　FAI 军事观光第　FAJ 边境口岸　FAK 景物观赏点
	FB 单体活动场馆	FBA 聚会接待厅　FBB 祭拜场所　FBC 展示演示场馆　FBD 体育健身场馆　FBE 歌舞游乐场馆
	FC 景观建筑与附属建筑	FCA 佛塔　FCB 塔形建筑物　FCC 楼阁　FCD 石窟　FCE 长城段落　FCF 城堡　FCG 摩崖字画　FCH 碑碣（林）　FCI 广场　FCJ 人工洞穴　FCK 建筑小品
	★FD 居住地与社区	★FDA 传统与乡土建筑　★FDB 特色街巷　★FDC 特色社区　FDD 名人故居与历史纪念性建筑　FDE 书院　FDF 会馆　FDG 特色店铺　★FDH 特色市场
	FE 归葬地	FEA 陵区陵园　FEB 墓（群）　FEC 悬棺
	FF 交通建筑	FFA 桥　FFB 车站　FFC 港口与码头　FFD 航空港　FFE 栈道
	★FG 水工建筑	★FGA 水库观光游憩区　★FGB 水井　★FGC 运河与渠道段落　★FGD 堤坝段落　★FGE 灌区　★FGF 提水设施

续表

主类	亚类	基本类型
★G 旅游商品	★GA 地方旅游商品	★GAA 菜品饮食　★GAB 农林畜产品与制品　★GAC 水产品与制品　★GAD 中草药与制品　★GAE 传统手工产品与工艺品　GAF 日用工业品　★GAG 其他物品
★H 人文活动	★HA 人事记录	★HAA 人物　★HAB 事件
	★HB 艺术	★HBA 文艺团体　★HBB 文学艺术作品
	★HC 民间习俗	★HCA 地方风俗与民间礼仪　★HCB 民间节庆　★HCC 民间演艺　★HCD 民间健身活动与赛事　★HCE 宗教活动　★HCF 庙会与民间集会　★HCG 饮食习俗　★HCH 特色服饰
	★HD 现代节庆	★HDA 旅游节　★HDB 文化节　★HDC 商贸农事节　★HDC 商贸农事节　★HDD 体育节

说明：★代表农业旅游资源。

表 3 – 2　　　　　　　　　　秦岭北麓旅游资源单体类型统计

主类	亚类	基本类型	单体数量
★A 地文景观	★AA 综合自然旅游地	★AAA 山岳型旅游地	89
		★AAD 滩地型旅游地	1
	AB 沉积与构造	ABG 生物化石点	1
	★AC 地质地貌过程遗迹	ACF 崖壁以岩峰	1
		★ACG 峡谷段落	4
		ACL 岩石洞与岩穴	2
	AD 自然变动遗迹	ADA 重力堆积体	1
		ADG 冰川侵蚀遗迹	1
★B 水域风光	★BA 河段	★BAA 观光游憩河段	94
		BAC 古河道段落	4
	★BB 自然湖泊与池沼	★BBA 观光游憩湖区	6
	BC 瀑布	BCB 悬瀑	3
	★BD 泉	★BDA 冷泉	16
		BDB 地热与温泉	15
	BF 冰雪地	BFB 常年积雪地	1
★C 生物景观	★CA 树木	★CAA 林地	19
		★CAC 独树	10
	★CB 草地与草原	★CBA 草地	0
	★CC 花卉地	★CCA 草场花卉地	4
	★CD 野生动物栖息地	★CDA 水生动物栖息地	1

续表

主类	亚类	基本类型	单体数量
★C 生物景观		★CDB 陆地动物栖息地	4
★D 天气与气候景观	DA 光现象	DAA 日月星辰观察地	2
	★DB 天气与气候现象	DBA 云雾多发区	3
		★DBB 避暑气候区	2
E 遗址遗迹	EA 史前人类活动场所	EAA 人类活动遗址	219
	EB 社会经济文化活动遗址遗迹	EBA 历史事件发生地	12
		EBB 军事遗址与古战场	8
		EBC 废弃寺庙	24
		EBE 交通遗址	7
		EBG 长城遗址	1
		EBF 废城与聚落遗址	180
		EBH 烽燧	1
★F 建筑与设施	★FA 综合人文旅游地	★FAB 康体游乐休闲度假地	17
		FAC 宗教与祭祀活动场所	174
		FAD 园林游憩区域	5
		FAE 文化活动场所	2
		★FAF 建设工程与生产地	101
		FAH 动物与植物展示厅	2
	FB 单体活动场馆	FBA 聚会接待厅	1
		FBC 展示演示场馆	9
		FBD 体育健身场馆	1
		FBE 歌舞游乐场馆	4
	FC 景观建筑与附属建筑	FCA 佛塔	22
		FCB 塔形建筑	6
		FCC 楼阁	72
		FCH 碑碣（林）	260
		FCI 广场	2
	★FD 居住地与社区	FDB 特色街巷	2
		★FDC 特色社区	4
		FDD 名人故居与历史纪念性建筑	19
		FDG 特色店铺	1
		FDH 特色市场	1

续表

主类	亚类	基本类型	单体数量
★F 建筑与设施	FE 归葬地	FEA 陵区陵园	12
		FEB 墓（群）	362
	FF 交通建筑	FFA 车站	1
	★FG 水工建筑	★FGA 水库观光游憩区	4
		★FGB 水井	1
★G 旅游商品	★GA 地方旅游商品	★GAA 菜品饮食	25
		★GAB 农林畜产品与制品	30
		★GAD 中草药与制品	5
		★GAE 传统手工产品与工艺品	40
		★GAG 其他物品	5
★H 人文活动	★HC 民间习俗	★HCA 地方风俗与民间礼仪	13
		★HCB 民间节庆	7
		★HCC 民间演艺	68
		★HCF 庙会与民间集会	15
	★HD 现代节庆	★HAD 旅游节	1
		HDB 文化节	3
		★HDC 商贸农事节	2
		HDD 体育节	1

二 秦岭北麓旅游资源总体评价

表 3 - 3　　　　秦岭北麓农业旅游资源类型占所有旅游资源的比例

系列	秦岭北麓总体旅游资源数目	农业旅游资源数目	所占比例（%）
主类	8	7	87.5
亚类	28	21	75
基本类型	72	32	44.44
资源单体	1830	507	27.65

陕西省旅游资源单体总数为 9972 个，其中主类 8 个，亚类共有 30

个，基本类型 134 个（增加了 1 个亚类，3 个基本类型）（《陕西旅游资源评价研究》），而位于秦岭北麓的旅游资源中单体总数为 1830 个，主类 8 个，亚类 28 个，基本类型 72 个，分别占陕西省旅游资源的 20.13%、100%、53.73%、18.35%，由此可以看出秦岭北麓的旅游资源是陕西省旅游资源比较集中的一个区域，旅游资源的类型中主类和亚类基本齐全。

按照国标分类体系，在所有旅游资源中农业旅游资源占 7 个主类，23 个亚类，85 个基本类型。在秦岭北麓的农业旅游中分别有 7 个主类，21 个亚类，32 个基本类型，分别占全部农业旅游资源类型的 100%、91.3%、37.65%，占秦岭北麓全部旅游资源类型的 87.5%、75%、44.44%。

由此看出秦岭北麓农业旅游资源类型比较齐全，单体数量较大，其中主类和亚类基本齐全，由于农业旅游资源专题性较强，其基本类型所占比例相对较低。

第二节　秦岭北麓农业旅游资源评价

一　秦岭北麓农业旅游资源单体统计

农业资源是人们从事农业经济活动所利用或可供利用的各种资源，包括农业自然资源和农业社会资源两大类。农业自然资源是农业生产及其相关领域中可以利用的自然要素，包括大气、土壤、水域、生物、矿产等。农业社会资源是在长期的农业生产实践与生活过程中逐渐积累的与社会政治经济文化相关的各种资源，包括农业劳动力、科学技术、劳动成果和民俗风情等。

观光农业（agritourism）又称休闲农业或旅游农业，是以农业活动为基础，农业和旅游业相结合的一种新型的交叉型农业；是以乡村独特的景观和农业活动为吸引物，以都市居民为目标市场，以满足旅游者观光、娱乐、求知、体验农事和回归自然为目的的一种旅游方式；它是一种新型的农业 + 旅游业性质的农业生产经营形态，既可发展农业生产、维护生态环境、扩大乡村娱乐功能，又可达到提高农业效益与繁荣农村经济的目的。

观光农业旅游资源是可以用来开发旅游业的农业旅游资源。由此可以对农业旅游资源的类型进行统计分类：

表 3 - 4　　　　　　　　**秦岭北麓农业旅游资源单体分类统计**

主类	亚类	基本类型	单　　体	数量
A 地文景观	AA 综合自然旅游地	AAA 山岳型旅游地	长安区：青华山、南五台、小五台、嘉午台、翠华山、万华山、观音山；周至：终南山、太一山、翠峰山、九峰山、沈岭、石楼山、首阳山；蓝田：王顺山；临潼：骊山、金斧山、庆山、新开山、石骆驼峰、走马岭；户县：凤凰山，郭家山，宛华山，九华山，万花山，圭峰山，秦北山水乐园，高冠瀑布风景区，清凉山；渭滨区：天台山、鸡峰山、玉皇山、大王山、小大王山、乔麦山、将台山、南峡岭、偏子岭、守家山；凤县：紫柏山、辛家山原始森林自然保护区；岐山县：石楼山、西凉庐山、棋盘山、东凉庐山；眉县：太白山、瓦窑山、驼杨峰、菩萨山、香岩山、端南山、四嘴山、少白山、新开山、盘龙山、龙峰山、凤凰山；太白县：太白山、青峰山、玉皇山、鳌山、冻山、南天门、银河山；华阴市：华山；华县：少华山、五龙山、蟠龙山；临渭区：宝鸡市：嘉陵江源头风景区；陈仓区：西镇吴山、九龙山名胜景区、金陵川山潼关：佛头山风景区、女娲山	66
		ACG 峡谷段落	太白县：三岔峡、白云峡、五里峡、观音峡	4
B 水域风光	BA 河段	BAA 观光游憩河段	长安区：沣河、高冠河、太平河、浐河、新河、渭河、河、河；周至：渭河、黑河、田峪河、西骆河；临潼：渭河、零河、戏河、王川河、沙河、王里河、临河、三星河、韩峪河、石川河；蓝田：霸河、白马河、沙河、红河；户县：涝河、甘河、太平河、高冠河；渭滨区：渭河、西沙河、东沙河、金陵河、巨家河、高家河、石拔河、清水河、百峪河、清姜河、塔稍河、太寅河；岐山县：渭河、石头河、麦荔河；眉县：渭河、汤峪河、霸王河、西沙河、东沙河、石头河；太白县：石头河、红岩河、太白河、黄牛河、湑水河；华阴市：渭河、白龙涧、长涧河、柳叶河、罗夫河、磨沟河、葱郁河；潼关：西峪河、东相河、善车峪河、太峪河、麻峪河、铁沟河、远望沟河、禁沟河、潼河、列斜沟河、唐沟河、黄河、渭河；华县：渭河、赤水河、遇仙河、石堤河、罗纹河、狗峪河、文峪河、蒿坪河；临渭区：渭河、尤河、零河、赤水河；陈仓区：渭河、磻溪河、伐鱼河；潼关：潼关黄河风景区凤县：嘉陵江源头、安河、小峪河、旺峪河、中曲河、长坪河	43
	BB 自然湖泊与池沼	BBA 观光游憩湖区	户县：美陂湖风景区；蓝田：汤泉湖；潼关：潼关县泉湖风景区；华县：白崖湖石、西溪	4
	BD 泉	BDA 冷泉	潼关：秦王寨——马跑泉；临渭区：六姑泉；临潼：鸣犊泉、响泉、森澄泉、石浴泉、鸿门泉、平泉、阿姑泉、饮马泉、老娲泉、清水泉；陈仓区：凉泉、周公泉；渭滨区：九龙泉、吾泉；户县：公主泉	17

主类	亚类	基本类型	单　体	数量
C 生物景观	CA 树木	CAA 林地	周至县楼观台森林公园、周至县黑河森林公园、长安区东大街道办事处境内祥峪森林公园、长安区终南山森林公园、长安县的沣峪森林公园、临潼区的骊山森林公园、户县南部的朱雀国家森林公园、蓝田县蓝桥乡的王顺山国家森林公园、蓝田县汤峪的汤峪湖森林公园、户县太平峪内的太平森林公园；分布在宝鸡地区的有眉县营头镇境内的红河谷森林公园、眉县的太白山森林公园、太白县桃川镇青峰峡森林公园、宝鸡市南郊的天台山国家森林公园、岐山县国有崛山林场辖区中心的崛山森林公园、位于宝鸡市东南宝太公路15公里处的雪山洞森林公园；分布在渭南地区的有华县少华山森林公园、临渭区桥南镇的天留山森林公园、临渭区石鼓山森林公园	19
		CAC 独树	潼关：马超枪刺曹操——古槐；蓝田：珍稀古树——银杏树、龙头松、香榧、岩榆、毛白杨、楸树、实生板栗、白皮松；户县：千年银杏，姊妹黄杨	12
	CB 草地与草原	CBA 草地	陈仓区：灵宝峡谷——大水川草场	1
	CC 花卉地	CCA 草场花卉地	长安：细柳万亩苗木花卉基地、陕西天保苗木繁育中心；周至：万亩苗木花卉基地；户县：阿姑泉牡丹园；眉县：陕西苗木培育中心	5
	CD 野生动物栖息地	CDA 水生动物栖息地	太白县：大鲵自然保护区	1
		CDB 陆地动物栖息地	周至：太白自然保护区、周至自然保护区、老县城大小熊猫保护区	3
D 天气与气候景观	DB 天气与气候现象	DBB 避暑气候区	长安区：终南山避暑；陈仓区：庵坪避暑山庄；西安：高冠避暑度假山庄	3
F 建筑与设施	FA 综合人文旅游地	FAB 康体游乐休闲度假地	长安区：沣峪庄园；户县：二一零所长峰旅游中心，朱雀民族村，涝峪度假山庄；乐佛游艺园华县：太平峪度假山庄；蓝田：董家岩瀑布山庄	7
		FAF 建设工程与生产地	周至：终南镇万亩绿色蔬菜基地；长安区：高桥乡万亩无公害蔬菜基地，王曲、黄良韭菜基地；临潼：玉米田园；临渭区：万亩莲菜示范基地——辛市镇，秦椒之乡——官底镇；潼关：潼关县芦笋基地，潼关县银杏科技示范，渭滨：高家镇桑园铺村无公害蔬菜生产基地，巨家村无公害蔬菜基地，石鼓镇刘家村无公害蔬菜基地，马营镇燃灯寺村无公害蔬菜；太白县：明优特蔬菜标准化生产示范园区，无公害蔬菜生	

续表

主类	亚类	基本类型	单体	数量
		FAF建设工程与生产地	产基地，花椒基地、中药材基地（1600种药材）；华县：国家级优质小麦基地，国家级优质棉基地、六大优质无公害蔬菜基地、八个设施农业示范园和十个大棚菜专业村；凤县：长滩坝反季节无公害蔬菜生产示范区，以凤党、秦艽、柴胡等为主的中药材基地，凤州镇龙口村花椒标准化生产科技园区；周至：万亩优质猕猴桃产业基地，秦岭北麓杂果林带，万亩油桃基地，周至虎峰千亩杂果林观光园；户县：同兴西瓜示范园，户太葡萄，丰园牌杏；长安区：马王草莓基地，大兆、炮里万亩西瓜基地，王莽设施果树种植，滦镇无公害葡萄基地；蓝田：无公害大杏示范园，蓝田西瓜生产基地；临潼：渭河沿岸蔬菜瓜果经济带，以石榴为主的观光农业区和山塬林果生态农业区、万亩无公害绿色猕猴园；临渭区：凭信乡棚瓜示范基地，临渭区冬枣基地；潼关：中华圣桃示范园；渭滨区：高家镇庙坡村的千亩优质猕猴桃园（生态示范园），石鼓镇赵家村无公害桃基地，八鱼镇淡家村无公害西瓜产地，八鱼镇寨子岭村无公害葡萄生产基地，上甘沟无公害樱桃生产基地，石鼓镇赵家庄村无公害桃产地；岐山：五丈塬镇西星村猕猴桃示范区，澳洲青苹果基地，猕猴桃基地；眉县：高格高新农林科技研究开发中心大樱桃科技示范园、槐芽镇赵家庄村草莓科技产业园区无公害小麦产地、槐芽镇赵家庄村无公害草莓产地，横渠镇王家堡村无公害葡萄生产基地、汤峪镇尖咀石村无公害桃生产基地，王家堡村无公害葡萄生产基地，营头镇董家山村无公害果品产地，金渠镇第二坡村无公害猕猴桃产地，无公害苹果产地；太白县：杂果基地；凤县：庞家河标准化苹果生产示范园；凤县凤州镇龙口村花椒标准化生产科技园区；陈仓：姜子牙钓鱼台杂果观光示范园；长安：细柳万亩苗木花卉基地、陕西天保苗木繁育中心；周至：万亩苗木花卉基地；西安：西安济农高新技术农业示范园，西安绿叶花卉鲜果观光园，灞桥白鹿塬樱桃观光园，汉风台特色水果观光示范园；草滩生态产业园；周至：万头牛羊基地；长安区：周家庄蛋鸡园区；临潼：马额镇南王村蓝狐养殖基地、渭北以奶畜为主的畜牧产业区；华阴市：奶牛养殖示范区、秦川牛养殖示范区和肉猪养殖示范区；渭滨区：姬家殿奶牛科技园区；凤县：三官殿村南江黄羊示范园；陈仓区：曹家沟奶牛科技园区，梁家崖奶牛小区；蓝田：蓝田鼎湖观光农业示范园；长安区：沣峪庄园，西安建秦旅游农业观光度假园，陕西嘉艺生态农业观光园；临潼：临潼溪源山庄生态农业观光园、临潼五星生态；户县：户县银户生态观光产业园，阿姑泉牡丹园，渭河现代生态农业示范区；蓝田：白马河生态园	73

主类	亚类	基本类型	单体	数量
		FDC 特色社区	长安区：广新园民族村；户县：东韩农民画；岐县：西岐民俗村；临潼：秦俑民俗村	4
	FG 水工建筑	FGA 水库观光游憩区	岐县：洞沟水库、斜峪关水库；户县：甘峪水库，高峡平湖	4
		FGB 水井	户县：烟雾井	1
G 旅游商品	GA 地方旅游商品	GAA 菜品饮食	蓝田：蓝田葱油饼、蓝田楼祝手工空心挂面、蓝田泡油糕、蓝田醋酚、蓝田苦荞小麦和各、蓝田神仙粉、蓝田糍粑、蓝田灞源豆腐干，"歪嘴岩"牌原汁柿子醋；岐山：岐山臊子面、文王锅盔、岐山面皮、手工空心挂面、岐山香醋；潼关：潼关第一名吃——黄河鲇鱼汤、黄河鲤鱼、肉夹馍、羊肉泡馍、盛全福（小舟）鸭片汤、赵清斌（春娃）黄焖鸡、贾秃娃"卤烧鸡"；华县：面花；周至：肉夹馍，牛羊肉泡馍、秦岭香菇、秦岭黑蘑菇、秦岭土蜂蜜、醪糟、浆水面、黑河烤鱼、翠峰饦饦；户县："摆汤面"、大肉辣子圪垯、米面凉皮、搅团、凉鱼、豆腐脑；临潼：柿子糊塌、临潼醪糟、搅团、凉鱼、关中浆水面、关中"biang biang"面、新丰白醪酒、烩麻食、锅盔、荞面饸饹、临潼黄桂柿子饼；临渭区：水晶饼、时晨包子、"渭南白犇"；华阴市：凉皮、凉粉、锅贴、大刀面、豆腐脑、踅面、黄河鲇鱼、包谷面馍、糁子、鱼鱼粉、搅团饭、馄饨、搋馍、麻食泡；眉县：炉齿面、柱顶石干粮馍、手工挂面、粽子、蒸碗豆花；太白县：洋芋糍粑、洋芋煎饼、腊肉、豆豉、饸饹、红米饭；西安：饺子宴、长安八景宴、羊肉泡馍、春发生的葫芦头、老童家腊羊肉、长安葫芦鸡、贾三灌汤包	74
		GAB 农林畜产品及制品	草莓、西瓜、葡萄、鸡蛋；猕猴桃、油桃、核桃、柿子、李子、板栗、笼养鸡、蓝田樱桃、石榴、临潼火晶柿子、户县的"画像农"牌鸡蛋、岐山的小麦和玉米、凤县的花椒、黄羊；潼关的棉花、银杏；临渭区：秦川牛、关中驴、奶山羊；太白县的贝母、山萸、木耳；韭菜、黄瓜、西芹、苦瓜、番茄、临潼的石榴酒、户县的大蒜、辣椒、岐山的油菜、凤县的凤椒、凤党、"凤党"茶、"安河"米、甜椒、食用菌；临渭区的冬枣；潼关的芦笋；渭滨区：甜萝卜，特产生姜；岐山的火蒜、"凤鸣酒"	25
		GAD 中草药与制品	华阴市：华山菖蒲，华山参、华山灵芝、华山细辛；凤县：凤县党参	5

续表

主类	亚类	基本类型	单　体	数量
		GAE 传统手工产品与工艺品	西安市：景泰蓝、碑刻拓片；周至：哑柏刺绣；岐山：剪纸、皮影、蒸面花、"岐人张"马勺脸谱；华县：面花、皮影雕刻、竹艺、剪纸、书法、刺绣、根雕；陈仓区：社火马勺脸谱、泥塑、张翠香的刺绣作品、杨清俊的布制品、王卫东的剪纸作品；户县：户县农民画，麦秆画，剪纸；眉县：簸箕、井沟杈、牛轭头、扫帚；临潼：肚兜、扎染、秦绣；陈仓区：手工制作蒸笼、毛毡；凤县：刺绣，剪纸，根雕，脸谱面具；潼关：刺绣，剪纸，雕塑，通草堆画，烫画	34
		GAG 其他物品	临潼：唐三彩陶，仿秦铜车马，秦兵马俑复制品，渭南美腊瓷；蓝田：玉器	5
H 人文活动	HC 民间习俗	HCA 地方风俗与民间礼仪	潼关：潼关婚俗、葬俗；关中婚俗丧俗、过寿、做满月；华阴市：喜庆——报喜、满月、送灯、卸绳、上梁；眉县：女儿女婿"看麦黄"、娘去女家"看忙毕"、女婿"看忙罢"	10
		HCB 民间节庆	春节、元宵节、清明、端午节、中秋节、重阳节、腊八节	7
		HCC 民间演艺	华县：秦腔、迷胡、华州秧歌、社火、华县皮影、华州背花鼓；长安区：唢呐曲、三弦曲、打击乐、长安鼓乐、剪纸、刺绣、编织、打蜡、添碟子、花灯"眉户"、"长安道情"、"碗碗腔"；临潼："关山鼙鼓"、零口"十面锣鼓"；周至：木偶，皮影，花鼓戏，周至民歌、集贤古乐、民间唢呐、民间锣鼓、夹板舞、牛斗虎、竹马、地游子、吹龟兹、马社火；户县：户县背社火：秦腔、曲子、碗碗腔、汉调二簧；蓝田：二黄戏、花鼓戏、道悟戏、秧歌剧、谁会音乐、跑佛（舞蹈）、社火；陈仓区：茶会、吹手班、社火、社火脸谱、焰火、锣鼓、剪纸、纸扎；渭滨区：传统社火、或灯焰火；华阴市：拉花戏、华阴曲子、华阴碗碗腔、素鼓、老腔戏；凤县：民歌，社火；岐山：秦腔，眉户，碗碗腔，曲子，弦板腔，社火；潼关：社火	61
		HCF 庙会与民间集会	周至：庙会；临潼：骊山老母殿（骊山古庙会）、雨金药王古庙会；潼关：马店庙会、万仓庙会、欧家城庙会、鱼化屯朝山庙会、古潼关城三月河坝庙会、寺底庙会、留果斜庙会；华阴市：华山灯笼会、华山古庙会；户县：万花山朝山庙会，城隍庙会，化羊庙古庙会岐山：五丈原诸葛亮庙会，高庙太白爷会	17
	HD 现代节庆	HDA 旅游节	太白县：太白山旅游登山节	1
		HDC 商贸农事节	蓝田：蓝田美食精品展；临潼：石榴节	2

表 3 - 5 　　　　　　　　　　秦岭北麓农业旅游资源单体统计

标号	秦岭北麓农业资源单体统计（507 个）	主类	亚类	基本类型	级别	评分	行政单位	资源状态
1	太一山	A	AA	AAA	未定级	23	周至	未开发
2	沈岭	A	AA	AAA	未定级	20	周至	未开发
3	翠峰山	A	AA	AAA	4	79	周至	正在开发
4	九峰山	A	AA	AAA	未定级	25	周至	未开发
5	首阳山	A	AA	AAA	2	46	周至	正在开发
6	牛背梁国家级自然保护区	A	AA	AAA	4	75	长安区	已开发
7	南五台	A	AA	AAA	3	73	长安区	已开发
8	青华山	A	AA	AAA	1	42	长安区	已开发
9	小五台	A	AA	AAA	2	52	长安区	未开发
10	翠华山	A	AA	AAA	5	99	长安区	已开发
11	万华山	A	AA	AAA	未定级	23	长安区	未开发
12	观音山	A	AA	AAA	2	46	长安区	未开发
13	嘉午台	A	AA	AAA	3	60	长安区	已开发
14	金斧山	A	AA	AAA	未定级	20	临潼	未开发
15	石骆驼峰	A	AA	AAA	未定级	22	临潼	未开发
16	走马岭	A	AA	AAA	未定级	23	临潼	未开发
17	新开山	A	AA	AAA	未定级	22	临潼	未开发
18	庆山	A	AA	AAA	未定级	24	临潼	未开发
19	九华山	A	AA	AAA	2	47	户县	已开发
20	万花山	A	AA	AAA	1	40	户县	已开发
21	圭峰山	A	AA	AAA	2	58	户县	已开发
22	高冠瀑布风景区	A	AA	AAA	2	55	户县	已开发
23	秦北山水乐园	A	AA	AAA	1	33	户县	已开发
24	清凉山	A	AA	AAA	2	56	户县	已开发
25	凤凰山	A	AA	AAA	未定级	25	户县	未开发
26	郭家山	A	AA	AAA	未定级	22	户县	未开发
27	宛华山	A	AA	AAA	未定级	21	户县	未开发
28	银河山	A	AA	AAA	未定级	20	太白县	未开发
29	冻山	A	AA	AAA	未定级	23	太白县	未开发
30	青峰山	A	AA	AAA	4	85	太白县	未开发

续表

标号	秦岭北麓农业资源单体统计（507个）	主类	亚类	基本类型	级别	评分	行政单位	资源状态
31	玉皇山	A	AA	AAA	未定级	24	太白县	未开发
32	鳌山	A	AA	AAA	3	74	太白县	未开发
33	五龙山	A	AA	AAA	未定级	25	华县	未开发
34	蟠龙山	A	AA	AAA	未定级	21	华县	未开发
35	天台山	A	AA	AAA	3	61	渭滨区	已开发
36	守家山	A	AA	AAA	未定级	26	渭滨区	未开发
37	偏子岭	A	AA	AAA	未定级	24	渭滨区	未开发
38	将台山	A	AA	AAA	未定级	25	渭滨区	未开发
39	南峡岭	A	AA	AAA	未定级	21	渭滨区	未开发
40	小大王山	A	AA	AAA	未定级	23	渭滨区	未开发
41	玉皇山	A	AA	AAA	未定级	22	渭滨区	未开发
42	大王山	A	AA	AAA	未定级	20	渭滨区	未开发
43	乔麦山	A	AA	AAA	未定级	24	渭滨区	未开发
44	鸡峰山	A	AA	AAA	4	75	渭滨区	已开发
45	石鼓山	A	AA	AAA	未定级	26	渭滨区	正在开发
46	龙凤山	A	AA	AAA	未定级	27	渭滨区	正在开发
47	紫柏山	A	AA	AAA	4	77	凤县	已开发
48	辛家山原始森林自然保护区	A	AA	AAA	未定级	28	凤县	已开发
49	嘉陵江源头风景区	A	AA	AAA	4	77	凤县	已开发
50	瓦窑山	A	AA	AAA	未定级	22	眉县	未开发
51	凤凰山	A	AA	AAA	未定级	25	眉县	未开发
52	龙峰山	A	AA	AAA	未定级	23	眉县	未开发
53	盘龙山	A	AA	AAA	未定级	21	眉县	未开发
54	新开山	A	AA	AAA	未定级	24	眉县	未开发
55	四嘴山	A	AA	AAA	未定级	20	眉县	未开发
56	少白山	A	AA	AAA	未定级	21	眉县	未开发
57	香岩山	A	AA	AAA	未定级	19	眉县	未开发
58	驼杨峰	A	AA	AAA	未定级	24	眉县	未开发
59	端南山	A	AA	AAA	未定级	23	眉县	未开发

标号	秦岭北麓农业资源单体统计（507个）	主类	亚类	基本类型	级别	评分	行政单位	资源状态
60	菩萨山	A	AA	AAA	未定级	22	眉县	未开发
61	女娲山	A	AA	AAA	3	60	潼关	正在开发
62	佛头山风景区	A	AA	AAA	3	62	潼关	已开发
63	九龙山名胜景区	A	AA	AAA	2	40	陈仓区	已开发
64	西镇吴山	A	AA	AAA	3	74	陈仓区	已开发
65	金陵川山	A	AA	AAA	未定级	26	陈仓区	未开发
66	华山	A	AA	AAA	5	99	华阴市	已开发
67	三岔峡	A	AC	ACG	未定级	22	太白县	未开发
68	白云峡	A	AC	ACG	未定级	23	太白县	未开发
69	五里峡	A	AC	ACG	未定级	25	太白县	未开发
70	观音峡	A	AC	ACG	未定级	28	太白县	未开发
71	潼关黄河风景区	B	BA	BAA	3	70	潼关	已开发
72	潼河	B	BA	BAA	未定级	25	潼关	未开发
73	远望沟河	B	BA	BAA	未定级	19	潼关	未开发
74	铁沟河	B	BA	BAA	未定级	20	潼关	未开发
75	太峪河	B	BA	BAA	未定级	24	潼关	未开发
76	麻峪河	B	BA	BAA	未定级	23	潼关	未开发
77	东相河	B	BA	BAA	未定级	22	潼关	未开发
78	善车峪河	B	BA	BAA	未定级	20	潼关	未开发
79	渭河	B	BA	BAA	未定级	28	华阴市	未开发
80	磨沟河	B	BA	BAA	未定级	20	华阴市	未开发
81	葱郁河	B	BA	BAA	未定级	22	华阴市	未开发
82	罗夫河	B	BA	BAA	未定级	23	华阴市	未开发
83	长涧河	B	BA	BAA	未定级	20	华阴市	未开发
84	柳叶河	B	BA	BAA	未定级	19	华阴市	未开发
85	白龙涧	B	BA	BAA	未定级	18	华阴市	未开发
86	渭河	B	BA	BAA	未定级	26	渭滨区	未开发
87	塔稍河	B	BA	BAA	未定级	20	渭滨区	未开发
88	太寅河	B	BA	BAA	未定级		渭滨区	未开发
89	百峪河	B	BA	BAA	未定级		渭滨区	未开发

标号	秦岭北麓农业资源单体统计（507个）	主类	亚类	基本类型	级别	评分	行政单位	资源状态
90	清姜河	B	BA	BAA	未定级		渭滨区	未开发
91	石拔河	B	BA	BAA	未定级		渭滨区	未开发
92	清水河	B	BA	BAA	1	33	渭滨区	未开发
93	高家河	B	BA	BAA	未定级		渭滨区	未开发
94	金陵河	B	BA	BAA	未定级		渭滨区	未开发
95	巨家河	B	BA	BAA	未定级		渭滨区	未开发
96	东沙河	B	BA	BAA	未定级		渭滨区	未开发
97	西沙河	B	BA	BAA	未定级		渭滨区	未开发
98	渭河	B	BA	BAA	未定级		陈仓区	未开发
99	伐鱼河	B	BA	BAA	2	47	陈仓区	未开发
100	磻溪河	B	BA	BAA	未定级	24	陈仓区	未开发
101	渭河	B	BA	BAA	未定级	25	华县	未开发
102	蒿坪河	B	BA	BAA	未定级	20	华县	未开发
103	狗峪河	B	BA	BAA	未定级	19	华县	未开发
104	遇仙河	B	BA	BAA	未定级	20	华县	未开发
105	石堤河	B	BA	BAA	未定级	23	华县	未开发
106	赤水河	B	BA	BAA	未定级	20	华县	未开发
107	罗纹河	B	BA	BAA	未定级	21	华县	未开发
108	文峪河	B	BA	BAA	未定级	20	华县	未开发
109	白崖湖石	B	BB	BBA	未定级	18	华县	已开发
110	西溪	B	BB	BBA	未定级	25	华县	未开发
111	美陂湖风景区	B	BB	BBA	未定级	28	户县	已开发
112	潼关县泉湖风景区	B	BB	BBA	3	62	潼关	已开发
113	汤泉湖	B	BB	BBA	2	40	蓝田	已开发
114	秦王寨——马趵泉	B	BD	BDA	未定级		潼关	已开发
115	六姑泉	B	BD	BDA	1	33	临渭区	正在开发
116	鸣犊泉（西泉）	B	BD	BDA	未定级	21	临潼	未开发
117	响泉	B	BD	BDA	未定级	23	临潼	未开发
118	森澄泉	B	BD	BDA	未定级	17	临潼	未开发

标号	秦岭北麓农业资源单体统计（507个）	主类	亚类	基本类型	级别	评分	行政单位	资源状态
119	石浴泉	B	BD	BDA	未定级	19	临潼	未开发
120	鸿门泉	B	BD	BDA	未定级	20	临潼	未开发
121	平泉	B	BD	BDA	未定级	21	临潼	未开发
122	阿姑泉	B	BD	BDA	未定级	26	临潼	未开发
123	饮马泉	B	BD	BDA	未定级	25	临潼	未开发
124	清水泉	B	BD	BDA	未定级	23	临潼	未开发
125	老娲泉	B	BD	BDA	未定级	21	临潼	未开发
126	凉泉	B	BD	BDA	未定级	25	陈仓区	已开发
127	周公泉	B	BD	BDA	未定级	28	陈仓区	已开发
128	九龙泉	B	BD	BDA	1	37	渭滨区	已开发
129	吾泉	B	BD	BDA	未定级	23	渭滨区	已开发
130	公主泉	B	BD	BDA	1	43	户县	已开发
131	楼观台森林公园	C	CA	CAA	5	91	周至	已开发
132	黑河森林公园	C	CA	CAA	3	62	周至	已开发
133	祥峪森林公园	C	CA	CAA	1	35	长安区	已开发
134	终南山森林公园	C	CA	CAA	1	42	长安区	已开发
135	沣峪森林公园	C	CA	CAA	3	65	长安区	已开发
136	骊山森林公园	C	CA	CAA	5	93	临潼	已开发
137	朱雀国家森林公	C	CA	CAA	4	81	户县	已开发
138	太平森林公园	C	CA	CAA	3	60	户县	已开发
139	王顺山国家森林公园	C	CA	CAA	4	80	蓝田	已开发
140	汤峪湖森林公园	C	CA	CAA	1	40	蓝田	已开发
141	红河谷森林公园	C	CA	CAA	4	91	眉县	已开发
142	太白山森林公园	C	CA	CAA	5	97	眉县	已开发
143	青峰峡森林公园	C	CA	CAA	1	40	太白县	已开发
145	天台山国家森林公园	C	CA	CAA	5	92	渭滨区	已开发
146	雪山洞森林公园	C	CA	CAA	1	39	陈仓区	已开发
147	崛山森林公园	C	CA	CAA	3	61	岐山县	已开发
148	少华山森林公园	C	CA	CAA	3	69	华县	已开发

标号	秦岭北麓农业资源单体统计（507 个）	主类	亚类	基本类型	级别	评分	行政单位	资源状态
149	天留山森林公园	C	CA	CAA	1	35	临渭区	已开发
150	石鼓山森林公园	C	CA	CAA	2	47	临渭区	已开发
151	马超枪刺曹操——古槐	C	CA	CAC	未定级	25	潼关	已开发
152	银杏树	C	CA	CAC	未定级	25	蓝田	未开发
153	白皮松	C	CA	CAC	未定级	23	蓝田	未开发
154	实生板栗	C	CA	CAC	未定级	21	蓝田	未开发
155	毛白杨	C	CA	CAC	未定级	24	蓝田	未开发
156	楸树	C	CA	CAC	未定级	22	蓝田	未开发
157	岩榆	C	CA	CAC	未定级	25	蓝田	未开发
158	龙头松	C	CA	CAC	未定级	23	蓝田	未开发
159	香榧	C	CA	CAC	未定级	22	蓝田	未开发
160	千年银杏	C	CA	CAC	3	66	户县	已开发
161	姊妹黄杨	C	CA	CAC	3	67	户县	已开发
162	千年黄杨	C	CA	CAC	3	73	华县	已开发
163	灵宝峡谷——大水川草场	C	CB	CBA	1	36	陈仓区	已开发
164	细柳万亩苗木花卉基地	C	CC	CCA	未定级	15	长安区	未开发
165	陕西天保苗木繁育中心	C	CC	CCA	未定级	17	长安区	已开发
166	万亩苗木花卉基地	C	CC	CCA	未定级	26	周至	未开发
167	陕西省苗木繁育中心	C	CC	CCA	4	76	眉县	已开发
168	阿姑泉牡丹园	C	CC	CCA	2	48	户县	已开发
169	大鲵自然保护区	C	CD	CDA	1	35	太白县	已开发
170	周至太白自然保护区	C	CD	CDB	5	90	周至	已开发
171	周至自然保护区	C	CD	CDB	5	91	周至	已开发
172	老县城大小熊猫保护区	C	CD	CDB	4	87	周至	已开发
173	庵坪避暑山庄	D	DB	DBB	未定级	22	陈仓区	已开发

标号	秦岭北麓农业资源单体统计（507个）	主类	亚类	基本类型	级别	评分	行政单位	资源状态
174	高冠避暑度假山庄	D	DB	DBB	未定级	28	户县	已开发
175	终南山避暑	D	DB	DBB	2		长安区	已开发
176	沣峪庄园	F	FA	FAB	2	47	长安区	已开发
177	201所长峰旅游中心	F	FA	FAB	未定级	28	户县	已开发
178	朱雀民族村	F	FA	FAB	2	47	户县	已开发
179	乐佛游艺园	F	FA	FAB	未定级	28	户县	已开发
180	涝峪度假山庄	F	FA	FAB	未定级	25	户县	已开发
181	董家岩瀑布山庄	F	FA	FAB	未定级	23	蓝田	已开发
182	太平峪度假山庄	F	FA	FAB	未定级	28	华县	已开发
183	明优特蔬菜标准化生产示范园区	F	FA	FAF	未定级	26	太白县	已开发
184	无公害蔬菜生产基地	F	FA	FAF	未定级	23	太白县	未开发
185	花椒基地	F	FA	FAF	未定级	22	太白县	未开发
186	巨家村无公害蔬菜基地	F	FA	FAF	未定级	25	渭滨区	未开发
187	高家镇桑园铺村无公害蔬菜生产基地	F	FA	FAF	未定级	25	渭滨区	未开发
188	石鼓镇刘家村无公害蔬菜基地	F	FA	FAF	未定级	27	渭滨区	未开发
189	马营镇燃灯寺村无公害蔬菜	F	FA	FAF	未定级	23	渭滨区	未开发
190	潼关县银杏科技示范	F	FA	FAF	未定级	20	潼关	正在开发
191	潼关县芦笋基地	F	FA	FAF	未定级	16	潼关	未开发
192	万亩莲菜示范基地——辛市镇	F	FA	FAF	未定级	16	临渭区	未开发
193	玉米田园	F	FA	FAF	未定级	15	临潼	未开发
194	灞桥白鹿塬樱桃园	F	FA	FAF	未定级	23	西安	已开发
195	汉风台特色水果示范园	F	FA	FAF	2	46	西安	已开发

标号	秦岭北麓农业资源单体统计（507个）	主类	亚类	基本类型	级别	评分	行政单位	资源状态
196	马王草莓基地	F	FA	FAF	未定级	15	长安区	未开发
197	大兆、炮里万亩西瓜基地	F	FA	FAF	未定级	16	长安区	未开发
198	王莽设施果树种植	F	FA	FAF	未定级	18	长安区	未开发
199	滦镇无公害葡萄基地	F	FA	FAF	未定级	16	长安区	未开发
200	户太葡萄园	F	FA	FAF	3	74	户县	未开发
201	同兴西瓜示范园	F	FA	FAF	未定级	18	户县	未开发
202	万亩无公害绿色猕猴桃园	F	FA	FAF	未定级	16	临潼	未开发
203	高格高新农林科技研究开发中心大樱桃科技示范园	F	FA	FAF	未定级	26	眉县	未开发
204	槐芽镇赵家庄村草莓科技产业园区	F	FA	FAF	未定级	16	眉县	未开发
205	无公害小麦产地	F	FA	FAF	未定级	15	眉县	未开发
206	槐牙镇赵家庄村无公害草莓产地	F	FA	FAF	未定级	15	眉县	未开发
207	横渠镇王家堡村无公害葡萄生产基地	F	FA	FAF	未定级	18	眉县	未开发
208	汤峪镇尖咀石村无公害桃生产基地	F	FA	FAF	未定级	16	眉县	未开发
209	王家堡村无公害葡萄生产基地	F	FA	FAF	未定级	17	眉县	未开发
210	营头镇董家山村无公害果品产地	F	FA	FAF	未定级	15	眉县	未开发
211	金渠镇第二坡村无公害猕猴桃产地	F	FA	FAF	未定级	16	眉县	未开发

续表

标号	秦岭北麓农业资源单体统计(507个)	主类	亚类	基本类型	级别	评分	行政单位	资源状态
212	无公害苹果产地	F	FA	FAF	未定级	20	眉县	未开发
213	凭信乡棚瓜示范基地	F	FA	FAF	未定级	16	临渭区	未开发
214	临渭区冬枣基地	F	FA	FAF	未定级	16	临渭区	未开发
215	高家镇庙坡村的千亩优质猕猴桃园（生态示范园）	F	FA	FAF	1	38	渭滨区	已开发
216	石鼓镇赵家村无公害桃基地	F	FA	FAF	未定级	23	渭滨区	未开发
217	八鱼镇淡家村无公害西瓜产地	F	FA	FAF	未定级	20	渭滨区	未开发
218	八鱼镇寨子岭村无公害葡萄生产基地	F	FA	FAF	未定级	23	渭滨区	未开发
219	上甘沟无公害樱桃生产基地	F	FA	FAF	未定级	26	渭滨区	未开发
220	石鼓镇赵家庄村无公害桃产地	F	FA	FAF	未定级	25	渭滨区	未开发
221	姜子牙钓鱼台杂果观光示范园	F	FA	FAF	1	42	陈仓区	已开发
222	中华圣桃示范园	F	FA	FAF	1	32	潼关	已开发
223	无公害大杏示范园	F	FA	FAF	未定级	21	蓝田	未开发
224	蓝田西瓜生产基地	F	FA	FAF	未定级	19	蓝田	未开发
225	万亩优质猕猴桃产业基地	F	FA	FAF	未定级	25	周至	未开发
226	万亩油桃基地	F	FA	FAF	未定级	19	周至	未开发
227	周至虎峰千亩杂果林观光园	F	FA	FAF	1	30	周至	已开发
228	庞家河标准化苹果生产示范园	F	FA	FAF	未定级	22	凤县	未开发
229	凤县凤州镇龙口村花椒标准化生产科技园区	F	FA	FAF	未定级	20	凤县	未开发

标号	秦岭北麓农业资源单体统计（507 个）	主类	亚类	基本类型	级别	评分	行政单位	资源状态
230	杂果基地	F	FA	FAF	未定级	20	太白县	未开发
231	南滩苗圃	F	FA	FAF	3	68	太白县	未开发
232	五丈原镇西星村猕猴桃示范区	F	FA	FAF	未定级	21	岐山	未开发
233	澳洲青苹果基地	F	FA	FAF	未定级	20	岐山	未开发
234	猕猴桃基地	F	FA	FAF	未定级	18	岐山	未开发
235	草滩生态产业园	F	FA	FAF	3	60	西安	已开发
236	万头牛羊基地	F	FA	FAF	未定级	18	周至	未开发
237	周家庄蛋鸡园区	F	FA	FAF	未定级	16	长安区	未开发
238	马额镇南王村蓝狐养殖基地	F	FA	FAF	1	38	临潼	未开发
239	渭北以奶畜为主的畜牧产业区	F	FA	FAF	未定级	18	临潼	未开发
240	奶牛养殖示范区	F	FA	FAF	未定级	18	华阴市	未开发
241	肉猪养殖示范区	F	FA	FAF	未定级	18	华阴市	未开发
242	秦川牛养殖示范区	F	FA	FAF	1	40	华阴市	未开发
243	姬家殿奶牛科技园区	F	FA	FAF	未定级	20	渭滨区	未开发
244	三官殿村南江黄羊示范园	F	FAF					
		FA	FAF	1	31	凤县	未开发
245	曹家沟奶牛科技园区	F	FA	FAF	未定级	20	陈仓区	未开发
246	梁家崖奶牛小区	F	FA	FAF	未定级	20	陈仓区	未开发
247	西安济农高新技术农业示范园	F	FA	FAF	2	44	西安	已开发
248	西安绿叶花卉鲜果观光园	F	FA	FAF	2	54	西安	已开发
249	蓝田鼎湖观光农业示范园	F	FA	FAF	1	30	蓝田	已开发
250	白马河生态园	F	FA	FAF	1	42	蓝田	已开发
251	临潼溪源山庄生态农业观光园	F	FA	FAF	未定级	24	临潼	已开发

标号	秦岭北麓农业资源单体统计（507个）	主类	亚类	基本类型	级别	评分	行政单位	资源状态
252	临潼五星生态园	F	FA	FAF	未定级	28	临潼	已开发
253	户县银户生态观光产业园	F	FA	FAF	1	30	户县	已开发
254	渭河现代生态农业示范区	F	FA	FAF	4	81	户县	已开发
255	沣峪庄园	F	FA	FAF	3	65	长安区	已开发
256	西安建秦旅游农业观光度假园	F	FA	FAF	2	48	长安区	已开发
257	陕西嘉艺生态农业观光园	F	FA	FAF	3	66	长安区	已开发
258	广新园民族村	F	FD	FDC	3	60	长安区	已开发
259	东韩农民画	F	FD	FDC	4	81	户县	已开发
260	西岐民俗村	F	FD	FDC	2	45	岐县	已开发
261	秦俑民俗村	F	FD	FDC	3	70	临潼	已开发
262	洞沟水库	F	FG	FGA	未定级	26	岐县	未开发
263	斜峪关水库	F	FG	FGA	未定级	28	岐县	未开发
264	甘峪水库	F	FG	FGA	1	40	户县	已开发
265	高峡平湖	F	FG	FGA	1	33	户县	已开发
266	烟雾井	F	FG	FGB	1	37	户县	已开发
267	蓝田葱油饼	G	GA	GAA	未定级	16	蓝田	已开发
268	蓝田楼祝手工空心挂面	G	GA	GAA	未定级	18	蓝田	已开发
269	蓝田泡油糕	G	GA	GAA	未定级	23	蓝田	已开发
270	蓝田醋酚	G	GA	GAA	未定级	25	蓝田	已开发
271	蓝田苦荞小麦饸饹	G	GA	GAA	1	40	蓝田	已开发
272	蓝田神仙粉	G	GA	GAA	未定级	17	蓝田	已开发
273	蓝田糍粑	G	GA	GAA	未定级	20	蓝田	已开发
274	蓝田灞源豆腐干	G	GA	GAA	未定级	25	蓝田	已开发
275	"歪嘴岩"牌原汁柿子醋	G	GA	GAA	未定级	16	蓝田	已开发
276	岐山臊子面	G	GA	GAA	3	66	岐山	已开发
277	岐山面皮	G	GA	GAA	2	50	岐山	已开发

标号	秦岭北麓农业资源单体统计（507个）	主类	亚类	基本类型	级别	评分	行政单位	资源状态
278	文王锅盔	G	GA	GAA	3	61	岐山	已开发
279	手工空心挂面	G	GA	GAA	2	48	岐山	已开发
280	岐山香醋	G	GA	GAA	1	33	岐山	已开发
281	潼关第一名吃——黄河鲇鱼汤	G	GA	GAA	2	48	潼关	已开发
282	黄河鲤鱼	G	GA	GAA	1	33	潼关	已开发
283	潼关八宝酱菜	G	GA	GAA	3	65	潼关	已开发
284	盛全福（小舟）鸭片汤	G	GA	GAA	未定级	26	潼关	已开发
285	赵清斌（春娃）黄焖鸡	G	GA	GAA	未定级	25	潼关	已开发
286	贾秃娃"卤烧鸡"	G	GA	GAA	未定级	27	潼关	已开发
287	面花	G	GA	GAA	2	54	华县	已开发
288	肉夹馍	G	GA	GAA	4	76	周至	已开发
289	牛羊肉泡馍	G	GA	GAA	4	81	周至	已开发
290	秦岭香菇	G	GA	GAA	未定级	25	周至	已开发
291	秦岭黑蘑菇	G	GA	GAA	未定级	23	周至	已开发
292	秦岭土蜂蜜	C	GA	GAA	未定级	20	周至	已开发
293	醪糟	G	GA	GAA	1	33	周至	已开发
294	浆水面	G	GA	GAA	未定级	23	周至	已开发
295	黑河烤鱼	G	GA	GAA	未定级	25	周至	已开发
296	"摆汤面"	G	GA	GAA	未定级	25	周至	已开发
297	"摆汤面"	G	GA	GAA	3	60	户县	已开发
298	大肉辣子疙瘩	G	GA	GAA	2	56	户县	已开发
299	米面凉皮	G	GA	GAA	3	68	户县	已开发
300	凉鱼	G	GA	GAA	未定级	23	户县	已开发
301	豆腐脑	G	GA	GAA	未定级	19	户县	已开发
302	搅团	G	GA	GAA	2	48	户县	已开发
303	柿子糊塌	G	GA	GAA	未定级	23	户县	已开发
304	临潼醪糟	G	GA	GAA	未定级	25	临潼	已开发
305	搅团	G	GA	GAA	2	48	临潼	已开发

续表

标号	秦岭北麓农业资源单体统计（507 个）	主类	亚类	基本类型	级别	评分	行政单位	资源状态
306	关中浆水面	G	GA	GAA	未定级	23	临潼	已开发
307	关中"biang biang"面	G	GA	GAA	1	40	临潼	已开发
308	新丰白醪酒	G	GA	GAA	未定级	23	临潼	已开发
309	烩麻食	G	GA	GAA	未定级	25	临潼	已开发
310	锅盔	G	GA	GAA	1	42	临潼	已开发
311	荞面饸饹	G	GA	GAA	1	33	临潼	已开发
312	临潼黄桂柿子饼	G	GA	GAA	2	52	临潼	已开发
313	水晶饼	G	GA	GAA	3	68	临渭区	已开发
314	时晨包子	G	GA	GAA	3	61	临渭区	已开发
315	渭南白粿	G	GA	GAA	2	48	临渭区	已开发
316	凉皮	G	GÁ	GAA	未定级	23	华阴市	已开发
317	凉粉	G	GA	GAA	未定级	25	华阴市	已开发
318	锅贴	G	GA	GAA	未定级	28	华阴市	已开发
319	大刀面	G	GA	GAA	2	48	华阴市	已开发
320	豆腐脑	G	GA	GAA	未定级	25	华阴市	已开发
321	踅面	G	GA	GAA	3	61	华阴市	已开发
322	黄河鲇鱼	G	GA	GAA	2	47	华阴市	已开发
323	包谷面馍	G	GA	GAA	未定级	25	华阴市	已开发
324	糁子	G	GA	GAA	未定级	27	华阴市	已开发
325	鱼鱼粉	G	GA	GAA	未定级	29	华阴市	已开发
326	搅团饭	G	GA	GAA	2		华阴市	已开发
327	馄饨	G	GA	GAA	1	40	华阴市	已开发
328	撺馍	G	GA	GAA	2	47	华阴市	已开发
329	麻食泡	G	GA	GAA	2	50	华阴市	已开发
330	炉齿面手工挂面	G	GA	GAA	2	50	眉县	已开发
331	柱顶石干粮馍	G	GA	GAA	2	52	眉县	已开发
332	粽子	G	GA	GAA	1	30	眉县	已开发
333	蒸碗豆花	G	GA	GAA	1	32	眉县	已开发
334	太白酒	G	GA	GAA	4	86	眉县	已开发
335	洋芋糍粑	G	GA	GAA	2	55	太白县	已开发

标号	秦岭北麓农业资源单体统计（507个）	主类	亚类	基本类型	级别	评分	行政单位	资源状态
336	洋芋煎饼	G	GA	GAA	1	35	太白县	已开发
337	豆豉	G	GA	GAA	未定级	26	太白县	已开发
338	饸饹	G	GA	GAA	未定级	22	太白县	已开发
339	红米饭	G	GA	GAA	未定级	23	太白县	已开发
340	腊肉	G	GA	GAA	未定级	25	太白县	已开发
341	小麦	G	GA	GAB	1	33	岐山	已开发
342	玉米	G	GA	GAB	未定级	23	岐山	已开发
343	凤鸣酒	G	GA	GAB	1	33	岐山	已开发
344	油菜	G	GA	GAB	未定级	20	岐山	已开发
345	芦笋	G	GA	GAB	未定级	23	潼关	已开发
346	潼关的棉花	G	GA	GAB	未定级	21	潼关	已开发
347	黄姜	G	GA	GAB	未定级	25	潼关	已开发
348	甜萝卜	G	GA	GAB	未定级	20	渭滨区	已开发
349	生姜	G	GA	GAB	未定级	23	渭滨区	已开发
350	秦川牛	G	GA	GAB	1	38	临渭区	已开发
351	冬枣	G	GA	GAB	未定级	23	临渭区	已开发
352	奶山羊	G	GA	GAB	未定级	20	临渭区	已开发
353	关中驴	G	GA	GAB	1	39	临渭区	已开发
354	大蒜	G	GA	GAB	未定级	23	户县	已开发
355	"画像农"牌鸡蛋	G	GA	GAB	未定级	18	户县	已开发
356	"户太8号"葡萄	G	GA	GAB	3	65	户县	已开发
357	石榴酒	G	GA	GAB	1	33	临潼	已开发
358	火晶柿子	G	GA	GAB	3	68	临潼	已开发
359	临潼石榴	G	GA	GAB	3	70	临潼	已开发
360	周至猕猴桃	G	GA	GAB	4	81	周至	已开发
361	贝母	G	GA	GAB	2	48	太白县	已开发
362	山萸酒	G	GA	GAB	3	71	太白县	已开发
363	木耳	G	GA	GAB	未定级	23	太白县	已开发
364	樱桃	G	GA	GAB	未定级	26	蓝田	已开发

标号	秦岭北麓农业资源单体统计（507 个）	主类	亚类	基本类型	级别	评分	行政单位	资源状态
365	大红袍花椒	G	GA	GAB	3	66	凤县	已开发
366	凤县党参	G	GA	GAD	3	62	凤县	已开发
367	华山细辛	G	GA	GAD	3	68	华阴市	已开发
368	华山参	G	GA	GAD	3	67	华阴市	已开发
369	华山灵芝	G	GA	GAD	3	66	华阴市	已开发
370	华山菖蒲	G	GA	GAD	3	72	华阴市	已开发
371	蒸面花	G	GA	GAE	1	34	岐山	已开发
372	哑柏刺绣	G	GA	GAE	3	65	周至	已开发
373	根雕	G	GA	GAE	1	35	华县	已开发
374	刺绣	G	GA	GAE	1	33	华县	已开发
375	剪纸	G	GA	GAE	2	52	华县	已开发
376	皮影雕刻	G	GA	GAE	4	75	华县	已开发
377	竹艺	G	GA	GAE	1	40	华县	已开发
378	书法	G	GA	GAE	2	55	华县	已开发
379	根雕	G	GA	GAE	未定级	26	凤县	已开发
380	刺绣	G	GA	GAE	1	35	凤县	已开发
381	剪纸	G	GA	GAE	未定级	28	凤县	已开发
382	脸谱面具	G	GA	GAE	1	40	凤县	已开发
383	雕塑	G	GA	GAE	未定级	28	潼关	已开发
384	通草堆画	G	GA	GAE	2	55	潼关	已开发
385	烫画	G	GA	GAE	2	50	潼关	已开发
386	剪纸	G	GA	GAE	未定级	27	潼关	已开发
387	刺绣	G	GA	GAE	1	40	潼关	已开发
388	泥塑	G	GA	GAE	1	33	陈仓区	已开发
389	手工制作蒸笼	G	GA	GAE	2	46	陈仓区	已开发
390	张翠香的刺绣作品	G	GA	GAE	1	35	陈仓区	已开发
391	王卫东的剪纸作品	G	GA	GAE	1	40	陈仓区	已开发
392	杨清俊的布制品	G	GA	GAE	1	38	陈仓区	已开发
393	社火马勺脸谱	G	GA	GAE	3	64	陈仓区	已开发

标号	秦岭北麓农业资源单体统计（507个）	主类	亚类	基本类型	级别	评分	行政单位	资源状态
394	簸箕	G	GA	GAE	未定级	25	眉县	已开发
395	井沟杈	G	GA	GAE	2	46	眉县	已开发
396	牛轭头	G	GA	GAE	未定级	27	眉县	已开发
397	扫帚	G	GA	GAE	1	40	眉县	已开发
398	肚兜	G	GA	GAE	未定级	27	临潼	已开发
399	扎染	G	GA	GAE	2	50	临潼	已开发
400	端午香包	G	GA	GAE	4	84	临潼	已开发
401	秦绣	G	GA	GAE	未定级	26	临潼	已开发
402	户县农民画	G	GA	GAE	4	84	户县	已开发
403	剪纸	G	GA	GAE	未定级	23	户县	已开发
404	麦秆画	G	GA	GAE	1	36	户县	已开发
405	唐三彩陶	G	GA	GAG	2	48	临潼	已开发
406	仿秦铜车马	G	GA	GAG	2	50	临潼	已开发
407	秦兵马俑复制品	G	GA	GAG	2	52	临潼	已开发
408	渭南美腊瓷	G	GA	GAG	3	66		已开发
409	玉器	G	GA	GAG	3	73	蓝田	已开发
410	潼关婚俗	H	HC	HCA	2	55	潼关	未开发
411	葬俗	H	HC	HCA	2	52	潼关	未开发
412	喜庆——报喜	H	HC	HCA	未定级	18	华阴市	未开发
413	满月	H	HC	HCA				
		HC	HCA	未定级	17	华阴市	未开发
414	送灯	H	HC	HCA	1	36	华阴市	已开发
415	卸绳	H	HC	HCA	未定级	23	华阴市	未开发
416	上梁	H	HC	HCA	未定级	26	华阴市	未开发
417	女儿女婿"看麦黄"	H	HC	HCA	未定级	26	眉县	未开发
418	娘去女家"看忙毕"	H	HC	HCA	未定级	25	眉县	未开发
419	女婿"看忙罢"	H	HC	HCA	未定级	26	眉县	未开发
420	春节	H	HC	HCB	2	55	全部	已开发
421	元宵节	H	HC	HCB	2	56	全部	已开发

续表

标号	秦岭北麓农业资源单体统计(507个)	主类	亚类	基本类型	级别	评分	行政单位	资源状态
422	清明	H	HC	HCB	1	32	全部	已开发
423	端午节	H	HC	HCB	2	56	全部	已开发
424	中秋节	H	HC	HCB	2	57	全部	已开发
425	重阳节	H	HC	HCB	1	31	全部	已开发
426	腊八节	H	HC	HCB	2	47	全部	已开发
427	秦腔	H	HC	HCC	4	81	华县	已开发
428	迷胡	H	HC	HCC	2	52	华县	已开发
429	华县皮影	H	HC	HCC	3	70	华县	已开发
430	华州秧歌	H	HC	HCC	2	55	华县	已开发
431	华州背花鼓	H	HC	HCC	3	72	华县	已开发
432	社火	H	HC	HCC	2	46	华县	已开发
433	茶会	H	HC	HCC	未定级	16	陈仓区	未开发
434	锣鼓	H	HC	HCC	未定级	25	陈仓区	已开发
435	焰火	H	HC	HCC	1	34	陈仓区	已开发
436	社火	H	HC	HCC	1	35	陈仓区	已开发
437	二黄戏	H	HC	HCC	1	30	蓝田	已开发
438	社火	H	HC	HCC	1	31	蓝田	已开发
439	跑佛（舞蹈）	H	HC	HCC	未定级	23	蓝田	已开发
440	花鼓戏	H	HC	HCC	1	33	蓝田	已开发
441	秧歌剧	H	HC	HCC	未定级	32	蓝田	已开发
442	水会音乐	H	HC	HCC	3	70	蓝田	已开发
443	道悟戏	H	HC	HCC	未定级	21	蓝田	未开发
444	"关山整鼓"	H	HC	HCC	3	70	临潼	已开发
445	零口"十面锣鼓"	H	HC	HCC	3	70	临潼	已开发
446	背社火	H	HC	HCC	2	46	户县	已开发
447	碗碗腔	H	HC	HCC	4	81	户县	已开发
448	汉调二簧	H	HC	HCC	3	70	户县	已开发
449	秦腔	H	HC	HCC	4	82	户县	已开发
450	曲子	H	HC	HCC	3	68	户县	已开发
451	社火	H	HC	HCC	1	35	凤县	已开发

续表

标号	秦岭北麓农业资源单体统计（507个）	主类	亚类	基本类型	级别	评分	行政单位	资源状态
452	民歌	H	HC	HCC	2	55	凤县	已开发
453	社火	H	HC	HCC	1	33	岐山	已开发
454	秦腔	H	HC	HCC	4	82	岐山	已开发
455	眉户	H	HC	HCC	4	78	岐山	已开发
456	碗碗腔	H	HC	HCC	4	81	岐山	已开发
457	曲子	H	HC	HCC	3	66	岐山	已开发
458	弦板腔	H	HC	HCC	3	68	岐山	已开发
459	社火	H	HC	HCC	2	48	潼关	已开发
460	木偶	H	HC	HCC	2	50	周至	已开发
461	马社火	H	HC	HCC	2	48	周至	已开发
462	皮影	H	HC	HCC	2	52	周至	已开发
463	花鼓	H	HC	HCC	未定级	21	周至	已开发
464	吹龟兹	H	HC	HCC	未定级	20	周至	未开发
465	牛斗虎	H	HC	HCC	2	55	周至	已开发
466	夹板舞	H	HC	HCC	2	55	周至	已开发
467	民间锣鼓	H	HC	HCC	2	50	周至	已开发
468	民间唢呐	H	HC	HCC	2	50	周至	已开发
469	集贤古乐	H	HC	HCC	3	62	周至	已开发
470	周至民歌	H	HC	HCC	未定级	18	周至	未开发
471	"碗碗腔"	H	HC	HCC	4	82	长安区	已开发
472	"眉户"	H	HC	HCC	4	78	长安区	已开发
473	花灯	H	HC	HCC	2	46	长安区	已开发
474	添碟子	H	HC	HCC	3	74	长安区	未开发
475	打蜡	H	HC	HCC	未定级	18	长安区	未开发
476	唢呐曲	H	HC	HCC	1	33	长安区	已开发
477	打击乐	H	HC	HCC	1	32	长安区	已开发
478	长安鼓乐	H	HC	HCC	4	86	长安区	已开发
479	三弦曲	H	HC	HCC	未定级	20	长安区	已开发
480	"长安道情"	H	HC	HCC	2	48	长安区	已开发
481	华阴曲子	H	HC	HCC	3	70	华阴市	已开发

标号	秦岭北麓农业资源单体统计（507个）	主类	亚类	基本类型	级别	评分	行政单位	资源状态
482	华阴碗碗腔	H	HC	HCC	4	82	华阴市	已开发
483	老腔戏	H	HC	HCC	3	72	华阴市	已开发
484	素鼓	H	HC	HCC	2	55	华阴市	已开发
485	拉花戏	H	HC	HCC	2	52	华阴市	已开发
486	灯焰火	H	HC	HCC	1	33	渭滨区	已开发
487	传统社火	H	HC	HCC	1	35	渭滨区	已开发
488	骊山老母殿道观（骊山古庙会）	H	HC	HCF	2	52	临潼	已开发
489	雨金药王古庙会	H	HC	HCF	2	48	临潼	已开发
490	马店庙会欧家城庙会	H	HC	HCF	1	35	潼关	已开发
491	万仓庙会	H	HC	HCF	1	38	潼关	已开发
492	鱼化屯朝山庙会	H	HC	HCF	1	36	潼关	已开发
493	古潼关城三月河坝庙会	H	HC	HCF	1	35	潼关	已开发
494	寺底庙会	H	HC	HCF	1	32	潼关	已开发
495	留果斜庙会	H	HC	HCF	1	33	潼关	已开发
496	华山灯笼会	H	HC	HCF	3	60	华阴市	已开发
497	华山古庙会	H	HC	HCF	3	61	华阴市	已开发
498	万花山朝山会	H	HC	HCF	未定级	27	户县	已开发
499	化羊庙古庙会	H	HC	HCF	未定级	25	户县	已开发
500	城隍庙会	H	HC	HCF	1	40	户县	已开发
501	太白山庙会	H	HC	HCF	1	40	太白县	已开发
502	鸡峰山庙会	H	HC	HCF		36	陈仓区	已开发
503	五丈原诸葛亮庙会	H	HC	HCF	1	40	岐山	已开发
504	高庙太白爷会	H	HC	HCF	1	38	岐山	已开发
505	太白山旅游登山节	H	HD	HDA	3	71	太白县	已开发
506	蓝田美食精品展	H	HD	HDC	2	55	蓝田	已开发
507	石榴节	H	HD	HDC	2	56	临潼	已开发

二　秦岭北麓旅游资源类型结构评价

（1）类型结构分析

将秦岭北麓507个旅游资源单体纳入分类系统，进行分析研究。根据国家分类标准《旅游资源分类、调查与评价》（GB/18972—2003）（以下简称《国标》）（2003年5月1日正式实施），旅游资源主类为8个，亚类31个，基本类型155个。秦岭北麓所拥有的旅游资源分属7个主类，21个亚类，32个基本类型。分别占《旅游资源分类、调查与评价》（GB/ T 1972—2003）相应类别的87.5%、67.74%和20.65%。其中，主类中缺少遗址遗迹主类，因为遗址遗迹资源不应属于农业旅游资源，表明秦岭北麓农业旅游资源总量丰富、类型多样，自然风光与文化风俗融为一体，有利于多目标、多层次综合发展。

秦岭北麓农业旅游资源各主类的基本类型，占相应主类的基本类型的比重：地文景观主类的基本类型占其主类的基本类型的比重为9.09%；水域风光主类的基本类型占其主类的基本类型的比重为33.33%；天气与气候景观主类的基本类型占其主类的基本类型的比重为50%；生物景观主类的基本类型占其主类的基本类型的比重为66.67%；遗址遗迹主类的基本类型占其主类的基本类型的比重为0；建筑与设施主类的基本类型占其主类的基本类型的比重为9.8%；旅游商品主类的基本类型占其主类的基本类型的比重为71.43%；人文活动主类的基本类型占其主类的基本类型的比重为37.5%。从这组数据中可以看出，秦岭北麓农业旅游资源中只有旅游商品和生物景观的基本类型比较齐全，其他各主类的基本类型相对较少。

（2）自然旅游资源

陕西省自然旅游资源共有4个主类、15个亚类、44个基本类型。秦岭北麓农业旅游资源的自然旅游资源中赋存有4个主类，9个亚类，12个基本类型，216个资源单体，占总量的42.68%。这些资源单体的地域指向趋势不明显，除西安市、岐山县和凤县、临渭区单体数量较少，渭滨区数量较多，有26个，高出平均数13.5个较多以外，其他地区基本呈均匀分布。

从分类来看，地文景观主类共有70个旅游资源单体，分属于亚类AA综合自然旅游地中的基本类型AAA山岳型旅游地和亚类AC地质地貌中的基本类型ACG峡谷段落，单体数量占旅游资源总量的13.84%；其单体除了蓝田、临渭区、西安市区、岐山县没有以外，其他12个区县呈均匀分布。

水文景观主类基本类型共有64个旅游资源单体，分属于亚类BA河段中的基本类型 BAA 观光游憩河段，BB 自然湖泊与池沼中的 BBA 观光游憩湖区，BD 泉中的 BDA 冷泉，单体数量占旅游资源总量的 12.65%；其单体主要集中于华县（10 个）、临潼（10 个）、潼关（10 个）和渭滨区（14个）4 个区县，集中度为 68.75%。

生物景观主类共有 41 个旅游资源单体，分属于亚类 CA 树木中的 CAA 林地、CAC 独树，CB 草地与草原中的 CBA 草地，CC 花卉地中的 CCA 草场花卉地，CD 野生动物栖息地中的 CDA 水生动物栖息地、CDB 陆地动物栖息地，单体数量占旅游资源总量的 8.1%；其单体主要集中于蓝田县（10个）、周至县（6 个）、长安区（5 个）、户县（5 个）四个区县，集中度为 63.41%。

天气与气候景观主类共有 3 个旅游资源单体，分属于亚类 DB 天气与气候现象中的 DBB 避暑气候区，单体数量占旅游资源总量的 0.6%；单体主要分布于长安区（1 个）、户县（1 个）和陈仓区（1 个）。

（3）人文旅游资源

全省共有人文旅游资源占有 4 个主类、14 个亚类、87 个基本类型。秦岭北麓农业旅游资源的人文旅游资源中则拥有 3 个主类、6 个亚类、16 个基本类型，290 个资源单体，占资源总量的 57.31%。这些资源单体的地域指向趋势同样不明显，除西安市、凤县、临渭区单体数量较少以外，其他地区基本呈均匀分布。

从分类来看，建筑与设施主类共有 89 个旅游资源单体，占旅游资源总量的 17.59%；分属于 2 个亚类 FA 综合人文旅游地和 FG 水工建筑，4 个基本类型（FAF 建设工程与生产地、FAB 康体游乐休闲度假地、FDC 特色社区、FGB 水井、FGA 水库观光游憩区）；资源单体 16 个区县呈均匀分布。

旅游商品主类共有 103 个旅游资源单体，分属于亚类 GA 地方旅游商品中的 GAB 农林畜产品及制品、GAA 菜品饮食、GAD 中草药与制品、GAE 传统手工产品与工艺品、GAG 其他物品，占旅游资源总量的 20.36%；其单体除了长安区和西安市没有之外，其他 14 个区县分布相对均匀。

人文活动主类共有 98 个旅游资源单体，分属于 2 个亚类 HC 民间习俗和 HD 现代节庆，6 个基本类型（HCA 地方风俗与民间礼仪、HDC 商贸农事节、HCC 民间演艺、HCF 庙会与民间集会、HDA 旅游节、HCB 民间节庆），占旅游资源总量的 19.38%；其单体除了临渭区没有之外，其他 15 个区县分布相对均匀。

人文旅游资源分布相对均匀，这与整个秦岭北麓的文化的一脉相承有很大关系。这有利于整个区域的协调发展，但同时对于单个区域的特色发展也有一定的抑制作用。

表 3 - 6　　　　　　　　　秦岭北麓农业旅游资源类型统计

系　　列	陕西省数目（个）	秦岭北麓	
		数目（个）	占全省比例（%）
各层次旅游资源类型统计			
主　　类	8	7	87.5
亚　　类	29	21	72.41
基本类型	131	32	24.43
各主类、亚类旅游资源基本类型数量统计			
地文景观	24	2	9.09
综合自然旅游地	6	2	33.33
沉积与构造	2	0	0
地质地貌过程形迹	11	0	0
自然剧变遗迹	4	0	0
岛礁	1	0	0
水域风光	9	3	33.33
河段	3	1	33.33
天然湖泊与池沼	3	1	33.33
瀑布	1	0	0
泉	2	1	5
河口与海面	0	0	0
冰雪地	0	0	0
生物景观	9	6	66.67
树木	3	2	66.67
草原与草地	2	1	50
花卉地	1	1	100
野生动物栖息地	3	2	66.67
天象与气候景观	2	1	50
光现象	1	0	0
天气与气候现象	1	1	100

各层次旅游资源类型统计

系　　列	陕西省数目（个）	秦岭北麓	
		数目（个）	占全省比例（%）
遗址	13	0	0
史前人类活动场所	4	0	0
社会经济文化活动遗址	9	0	0
建筑与设施	51	5	9.8
综合人文旅游地	11	2	18.18
单体活动场馆	5	0	0
景观建筑与附属型建筑	11	0	0
居住地与社区	9	1	11.11
归葬地	3	0	0
交通建筑	6	0	0
水工建筑	6	2	33.33
旅游商品	7	5	71.43
地方旅游商品	7	5	71.43
人文活动	16	6	37.5
人事记录	2	0	0
艺术	2	0	0
民间习俗	8	4	50
现代节庆	4	2	50

三　秦岭北麓旅游资源等级结构评价

国家标准要求的旅游资源等级评价，主要是针对旅游资源单体自身的情况进行的，而不考虑开发条件等环境状况。

（1）旅游资源等级划分的评价因子

根据新国标，对旅游资源评价的总体要求是：评价的对象是普查中所调查的旅游资源单体；评价依照国家旅游资源分类体系进行；评价限于资源自身的价值，不含开发条件评价；采用打分评价的办法；评价由资源普查组完成。具体的评价方案和旅游资源评价赋分依据等详见 2003 年 5 月颁布的国家标准《旅游资源分类、调查与评价》（GB/T 18972—2003）。综合评价系统见表 3 - 7。

表 3 – 7   旅游资源共有因子综合评价系统表

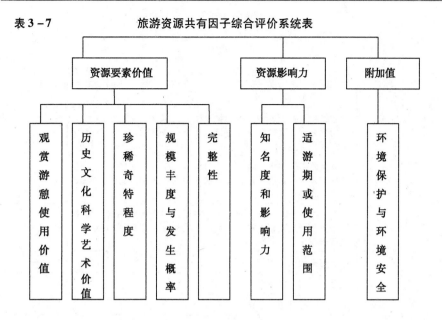

表 3 – 8   旅游资源评价赋分标准

评价项目	评价因子	评价依据	赋值
资源要素 价值 (85 分)	观赏游憩 使用价值 (30 分)	全部或其中一项具有极高的观赏价值、游憩价值、使用价值	30—22
		全部或其中一项有很高的观赏价值、游憩价值、使用价值	21—13
		全部或其中一项具有较高的观赏价值、游憩价值、使用价值	12—6
		全部或其中一项有一般观赏价值、游憩价值、使用价值	5—1
	历史文化 科学艺术 价值 (25 分)	同时或其中一项具有世界意义的历史价值、文化价值、科学价值、艺术价值	25—20
		同时或其中一项有全国意义的历史价值、文化价值、科学价值、艺术价值	19—13
		同时或其中一项具有省级意义的历史价值、文化价值、科学价值、艺术价值	12—6
		历史价值、或文化价值、或科学价值，或艺术价值具有地区意义	5—1
	珍稀奇特 程度 (15 分)	有大量珍稀物种，或景观异常奇特，或此类现象在其他地区罕见	15—13
		有较多珍稀物种，或景观奇特，或此类现象在其他地区很少见	12—9
		有少量珍稀物种，或景观突出，或此类现象在其他地区少见	8—4
		有个别珍稀物种，或景观比较突出，或此类现象在其他地区较多见	3—1

续表

评价项目	评价因子	评价依据	赋值
资源要素价值（85分）	规模、丰度与概率（10分）	独立型旅游资源单体规模、体量巨大；集合型旅游资源单体结构完美、疏密度优良级；自然景象和人文活动周期性发生或频率极高	10—8
		独立型旅游资源单体规模、体量较大；集合型旅游资源单体结构很和谐、疏密度良好；自然景象和人文活动周期性发生或频率很高	7—5
		独立型旅游资源单体规模、体量中等；集合型旅游资源单体结构和谐、疏密度较好；自然景象和人文活动周期性发生或频率较高	4—3
		独立型旅游资源单体规模、体量较小；集合型旅游资源单体结构较和谐、疏密度一般；自然景象和人文活动周期性发生或频率较小	2—1
	完整性（5分）	形态与结构保持完整	5—4
		形态与结构有少量变化，但不明显	3
		形态与结构有明显变化	2
		形态与结构有重大变化	1
资源影响力（15分）	知名度和影响力（10分）	在世界范围内知名，或构成世界承认的名牌	10—8
		在全国范围内知名，或构成全国性的名牌	7—5
		在本省范围内知名，或构成省内的名牌	4—3
		在本地区范围内知名，或构成本地区名牌	2—1
	适游期或使用范围（5分）	适宜游览的日期每年超过300天，或适于所有游客使用和参与	5—4
		适宜游览的日期每年超过250天，或适于80%左右的游客使用和参与	3
		适宜游览的日期超过150天，或适于60%左右的游客使用和参与	2
		适宜游览的日期每年超过100天，或适于40%左右的游客使用和参与	1
附加值	环境保护与环境安全	已受到严重污染，或存在严重安全隐患	−20
		已受到中度污染，或存在明显安全隐患	−10
		已受到轻度污染，或存在一定安全隐患	−3
		已有工程保护措施，环境安全得到保证	3

（2）旅游资源等级划分的评价程序

旅游资源评价是从合理开发利用和保护旅游资源的角度出发，运用科学的评价方法，对一定区域内的旅游资源自身的价值以及外部开发条件等因素进行综合评判和鉴定的工作过程。此次旅游资源评价的基本程序如下：

①对全区旅游资源进行全面调查，在天气、交通条件允许的情况下，对资源单体进行实地考察；因客观因素影响而无法实地考察的资源单体要广泛收集各种图像、文字资料，并邀请有关人员进行访谈，确保资源单体的真实性和客观性。旅游资源单体评价工作在全部调查完成后进行，避免先入为主；

②在旅游资源评价过程中坚持客观、公正、合理的评判原则，评判充分考虑全国、全省其他旅游资源的状况和地位；

③调查组的每一成员根据新国标的评价要求，为每一资源单体独立完成因子评分赋值，做到不协商、照抄和一人填数张评价表；

④调查组收集个人评价表，进行汇总统计，通过平均值计算出每个旅游资源单体的评价总分值；

⑤原始赋值表与总分汇总表装订成册，统一保存。

（3）旅游资源等级划分的评价结果

依据旅游资源单体评价总分，将其分为五级，从高级到低级依次为：五级旅游资源，得分值域90分；四级旅游资源，得分值域75—89分；三级旅游资源，得分值域60—74分；二级旅游资源，得分值域45—59分；一级旅游资源，得分值域30—44分；此外未获等级旅游资源，得分≤29分。其中，五级旅游资源称为"特品级旅游资源"；五级、四级、三级旅游资源被通称为"优良级旅游资源"；二级、一级旅游资源被通称为"普通级旅游资源"。旅游资源登记评价结果见表3-9—表3-24。·

表3-9 长安区农业旅游资源等级评价结果

等级	旅游资源单体数量(个)	旅游资源单体名称
五级	1	翠华山
四级	4	牛背梁国家级自然保护区，碗碗腔，眉户，长安鼓乐
三级	7	南五台，嘉午台，沣峪森林公园，沣峪庄园，陕西嘉艺生态农业观光园，广新园民族村，添碟子
二级	10	小五台，观音山，终南山避暑，西安建秦旅游农业观光度假园，花灯，"长安道情"，春节，元宵节，端午节，中秋节，腊八节
一级	7	青华山，祥峪森林公园，终南山森林公园，唢呐曲，打击乐，清明，重阳节
未列入等级	10	万华山，细柳万亩苗木花卉基地，陕西天保苗木繁育中心，马王草莓基地，大兆，炮里万亩西瓜基地，王莽设施果树种植，滦镇无公害葡萄基地，周家庄蛋鸡园区，打蜡，三弦曲

表 3 –10　　　　　　　　　临潼农业旅游资源等级评价结果

等级	旅游资源单体数量(个)	旅游资源单体名称
五级	1	骊山森林公园
四级	1	端午香包
三级	5	秦俑民俗村，火晶柿子，临潼石榴，"关山鳌鼓"，零口"十面锣鼓"
二级	13	搅团，扎染，唐三彩陶，仿秦铜车马，秦兵马俑复制品，春节，元宵节，端午节，中秋节，腊八节，骊山老母自会（骊山古庙会），雨金药王古庙会，石榴节
一级	8	马额镇南王村蓝狐养殖基地，关中"biang biang"面、锅盔、荞面饸饹、临潼柿子饼、石榴酒、清明、重阳节
未列入等级	26	金斧山，石骆驼峰，走马岭，新开山，庆山，鸣犊泉（西泉），响泉，淼澄泉，石浴泉，鸿门泉，平泉，阿姑泉，饮马泉，清水泉，老娲泉，玉米田园，万亩无公害绿色猕猴桃园，渭北以奶畜为主的畜牧产业区，临潼溪源山庄生态农业观光园，临潼五星生态园，临潼醪糟，关中浆水面，新丰白醪酒，烩麻食，肚兜，秦绣

表 3 –11　　　　　　　　　周至农业旅游资源等级评价结果

等级	旅游资源单体数量(个)	旅游资源单体名称
五级	3	周至自然保护区，周至太白自然保护区，楼观台森林公园
四级	5	周至猕猴桃，牛羊肉泡馍，肉夹馍，老县城大、小熊猫保护区，翠峰山
三级	2	集贤古乐，黑河森林公园
二级	13	民间唢呐，民间锣鼓，夹板舞，牛斗虎，皮影，马社火，木偶，春节，元宵节，端午节，中秋节，腊八节，首阳山
一级	4	清明，重阳节，醪糟，周至虎峰千亩杂果林观光园
未列入等级	15	周至民歌，吹龟兹，花鼓，"摆汤面"，黑河烤鱼，浆水面，秦岭香菇，秦岭土蜂蜜，秦岭黑蘑菇，万亩油桃基地，万亩优质猕猴桃产业基地，万亩苗木花卉基地，九峰山，沈岭，太一山

表 3 –12　　　　　　　　　户县农业旅游资源等级评价结果

等级	旅游资源单体数量(个)	旅游资源单体名称
五级	0	
四级	5	秦腔，碗碗腔，户县农民画，东韩农民画，渭河现代生态农业示范区
三级	11	曲子，汉调二簧，哑柏刺绣，"户太8号"葡萄，米面凉皮，"摆汤面"，户太葡萄园，姊妹黄杨，千年银杏，太平森林公园，朱雀国家森林公园

等级	旅游资源单体数量(个)	旅游资源单体名称
二级	13	背社火，春节，元宵节，端午节，中秋节，腊八节，搅团，大肉辣子圪垯，阿姑泉牡丹园，清凉山，高冠瀑布风景区，圭峰山，九华山
一级	11	城隍庙会，麦秆画，清明，重阳节，甘峪水库，高峡平湖，烟雾井，户县银户生态观光产业园，公主泉，秦北山水乐园，万花山
未列入等级	13	化羊庙古庙会，万花山朝山会，剪纸，"画像农"牌鸡蛋，柿子糊塌，豆腐脑，凉鱼，同兴西瓜示范园，高冠避暑度假山庄，美陂湖风景区，宛华山，郭家山，凤凰山

表 3 - 13　　　　　　太白县农业旅游资源等级评价结果

等级	旅游资源单体数量(个)	旅游资源单体名称
五级	0	
四级	1	青峰山
三级	4	鳌山，南滩苗圃，山萸酒，太白山旅游登山节
二级	7	洋芋糍粑，贝母，春节，元宵节，端午节，中秋节，腊八节
一级	6	青峰峡森林公园，大鲵自然保护区，洋芋煎饼，太白山庙会，清明，重阳节
未列入等级	16	银河山，冻山，玉皇山，三岔峡，白云峡，五里峡，观音峡，明优特蔬菜标准化生产示范园区，无公害蔬菜生产基地，花椒基地，杂果基地，豆豉，饸饹，红米饭，腊肉，木耳

表 3 - 14　　　　　　华县农业旅游资源等级评价结果

等级	旅游资源单体数量(个)	旅游资源单体名称
五级	0	
四级	2	秦腔，皮影雕刻
三级	4	华县皮影，华州背花鼓，千年黄杨，少华山森林公园
二级	11	春节，元宵节，端午节，中秋节，腊八节，迷胡，华州秧歌，社火，书法，剪纸，面花
一级	5	清明，重阳节，竹艺，刺绣，根雕
未列入等级	12	西溪，白崖湖石，文峪河，罗纹河，赤水河，石堤河，遇仙河，狗峪河，蒿坪河，渭河，蟠龙山，五龙山

表 3 – 15　　　　　　　　　　　渭滨区农业旅游资源等级评价结果

等级	旅游资源单体数量(个)	旅游资源单体名称
五级	1	天台山国家森林公园
四级	1	鸡峰山
三级	2	天台山，渭南美腊瓷
二级	6	拉花戏，春节，元宵节，端午节，中秋节，腊八节
一级	6	清水河，九龙泉，高家镇庙坡村的千亩优质猕猴桃园（生态示范园），灯焰火，清明，重阳节
未列入等级	34	守家山，偏子岭，将台山，南峡岭，小大王山，玉皇山，大王山，乔麦山，石鼓山，龙凤山，渭河，塔稍河，太寅河，百峪河，清姜河，石拔河，高家河，金陵河，巨家河，东沙河，西沙河，吾泉，巨家村无公害蔬菜基地，高家镇桑园铺村无公害蔬菜生产基地，石鼓镇刘家村无公害蔬菜基地，马营镇燃灯寺村无公害蔬菜，石鼓镇赵家村无公害桃基地，八鱼镇淡家村无公害西瓜产地，八鱼镇寨子岭村无公害葡萄生产基地，上甘沟无公害樱桃生产基地，石鼓镇赵家庄村无公害桃产地，姬家殿奶牛科技园区，甜萝卜，生姜

表 3 – 16　　　　　　　　　　　凤县农业旅游资源等级评价结果

等级	旅游资源单体数量(个)	旅游资源单体名称
五级	0	
四级	2	紫柏山，嘉陵江源头风景区
三级	2	大红袍花椒，凤县党参
二级	6	民歌，春节，元宵节，端午节，中秋节，腊八节
一级	5	刺绣，脸谱面具，社火，清明，重阳节
未列入等级	5	辛家山原始森林自然保护区，庞家河标准化苹果生产示范园，凤县凤州镇龙口村花椒标准化生产科技园区，根雕，剪纸

表 3 – 17　　　　　　　　　　　眉县农业旅游资源等级评价结果

等级	旅游资源单体数量(个)	旅游资源单体名称
五级	1	太白山森林公园
四级	3	红河谷森林公园，陕西省苗木繁育中心，太白酒
三级	0	
二级	8	炉齿面手工挂面，柱顶石干粮馍，井沟权，春节，元宵节，端午节，中秋节，腊八节
一级	5	粽子，蒸碗豆花，扫帚，清明，重阳节

续表

等级	旅游资源单体数量(个)	旅游资源单体名称
未列入等级	26	瓦窑山,凤凰山,龙峰山,盘龙山,新开山,四嘴山,少白山,香岩山,驼杨峰,端南山,菩萨山,高格高新农林科技研究开发中心大樱桃科技示范园,槐芽镇赵家庄村草莓科技产业园区,无公害小麦产地,槐牙镇赵家庄村无公害草莓产地,横渠镇王家堡村无公害葡萄生产基地,汤峪镇尖嘴石村无公害桃生产基地,王家堡村无公害葡萄生产基地,营头镇董家山村无公害果品产地,金渠镇第二坡村无公害猕猴桃产地,无公害苹果产地,簸箕,牛轭头,女儿女婿"看麦黄",娘去女家"看忙毕",女婿"看忙罢"

表 3 – 18　　　　　　　　　　**潼关农业旅游资源等级评价结果**

等级	旅游资源单体数量(个)	旅游资源单体名称
五级	0	
四级	0	
三级	5	女娲山,佛头山风景区,潼关黄河风景区,潼关县泉湖风景区,潼关八宝酱菜
二级	11	潼关第一名吃——黄河鲇鱼汤,通草堆画,烫画,潼关婚俗,葬俗,社火,春节,元宵节,端午节,中秋节,腊八节
一级	11	中华圣桃示范园,黄河鲤鱼,刺绣,马店庙会欧家城庙会,万仓庙会,鱼化屯朝山庙会、古潼关城三月河坝庙会,寺底庙会,留果斜庙会,清明,重阳节
未列入等级	19	潼河,远望沟河,铁沟河,太峪河,麻峪河,东相河,善车峪河,秦王寨——马跑泉,马超枪刺曹操——古槐,潼关县银杏科技示范,潼关县芦笋基地,盛全福(小舟)鸭片,赵清斌(春娃)黄焖鸡,贾秃娃"卤烧鸡",芦笋,潼关的棉花、黄姜、雕塑、剪纸

表 3 – 19　　　　　　　　　　**陈仓区农业旅游资源等级评价结果**

等级	旅游资源单体数量(个)	旅游资源单体名称
五级	0	
四级	0	
三级	1	西镇吴山
二级	8	九龙山名胜景区,伐鱼河,手工制作蒸笼,春节,元宵节,端午节,中秋节,腊八节
一级	13	雪山洞森林公园,灵宝峡谷——大水川草场,姜子牙钓鱼台杂果观光示范园,泥塑,张翠香的刺绣作品,王卫东的剪纸作品,杨清俊的布制品,社火马勺脸谱,焰火,社火,鸡峰山庙会,清明,重阳节
未列入等级	9	金陵川山,磻溪河,凉泉,周公泉,庵坪避暑山庄,曹家沟奶牛科技园区,梁家崖奶牛小区,茶会,锣鼓

表 3 - 20　　　　　　　　　**华阴市农业旅游资源等级评价结果**

等级	旅游资源单体数量(个)	旅游资源单体名称
五级	1	华山
四级	1	华阴碗碗腔
三级	9	踅面，华山细辛，华山参，华山灵芝，华山菖蒲，华阴曲子，老腔戏，华山灯笼会，华山古庙会
二级	12	大刀面，黄河鲇鱼，搅团饭，擀馍，麻食泡，素鼓，拉花戏，春节，元宵节，端午节，中秋节，腊八节
一级	5	秦川牛养殖示范区，馄饨，送灯，清明，重阳节
未列入等级	19	渭河，磨沟河，葱郁河，罗夫河，长涧河，柳叶河，白龙涧，肉猪养殖示范区，凉皮，凉粉，锅贴，豆腐脑，包谷面馍，糁子，鱼鱼粉，喜庆——报喜，满月，卸绳，上梁

表 3 - 21　　　　　　　　　**蓝田农业旅游资源等级评价结果**

等级	旅游资源单体数量(个)	旅游资源单体名称
五级	0	
四级	1	王顺山国家森林公园
三级	2	玉器，水会音乐
二级	7	汤泉湖，蓝田美食精品展，春节，元宵节，端午节，中秋节，腊八节
一级	9	汤峪湖森林公园，蓝田鼎湖观光农业示范园，白马河生态园，蓝田苦荞小麦饸饹，二黄戏，社火，花鼓戏，清明，重阳节
未列入等级	23	银杏树，白皮松，实生板栗，毛白杨，楸树，岩榆，龙头松，香椽，董家岩瀑布山庄，无公害大杏示范园，蓝田西瓜生产基地，蓝田葱油饼，蓝田楼祝手工空心挂面，蓝田泡油糕，蓝田醋酚，蓝田神仙粉，蓝田糍粑，蓝田灞源豆腐干，"歪嘴岩"牌原汁柿子醋，樱桃，跑佛（舞蹈），秧歌剧，道悟戏

表 3 - 22　　　　　　　　　**岐山农业旅游资源等级评价结果**

等级	旅游资源单体数量(个)	旅游资源单体名称
五级	0	
四级	3	碗碗腔，眉户，秦腔
三级	5	弦板腔，曲子，文王锅盔，岐山臊子面，崛山森林公园
二级	8	手工空心挂面，岐山面皮，西岐民俗村，春节，元宵节，端午节，中秋节，腊八节

续表

等级	旅游资源单体数量(个)	旅游资源单体名称
一级	9	高庙太白爷会，五丈原诸葛亮庙会，社火，蒸面花，凤鸣酒，小麦，岐山香醋，清明，重阳节
未列入等级	7	油菜，玉米，斜峪关水库，洞沟水库，猕猴桃基地，澳洲青苹果基地，五丈塬镇西星村猕猴桃示范区

表 3 – 23　　　　　　　　临渭区农业旅游资源等级评价结果

等级	旅游资源单体数量(个)	旅游资源单体名称
五级	0	
四级	0	
三级	2	水晶饼，时晨包子
二级	7	石鼓山森林公园，渭南白鲜，春节，元宵节，端午节，中秋节，腊八节
一级	6	六姑泉，天留山森林公园，秦川牛，关中驴，清明，重阳节
未列入等级	5	万亩莲菜示范基地——辛市镇，凭信乡棚瓜示范基地，临渭区冬枣基地，冬枣，奶山羊

表 3 – 24　　　　　　　　西安农业旅游资源等级评价结果

等级	旅游资源单体数量(个)	旅游资源单体名称
五级	0	
四级	0	
三级	1	草滩生态产业园
二级	8	西安绿叶花卉鲜果观光园，西安济农高新技术农业示范园，汉风台特色水果示范园，春节，元宵节，端午节，中秋节，腊八节
一级	2	清明，重阳节
未列入等级	1	灞桥白鹿塬樱桃园

（4）各级旅游资源数量分布特征

通过对秦岭北麓农业旅游资源的调查、评价与统计，秦岭北麓农业旅游资源单体总量为 507 个，从高等级到低等级资源的分布数量基本符合金字塔形排列规律（见表 3 – 25）。

表 3 – 25　　　　　　　　　　　各级旅游资源数量分布

等级	五级	四级	三级	二级	一级	未列入等级
旅游资源单体数量（个）	8	28	62	83	86	240
占总量的比例（%）	1.58	5.53	12.25	16.4	17.0	47.43

（5）各级旅游资源空间分布特征

从对秦岭北麓各级旅游资源的统计和分类数据（见表 3 – 26），可以看出各级旅游资源在区域空间的分布特征。

五级旅游资源在空间上集中程度从高到低分为三个层级，第一个层级是周至，拥有 3 个五级旅游资源弹体，占同级别总数的 37.5%；第二个层级有临潼、长安区、渭滨区、华阴、眉县，分别拥有 1 个五级旅游资源单体，占同级别总数的 62.5%；第三个层级有西安市、户县、蓝田、陈仓区、岐山、凤县、太白县、临渭区、华县、潼关，这些县区没有五级旅游资源单体。

四级旅游资源空间分布集中程度为周至、户县、长安区、凤县、眉县、岐山。在 28 个四级旅游资源单体中，在空间分布上除了西安市、陈仓区、临渭区、潼关 4 个地区没有以外，其他地区分布比较平均，差异不大。

三级旅游资源在空间上集中程度从高到低分为两个层面，第一个层面是户县、华阴、长安区，分别拥有 11 个、9 个、7 个资源单体，占同级别总数的 43.55%；第二个层面有临潼、渭滨区、眉县、蓝田、陈仓区、岐山、凤县、太白县、临渭区、华县、潼关、西安市 12 个地区，除眉县没有三级旅游资源单体外，其他地区单体数量呈均匀分布，差异不大，共 35 个资源单体，占总量的 56.45%。

二级旅游资源在空间上整体呈均匀分布。

一级旅游资源在空间上集中程度从高到低分为两个层面，第一个层面是户县、蓝田、陈仓区、岐山、潼关、临潼，共拥有 61 个资源单体，占同级别总数的 52.59%；第二个层面有渭滨区、眉县、华阴、长安区、凤县、太白县、临渭区、华县、西安市 9 个地区，单体数量呈均匀分布，差异不大，占总量的 47.4%。

未列入等级旅游资源在空间上集中程度从高到低分为三个层面，第一个层面是临潼、蓝田、渭滨区、眉县，占同级别总数的 45.42%；第二个层面有周至县、户县、长安区、太白县、华县、华阴、潼关，拥有 104 个旅游资源单体，占同级别总数的 43.33%；第三个层面有西安市、陈仓区、岐山、凤县、临渭区，拥有 27 个旅游资源单体，占同级别总数的 11.25%。

（6）优良级旅游资源的空间结构

五级、四级和三级旅游资源统称为优良级旅游资源. 秦岭北麓共有优良级农业旅游资源单体 102 个，平均每个地区 6.4 个，有 7 个地区的数量超过了平均数量，其中优良级旅游资源数量位居前 4 名的是户县、长安区、华阴市、周至。在这四个区县中有三个隶属于西安市，位于西安市周边，是现在农业旅游发展较好的地区。其他地区分布的数量从 1 个到 10 个不尽相同，广泛分布的特征提升了区域整体的吸引力。

五级旅游资源又称特品级旅游资源，对客源市场具有核心吸引力，秦岭北麓共有特品级农业旅游资源单体 8 个，主要分布在周至、长安区、渭滨区、眉县、临潼、华阴市 6 个地区。这 6 个地区覆盖了优良级旅游资源数量位居前 4 名的其中 3 个地区，说明这 3 个地区农业旅游发展资源条件较好。

表 3-26　　　　　　　　　各级旅游资源空间分布统计　　　　　　　单位：个

市县区名称	五级	四级	三级	合计	二级	一级	合计	未列入等级
西安市	0	0	1	1	8	2	10	1
周至	3	5	2	10	13	4	17	15
临潼	1	1	5	7	13	8	21	26
户县	0	5	11	16	13	11	24	13
长安区	1	4	7	12	10	7	17	10
蓝田	0	1	2	3	7	9	16	23
渭滨区	1	1	2	4	6	6	12	34
眉县	1	3	0	4	8	5	13	26
陈仓区	0	0	1	1	8	13	21	9
岐山	0	3	5	8	8	9	17	7
凤县	0	2	5	7	6	5	11	5
太白县	0	1	4	5	7	5	12	16
临渭区	0	0	2	2	7	6	13	5
华县	0	2	4	6	11	5	16	12
华阴市	1	1	9	11	12	5	17	19
潼关	0	0	5	5	11	11	22	19
合计	8	29	65	102	148	111	259	240

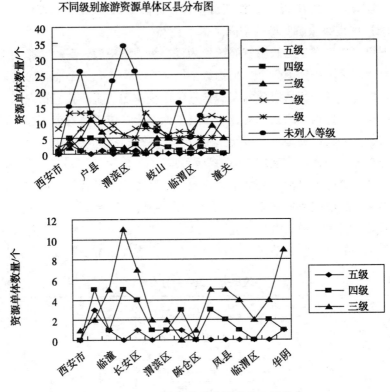

图3-1　不同级别旅游资源单体区县分布

四　秦岭北麓农业旅游资源空间结构评价

经调查统计，秦岭北麓农业旅游资源共 507 个旅游资源单体分布于 16 个市区县，在空间分布上表现出一定的广泛性，但每个区县所赋存的资源数量和质量不尽相同，又呈现出一定的差异性。

从表 3-27 中可以看出，旅游资源单体总量的分布在空间上呈三个层面，第一个层面单体数量在 40 个以上，主要有临潼、户县、蓝田、渭滨区、眉县、华阴、潼关；第二个层面单体数量在 30—40 个之间，主要有周至、长安区、陈仓区、岐山、太白县、华县；第三个层面单体数量在 30 个以下，主要有西安市、凤县、临渭区；在旅游资源单体总量上除了西安市较少以外，其他各县区相对分布较为平均，差异不大。三级以上优良级旅游资源单体总数 102 个，从优良级旅游资源图中可以看出，户县所占比例最为突出，占优良级旅游资源总量的 15.69%，西安市和陈仓区所占比例最小，都只有 1%，其他区县分布较为平均。

表 3 - 27　　　　　　　　　**旅游资源单体总量空间分布统计**

市县区名称	单体个数（个）	单体所占资源总量比例（%）	优良级旅游资源（三级以上）	占优良级旅游资源总量（102 个）比例（%）
西安市	12	1.96	1	1.00
周至	32	5.24	10	9.80
临潼	54	8.84	7	6.86
户县	53	8.67	16	15.69
长安区	39	6.38	12	11.76
蓝田	42	6.87	3	2.94
渭滨区	50	8.18	4	3.92
眉县	43	7.04	4	3.92
陈仓区	31	5.07	1	1.00
岐山	32	5.24	8	7.84
凤县	23	3.76	7	6.86
太白县	33	5.40	5	4.90
临渭区	20	3.27	2	1.96
华县	34	5.56	6	5.88
华阴	47	7.69	11	10.78
潼关	46	7.53	5	4.90

五　秦岭北麓观光农业旅游资源功能结构评价

（1）观光游览功能评价

观光旅游产品是观光农业旅游开发最早、最主要的形式之一。主要包括山水观光、生态农业观光、田园风景观光等形式。秦岭北麓可以开展观光旅游的旅游资源类型及资源单体数量见表 3 - 28。

表 3 - 28　　　　　**秦岭北麓具有观光功能的旅游资源类型及数量**

主类	亚类	资源单体数量（个）
地文景观	综合自然旅游地	70
水域风光	河段	43

续表

主类	亚类	资源单体数量（个）
水域风光	天然湖泊与池沼	4
	泉	17
生物景观	树木	31
	草地与草原	1
	花卉地	5
	野生动物栖息地	4
天象与气候景观	天气与气候现象	3
建筑与设施	建设工程与生产地	73
合计	10	251

秦岭北麓可以开展观光旅游的旅游资源主类占总量的 71.43%，亚类占总量的 47.62%，单体数量占总量的 49.60%，可以看出秦岭北麓可以开展观光旅游的旅游资源几乎占到资源总量的 1/2，所以，从整体上看，观光功能是旅游资源的主导功能。

（2）娱乐消遣功能评价

娱乐消遣尽管经常是依附于许多常规的旅游产品中的一种服务，但在特定的情况下可以被开发为独立的旅游产品。娱乐消遣类旅游产品可以分为身体娱乐、实用娱乐、文化娱乐和社会娱乐四大类。秦岭北麓可以开展娱乐消遣旅游的旅游资源类型及资源单体数量见表 3－29。

表 3－29　　　　秦岭北麓具有娱乐消遣功能的旅游资源类型及数量

主类	基本类型	资源单体数量（个）
建筑与设施	特色社区	4
	水库观光游憩区	4
人文活动	民间节庆	7
	民间演艺	61
	庙会与民间集会	17
	旅游节	1
	商贸农事节	2
合计：2	7	96

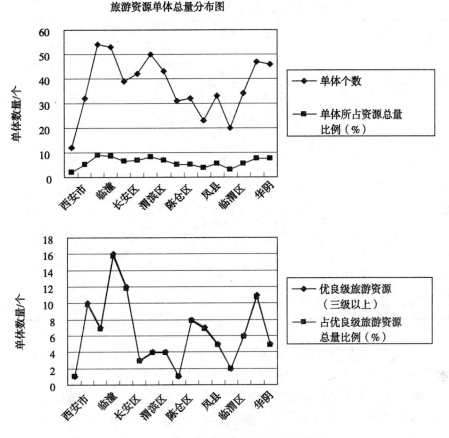

图3-2 优良级旅游资源单体总量分布

秦岭北麓可以开展娱乐消遣旅游的旅游资源主类占总量的28.57%，基本类型占总量的21.88%，单体数量占总量的18.97%。所以，娱乐消遣是辅助旅游功能。

（3）健身康体功能的评价

康体娱乐、体育健身正在逐渐成为现代都市人追求的新兴旅游方式，"健康在户外，娱乐山水间"越来越受到人们的瞩目。健身康体旅游可以分为体育和保健两大类。前者包括一般体育健身运动项目，如滑雪、漂流、攀岩、体育观赏等旅游形式；后者包括医疗保健和疗养保健等旅游活动形式。秦岭北麓可以开展健身康体旅游的旅游资源类型及资源单体数量见表3-30。

表 3-30　　　　　　秦岭北麓具有健身康体功能的旅游资源类型及数量

主类	基本类型	资源单体数量（个）
地文景观	AAA 山岳型旅游地	66
	ACG 峡谷段落	4
水域风光	BAA 观光游憩河段	43
	BBA 观光游憩湖区	4
	BDA 冷泉	17
生物景观	CAA 林地	19
	CBA 草地	1
	CCA 草场花卉地	5
建筑与设施	FAB 康体游乐休闲度假地	7
	FGA 水库观光游憩区	4
旅游商品	GAA 菜品饮食	74
	GAD 中草药与制品	5
合计：5	12	249

秦岭北麓可以开展健身康体旅游的旅游资源主类占总量的 71.43%，基本类型占总量的 37.5%，单体数量占总量的 49.21%。可以看出，秦岭北麓可以开展健身康体旅游的旅游资源类型多，总量丰富，单体数量占到单体总量的 50%。所以，从整体上看，健身康体功能也是旅游资源的主要功能。

（4）探险猎奇功能的评价

探险旅游是指旅游地不需要进行任何人工开发，保持当地的原始自然地貌、植被条件，让旅游者通过自身的努力，来跨越或经历考察地段。具体项目包括徒步旅行、艰辛跋涉旅游、激流探险、岩洞探险、登山运动、森林探险旅游等形式。秦岭北麓可以开展探险猎奇旅游的旅游资源类型及资源单体数量见表 3-31。

表 3-31　　　　　　秦岭北麓具有探险猎奇功能的旅游资源类型及数量

主类	基本类型	资源单体数量（个）
地文景观	AAA 山岳型旅游地	66
	ACG 峡谷段落	4
水域风光	BAA 观光游憩河段	43
	BDA 冷泉	17
生物景观	CAA 林地	19

续表

主类	基本类型	资源单体数量（个）
生物景观	CDA 水生动物栖息地	1
	CDB 陆地动物栖息地	3
合计：3	6	136

　　秦岭北麓可以开展健身康体旅游的旅游资源主类占总量的 42.86%，基本类型占总量的 18.75%，单体数量占总量的 26.88%，健身康体旅游是辅助旅游功能。

　　（5）科普教育功能的评价

　　秦岭北麓具有科普教育功能的旅游资源类型及资源单体数量见表3－32。

表 3－32　　　　秦岭北麓具有科普教育功能的旅游资源类型及数量

主类	基本类型	资源单体数量（个）
地文景观	AAA 山岳型旅游地	66
	ACG 峡谷段落	4
水域风光	BAA 观光游憩河段	43
生物景观	CAA 林地	19
	CDA 水生动物栖息地	1
	CDB 陆地动物栖息地	3
建筑与设施	建设工程与生产地	73
	FDC 特色社区	4
	FGA 水库观光游憩区	4
	FGB 水井	1
旅游商品	GAA 菜品饮食	74
	GAB 农林畜产品及制品	25
	GAD 中草药与制品	5
	GAE 传统手工产品与工艺品	34
	GAG 其他物品	5
人文活动	HCA 地方风俗与民间礼仪	10
	HCB 民间节庆	7
	HCC 民间演艺	61
合计：6	18	432

秦岭北麓可以开展科普教育旅游的旅游资源主类占总量的 85.7%，基本类型占总量的 56.25%，单体数量占总量的 85.38%。可以看出秦岭北麓可以开展科普教育旅游的旅游资源类型丰富，单体数量庞大，具有良好的开展科普教育旅游活动的基础。科普教育旅游是秦岭北麓旅游活动的主导旅游功能。

六　秦岭北麓观光农业旅游资源开发条件评价

（1）客源市场条件评价

旅游是社会生产力发展到一定程度，人们的物质生活条件比较充裕而产生的特殊的精神需要，是一个国家政治与经济的体现。随着全面建设小康社会步伐的加快，人民生活水平的不断提高，秦岭北麓农业旅游市场将进一步扩大，陕西、四川、湖北和重庆等省市的旅游市场份额将不断扩大。农业旅游作为一种新型的旅游形式越来越受到人们的瞩目。目前，陕西居民的农业旅游热已经形成，随着私家车的增多，假日到近郊度假、游憩等自发旅游的活动已经展开。另外，闲暇的时间增多，为游人提供了出游的可能。

（2）可进入性评价

国际客源的可进入性：西安咸阳国际机场是我国重要的国内干线机场、国际定期航班机场和区域性中心机场。目前，机场与国内外 26 家航空公司建立了业务往来，国内通航城市 68 个，国际通航城市 11 个，已形成以西安为中心，沟通各地的航空运输网，并有通往日本、韩国、泰国等国的国际航线和中国香港、中国澳门的地区航线以及新加坡、阿塞拜疆的包机航线。

东航欧美航线与西安的直接贯通，为陕西旅游从源头组织客源提供了直接有效的途径。同时，东航集团通过资源共享，优势互补，以国际带动国内，以国内促进国际，为实现国际、国内共同发展的双赢营销战略创造了条件。

东航贯通的航线有巴黎、马德里、慕尼黑、洛杉矶等欧美地区的主要城市。东航开辟伦敦航线后也将及时与西安贯通。旅客可以从以上城市经停国内的北京或上海，转机后于当日或次日早抵达目的地西安。

东航贯通西安至欧美重要航线，将为进一步开发陕西的旅游市场提供更加便捷的途径。

国内客源的可进入性：国内旅游重点目标市场为国内沿海发达地区、周边省域的主要城市和陕西省内城市，而其中最主要的是陕西省内城市居民。陕西境内主要是以公路交通为主。

我国公路运输以国道主干线为骨架，形成"五纵七横"的运输网络。目前被列为国道的公路干线共有 69 条，涉及陕西省的共有 8 条，涉及秦岭北麓的共有 4 条。

对于省外客源，铁路运输发挥着重要的作用。除东北地区以外，中国铁路路网形成了以北京为中心，以大中城市为枢纽，纵横交错的网络格局。涉及秦岭北麓的铁路干线有陇海铁路、宝中—宝成铁路。陇海—兰新线东起连云港，经徐州、洛阳、郑州、西安、宝鸡、兰州等枢纽城市，西达新疆乌鲁木齐，全长 3664 千米，是我国最长的东西运输大动脉。陕西处于该干线的中段，东进西出，为陕西中部地区提供了对外联系的便捷通道。

（3）开发建设条件评价

硬件条件：秦岭北麓不仅是陕西省乃至全国旅游资源密集带之一，一直被称为古长安的"后苑"，而且还是我国传统的农业耕作区。秦岭北麓农业旅游资源丰富、类型众多，自然旅游资源等级较高，人文旅游资源密集，历史文化内涵深厚，交通条件便利，有一定规模的基础设施，为农业旅游发展提供了前提条件。

软件条件：西安建设社会主义新农村，在推进农村工业发展时，有计划地把农业并入工业发展进程中去思考，发展具有西安特色的都市农业，形成农村经济发展新的支撑点和农民增收新的增长点。重点建设秦岭北麓旅游农业，提高农业科技实用成果转化率，秸秆养蓄和沼气启动循环农业，使现代城市的产业链向农村延伸。

为加强以秦岭北麓为主的 30 万亩旅游观光农业板块建设，西安市农业局提出了未来 5 年要建设以"三区、两址、一源"为发展规划布局的 6 个旅游观光农业重点建设项目。"三区"即秦岭北麓旅游观光农业区，把秦岭北麓环山公路两侧建成陕西省最大、全国有影响的旅游观光农业产业区；渭河南岸旅游观光农业区，主要发展瓜果菜观赏采摘、苗木花卉、农家生活体验等；骊山景区旅游观光农业区，主要发展以石榴、火晶柿子、采摘、观赏、果品深加工等为特色的旅游观光农业项目。

西安市政府已将农业旅游产业作为西安市的大事来抓，将农业旅游产业放在较高的战略地位，已制定了多个旅游开发的优惠政策。积极通过宣传手段，培育良好的旅游市场氛围。加强旅游管理部门对旅游产业开发的组织领导和统一协调，强化管理部门的职能，合理进行机构设置，健全旅游协调组织。同时凭借文化中心的位置，加强了旅游人才的培训。淳朴的民风、众多的人口也为本地的旅游消费奠定了基础。同时，西安市还将会对宝鸡和渭南产生带动作用。

（4）旅游资源开发状态的空间结构

秦岭北麓农业旅游资源中已开发的资源单体数量有 324 个，未开发的单体数量为 175 个，正在开发的 7 个，16 个县区旅游资源的开发利用程度相差悬殊，开发率从高到低分别是西安市 100%，户县 91.07%，凤县 85.71%，岐山 83.87%，临渭区 80%，周至 75%，陈仓区 75%，潼关 73.33%，蓝田 73.17%，长安区 72.5%，华县 70.59%，华阴市 70.21%，临潼 66.03%，太白县 63.63%，眉县 45.24%，渭滨区 33.33%。

从类型上看，各主类的开发率从高到低依次是天象与气候景观和旅游商品，开发率为 100%，其次是人文活动，开发率为 90.82%，生物景观 75.61%，建筑与设施 35.96%，地文景观 31.43%，水域风光 17.29%。地文景观和水域风光类型多、数量大，目前资源开发率普遍低，所以这些开发价值较高的资源仍具潜力；人文活动类多为浅层次开发，人文活动类旅游资源属于非物质性旅游资源，多为人物、事件、地方风俗和节庆之类资源，这类资源需要通过显性化转化才能产生吸引力，其开发方法有待进一步研究创新；旅游商品类资源开发率最高，陕西的特色旅游商品、风味小吃种类繁多，但目前的旅游开发层次还较低。因此，该旅游资源的经济价值潜力巨大。

秦岭北麓农业旅游资源中自然农业旅游资源和人文农业旅游资源在资源数量上虽然相当，但是在资源的开发利用率上却相差很大，人文类旅游资源的开发利用率远远高于自然类旅游资源。在农业观光旅游中，自然类旅游资源应占据主要地位，所以秦岭北麓的自然类农业旅游资源有待深入开发。

七　秦岭北麓观光农业旅游资源特色优势评价

秦岭北麓观光农业旅游资源的比较优势分析：

①特色优势旅游资源的生成条件分析

优越的旅游区位：陕西省地处中国东西结合部，承东启西，连接南北，具有居中的地理区位，自然资源丰富，科技实力雄厚，是我国西部地区旅游发展较好的省份。而秦岭北麓又是陕西省的中间地带，是陕西省旅游资源最为集中的地区，所涉及区县分别属于西安、宝鸡、渭南三个市，处于关中城市群的中心地带，在陕西旅游中起着重要的枢纽和区域中心的作用。

独特的自然地理环境：秦岭北麓地区有山、有水，自然风光与田园景致交相辉映，地形地貌复杂多样，气候湿润、凉爽。秦岭具有极其丰富的动植物资源和众多的人文景观，使秦岭成为人们旅游的理想之地。

深厚的社会文化背景：经考古发掘证实，陕西是华夏古文明最重要、最集中的发源地之一，而秦岭北麓又是陕西文化的集中地，深厚的社会历史文化背景，造就了秦岭北麓丰富的文化旅游资源。

②旅游资源的比较优势分析

陕西省旅游资源最富集的地区：类型丰富，组合性强，文化内涵深厚，省内外知名度较高，发展农业观光旅游的前提基础优越。秦岭北麓的旅游资源中单体总数为 1830 个，主类 8 个，亚类 28 个，基本类型 72 个，分别占陕西省旅游资源的 20.13%、100%、53.73%、18.35%；在秦岭北麓的农业旅游中分别有 7 个主类，21 个亚类，32 个基本类型，分别占秦岭北麓全部旅游资源类型的 87.5%、75%、44.44%。其中 102 个优良级旅游资源单体，404 个普通级旅游资源单体，自然资源与人文资源相得益彰，物质性旅游资源与非物质性旅游资源交相辉映。

拥有高知名度的旅游吸引物：秦岭北麓地处陕西地理的中心地带，山川秀丽，自然资源景观壮美，农业发展较好，有众多的农业旅游资源。秦岭北麓的旅游资源中单体有 8 个五级资源单体，其中有中国奇险天下第一山——西岳华山；有景色秀丽，充满传奇色彩的骊山风景区；有六月积雪的秦岭主峰——太白山等国内外知名度较高的旅游资源。

有良好的农业旅游基础：秦岭北坡浅山地带是我国传统的农业耕作区，农作物品种繁多，既有小麦、玉米、水稻等作物和苹果、梨、猕猴桃、柿、核桃等果树，还有鱼、牛、羊等养殖业，更有一批现代化农业生产基地。秦岭北麓的绝大部分区县都已经开展农业旅游活动，其中一些区县已取得较好的成绩。在所有旅游资源单体中已开发的资源有 324 个，7 个正在开发，共占资源总量的 65.42%，其中 102 个优良级旅游资源单体，占资源总量的 20.16%。

③旅游资源的特色评价

自然旅游资源数量少，顶级优良资源突出：自然旅游资源共 178 个资源单体，主要包括地文景观、水域风光、生物景观和天气与气候景观四类资源，自然旅游资源单体总量占资源总量的 35.18%，总体数量较少。但顶级优良资源突出，五级旅游资源拥有 8 个，是五级资源的全部；其他优良旅游资源中四级旅游资源 9 个，占四级资源的 32.14%；三级旅游资源 17 个，占三级资源的 25%。

人文类旅游资源数量大，等级较高：人文旅游资源主要包括建筑与设施、旅游商品、人文活动三类，共 328 个资源单体，占资源总量的 64.82%，总体数量较大。在优良旅游资源中五级旅游资源没有，四级 18 个，占四级总量的 64.29%；三级 44 个，占三级总量的 70.97%；优良旅游资源共 62 个，占优良旅游资源总量的 60.7%。人文旅游资源不仅数量大，资源等级也较高。

表 3 - 33　　　　　　　各等级旅游资源数量分类统计　　　　　　单位：个

资源主类	五级	四级	三级	二级	一级	未列入等级
A 地文景观	2	5	7	8	1	46
B 水域风光	0	0	2	2	4	53
C 生物景观	6	4	8	4	9	10
D 天气与气候景观	0	0	0	1	0	2
合计	8	9	17	15	14	111
F 建筑与设施	0	2	6	8	13	62
G 旅游商品	0	7	22	28	29	57
H 人文活动	0	9	16	28	25	19
合计	0	18	44	64	67	138

旅游资源分布广泛且比较均衡：秦岭北麓 16 个市区县，除西安市区农业旅游资源比较贫乏之外，其他 15 个区县资源的分布比较平均，差异不大。整个秦岭北麓资源呈条带状均匀分布。

旅游资源的集聚效应反映旅游资源空间分布的集中与离散程度，有集聚型、随机型和均匀型三种空间分布态势，定量刻画可采用最近邻指数（最近邻比），其公式为：

$$R = \frac{d0}{0.487\sqrt{a/n} + 0.127a/n}$$

式中：R 为最近邻比，反映点状事物的空间分布性质，$R < 1$ 表明点状事物有集中分布的趋势；$R = 0$ 表示完全集中，即所有点集聚到一点；当 R 为 1 时，说明点状分布为随机型；当 $R > 1$ 时，点状要素趋于均匀分布。$d0$ 表示点状事物之间的平均距离，即每一点与其最近点之间的距离相加后除以 n 的值；a 为研究区域的面积；n 为点状事物的数量。秦岭北麓农业旅游观光带，共有单体 507 处（重复部分已剔除），分布面积为 14500km^2，507 处旅游资源单体间的平均距离为 10.71 公里，即 $n = 506$，$a = 110$，$d0 =$ 10.71，故秦岭北麓农业旅游区旅游资源的 R 值为 1.71，具有较强的空间均匀分布趋势，属于均匀型分布。

旅游资源的空间分布呈集聚状态，有利于旅游线路的空间组织和对区外形成综合竞争力。但局部地域的过度集中，对区内的竞争起加剧作用，易产生"资源集聚屏蔽效应"，客流的分散将导致各景区（点）经营举步维艰。而资源的均匀分布可以避免这一弊端，而且有利于各地区均衡发展。

第四章

秦岭北麓观光农业园分布与类型研究

第一节　观光农业园的内涵

对于现代旅游业来说，旅游资源具有越来越广泛的含义。在传统的自然和人文资源之外，特定环境中的农业生产及其蕴涵的传统农村生活方式、田园风光多具有的审美价值和游憩用途，也逐渐成为具有吸引力的资源，由此形成的观光农业由于适应了"生态性、绿色化"的世界旅游潮流，已经成为旅游业新的经济增长点。而这种现象也引起了国内学者的关注，且研究成果颇多，如于2002年在北京召开的"海峡两岸观光休闲农业与乡村旅游发展"学术研讨会就是对观光农业旅游研究热点的一次合作研讨。但大多数研究只是针对开发观光农业的意义、条件及类型进行的研究，而对具体涉及的观光农业园的内涵及类型的研究较少，很少有学者涉及或者是进行深入研究。

对于观光农业的概念，国内学者已初步达成共识，即观光农业（Agritourism）又称休闲农业或旅游农业，是以农业活动为基础，农业和旅游业相结合的一种新型的交叉型农业；是以乡村独特的景观和农业活动为吸引物，以都市居民为目标市场，以满足旅游者观光、娱乐、求知、体验农事和回归自然为目的的一种旅游方式；它是一种新型的农业＋旅游业性质的农业生产经营形态，既可发展农业生产、维护生态环境、扩大乡村娱乐功能，又可达到提高农业效益与繁荣农村经济的目的。虽然还存在其他的理解，但这个概念是多数人都赞成和认同的。

一　观光农业园的内涵

观光农业是以农事活动为基础，把农业和旅游业结合在一起，利用农业景观，农村自然环境，以及农牧业生产、农业经营活动和农村文化等，吸引游客观赏、品尝、购物、劳作、体验、休闲和度假的一种新型农业经营模式。观光农业具有明显的特点：一是观赏性。农业生产和农村生活对城市居民来说比较陌生，农村环境比城市环境更清新优美，对城市居民来说，它们具有很大的吸引力和很强的观赏趣味与价值。二是参与性。可以让游客直接参与农业生产活动，在农业生产习作中体验技艺、享受乐趣、增长知识。三是农游合一性。观光农业是农业和旅游相结合的混合型产业，作为第一产业，它直接生产农副产品。作为第三产业，它被作为观赏、休闲和参与的对象来开发利用。四是市场定向性。观光农业是为那些想了解农业、参与农业、体验农村生活特点的城市居民服务的，其目标市场在城市，其消费对象是城市居民。五是高效性。观光农业相对一般农业来说，收入来源更多，产品附加值更高，经济效益更好。相对于一般产业，观光农业被赋予了许多新的功能，它不仅具有一般农业所具有的提供农产品的生产功能，还具有旅游观光、习作体验、休闲度假、教育等新的功能。

观光农业以大农业旅游资源和农村特色为依托，寓科研、观赏、娱乐、文化、购物、度假、健身等功能于一体，其目的是实现经济效益、社会效益、生态效益的高度统一。而"园"，是"園"的简化字，在《现代汉语词典》中有如下解释：（1）种蔬菜、花果、树木的地方；（2）供人游览、娱乐的地方。在《中华古汉语大辞典》中，园被解释为：（1）用篱笆环围种植蔬菜、花果、树木的地方；（2）别墅和游息之所；（3）帝王墓地。在《汉语大字典》中园又有五种解释：（1）种植花果、树木、菜蔬的地方，四周通常围着有篱笆；（2）供人憩息、游乐或观赏的地方；（3）帝王及后妃的墓地；（4）比喻事物丛集之处；（5）姓氏。对于观光农业园中的园，在这里更适合于这三个词典中的第一种和第二种解释，即种蔬菜、花果、树木及供人观赏、游览、娱乐、憩息之地。

在综合理解"观光农业"和"园"两个概念的基础上，我们可得出观光农业园的概念：观光农业园是以开发具有观光、旅游价值的农业资源和农业产品为前提，以乡村的独特景观和农业活动为吸引物，以城市居民为主要客源市场，以规划、设计、修建为手段，以通过输出观光、休闲、采摘、购物、品尝、科普教育、技术推广、农事活动体验等旅游功能来满足旅游者观光、休闲、娱乐、求知、体验农事和回归自然为目的，在正常从事农业生产的同时开展农业旅游活动的一个"农游合一"的现代化休闲观光景区。

二　观光农业园的特征

（1）从本质上看

农业观光园是现代农业发展的一种新思路，属于农业生产体制创新的产物,是生态观光农业旅游发展的载体。

（2）从地理空间角度看

观光农业园应该是一个有明确边界的空间地理区域,且其区位具有独特的地域性——主要分布在大城市的边缘区或近郊。这主要是由于:一是此地域是城乡过渡地带,有较好的通达性,具有充足的旅游客源;二是此地域具有区位优势,电信、报刊、电视、计算机网络等基础配套条件较好;三是此区域便于发挥大城市的科技优势,农业现代化特征明显。因此,这些地区往往率先开发旅游观光农业的经营项目。这也是观光农业园不同于一般景区之所在。

（3）从功能上理解

观光农业园的功能具有复合性特点。首先,观光农业园是特殊的农业生产基地,具有农业生产的基本功能;其次,它拥有清新的空气、优美的田园风光和淳朴的乡土风情,具有休闲观光的主题功能;再次,它还往往引进新品种、新设施、新技术,并运用到生产上进行充分展示,因而具有科技示范的功能;再其次,观光农业园为学生提供了实践、学习农业知识的乐园,具有科普教育的功能;最后,一些观光农业园开辟出一片供游人参与农作活动的"农耕乐园",让游客体验农耕生活的辛酸劳累,或增设采摘、收获、加工、品尝的参与项目,让游人感受农业丰收的喜悦,因而具有体验参与功能等。由此可以看出,观光农业园具有观光游览、休闲度假、科普教育、科技示范、疗养娱乐等多个功能。

（4）从内容看

观光农业园的展示内容以利用农村设施与空间、农业生产场地、农业产品、农业经营活动、农业自然环境、农村人文资源等为主;观光农业园的显著特点是以金融资本为基础,以科技为支撑,以市场为导向,重点突出参与性、观赏性、娱乐性、生态性,是融科学性、艺术性、文化性为一体的充分体现"农游合一"的现代休闲观光景区。

（5）从目的看

观光农业园不但可以借助生产新、奇、特农产品取得较高的农业收益,同时还可获得旅游的门票、餐饮、住宿、购物等旅游收益,从而优化农村经济结构,推动农业产业化发展;另外,由于游客大都来自城市,因此会带来大量的市场信息、科技思想以及文明生活方式,从而促进农民素质的提高,加快农村城市化进程,最终获得社会效益;观光农业园还可改善和优化局部地区的生态环境,取得较好的生态效益。

（6）从客源组成看

观光农业园的客源也有独特之处，主要表现在观光农业园特殊的客源构成上。具体而言主要有以下几类客源群体：一是大城市中高等收入家庭，这类群体主要是基于追求紧张工作之后的放松和休憩的动机，抑或是为了让成长于城市中的孩子体验农村生活、了解农业知识等，而利用周末或者假期的时间到城郊的观光农业园领略田园风光，呼吸新鲜空气，感受农村生活气息的恬静等。二是大中城市的学生群体，这主要是基于学校经常把观光农业园作为科普教育基地，定期组织一些中心小学生进行参观和农事体验。或是一些大学院校将其作为科研实验基地。三是农业专业机构及农民群体。这主要是由于农业组织机构建立的农业科技示范园的示范功能，从而组织专家技术人员和农民技术骨干进行参观访问、学习，以达到传播高科技农业技术，传递现代农业信息的目的。

由此可见，观光农业园的成功运作除了为城市居民提供一个观光休闲的地方，满足其观光、休闲、娱乐、求知、体验农事和回归自然的需求，同时，也实现了农民增收和农业繁荣，达到了经济效益、社会效益和生态效益三者和谐统一的综合效益。

三　秦岭北麓发展观光农业的 RLTP 优势分析

（1）资源优势（Resource）

秦岭北麓地处 33°55′N—34°35′N，106°28′E—110°25′E 之间，面积约为1.45 万平方公里，是一个介于高大的秦岭山地与广阔的关中平原之间的过渡地带。该区属于暖温带半湿润区，有秦岭山地、沿山丘梁、黄土残原和峪口冲积扇四种地貌类型，植被以常绿与落叶阔叶混交林为主，自然资源丰富，具有独特的生物多样性格局。由于秦岭北麓位于关中腹地，农业生产历史悠久，因此农业资源丰富。据统计，在秦岭北麓的旅游资源中单体总数为2012，主类 8 个，亚类 27 个，基本类型 53 个，分别占到陕西省旅游资源的20.18%、100%、90%、39.55%，而观光农业资源也分别占到秦岭北麓旅游资源的 87.5%、77.78%、69.23%。秦岭北麓已建立多个农业示范基地，包括瓜果、花卉、特种养殖、种植等，由此可见秦岭北麓农业旅游资源极为丰富，具备发展观光农业的一大优势。

（2）区位和交通条件（Location）

秦岭北麓包括宝鸡、西安、渭南三个市，其中西安地处中国的西北部，是西北各省通往西南、中原及华东的门户与交通枢纽，是亚欧大陆桥陇海兰新线上最大的中心城市，已形成辐射全国的交通网络，如已建成的西宝、西铜、铜黄、西兰、临渭、渭潼等高速公路，基本形成以高等级公路为主的"米"字形公路主骨架。另外，秦岭北麓各县市交通区位条件也极为方便，G310 在陕西境内从西到东依次途经宝鸡、眉县、周至、西安、临潼区、渭南、华县、华阴县、潼关县九个地区；G108 途经陕西境内的大荔、渭南、西安、周至等；G312 又途经陕西丹凤、商州、蓝田、西安、咸阳；G210 呈南北走向穿西安市而过；省道麟留公路经太白县与 G310 和西宝高速相交，基本上形成了四通八达的交通线路。这些都为秦岭北麓观光农业带的开发创造了优越的交通区位条件，对秦岭北麓吸引客源、建设观光农业园、增强辐射能力具有重要作用。

（3）客源优势（Tourists）

西安市下辖 8 区 5 县，据第五次全国人口普查，全市人口 741.14 万人，其中市区人口 416.05 万人，占全市人口的 56.14%，是名副其实的特大城市。人们对与生活环境截然不同的"回归自然"、"返璞归真"的旅游方式的渴望，将会使西安市民成为秦岭北麓观光农业旅游最稳定的客源市场。此外，西安是我国重要的高等教育和科研基地，市内高校林立，因此，针对广大求知欲强的学生市场，发展观光农业，增加他们的农业知识和技艺，培养他们德、智、体全面发展，也极具吸引力。另外，西安作为世界四大文明古都，以其悠久的历史、丰富的人文景观和奇特的自然风光吸引着众多的国内外旅游者。这对于素有"西安市后花园"之美誉的秦岭北麓也将会是一大潜在客源市场。

（4）政策支持（Policy）

国务院于 1997 年在陕西杨凌建立了我国唯一的国家级农业高新技术示范区。示范区自建立以来，发展势头良好，发挥了农业科技创新的龙头作用。陕西省委、省政府积极配合国家方针政策的实施，坚持依靠科技进步、实施科教兴农的战略，促进农业和农村经济的发展，相继做出实施苹果产业化、建立果品"绿色通道"和生态环境建设等重大决策，并加强以水利建设为重点的农业基础设施建设，提倡有条件的地方发展以农兴旅、以旅助农的战略。这些举措都表现出各级领导对发展观光农业极大的兴趣和热情，成为秦岭北麓发展观光农业的强大推动力。

同时，对于旅游观光农业建设，今后 5 年，西安市将以秦岭北麓为主，建六大旅游观光农业板块，重点建设标准化旅游观光农业示范园 30 个，辐射带动旅游观光农业面积 50 万亩。西安市这一大力发展都市农业的政策，极大地有利于秦岭北麓观光农业园的建设。一是西安市重点建设的四大板块其中的三块都归属于秦岭北麓建设，能极大地推动秦岭北麓在西安地段的建设。二是通过西安市的五条龙形产业链，可以带动秦岭北麓的农产品加工业系列化发展，形成产、加、供、销一体化。三是西安市的十大产业链建设重点是秦岭北麓，这有助于秦岭北麓的观光农业形成规模化效益。

第二节　秦岭北麓观光农业园开发现状与分布特点

一　秦岭北麓观光农业园开发现状与分布

通过实地考证和资料收集，经过认真严密分析、筛选，统计得出目前秦岭北麓已经开发旅游的观光农业园约有 69 个，具体见表 4 – 1。

表 4 – 1　　　　　　　　　秦岭北麓观光农业园统计

市县区	数量（个）	农业	森林公园、野生动物园	民俗度假村
西安市	9	汉风台特色水果观光示范园 西安闻天生态科技示范园 西安济农高新技术农业示范园（综合） 灞桥白鹿塬樱桃观光园 西安绿叶花卉鲜果观光园 灞桥葡萄科技示范园 草滩生态产业园 洪庆山森林公园		高冠避暑度假山庄
长安区	10	陕西天保苗木繁育中心 陕西嘉艺现代高科技生态农业示范园 西安建秦旅游农业观光度假园	祥裕森林公园 终南山森林公园 沣峪森林公园 秦岭野生动物园	广新园民族村 沣峪庄园 终南山避暑山庄
渭滨区	2	高家镇庙坡村的千亩优质猕猴桃园	天台山森林公园	
岐山县	2		崛山森林公园	西岐民俗村
眉县	4	高格高新农林科技研究开发中心大樱桃科技示范园	太白山国家森林公园 红河谷森林公园	西部兰花观光生态园
太白县	2		青峰峡森林公园 太白山国家森林公园	

续表

市县区	数量（个）	农业	森林公园、野生动物园	民俗度假村
周至县	5	虎峰千亩杂果林观光园	楼观台国家森林园 黑河森林公园 秦岭国家植物园	松润度假山庄
蓝田县	6	蓝田鼎湖观光农业示范园 白马河生态园 洪湖蓝田生态旅游区	王顺山森林公园 汤峪湖森林公园	董家岩瀑布山庄
临潼区	4	溪源山庄生态农业观光园 五星绿色生态园	骊山国家森林公园	秦俑民俗村
户县	10	户县山野葡萄生态庄园 阿姑泉牡丹园 银户生态观光产业园 渭河现代生态农业示范园 甘峪水库 渔业	朱雀国家森林公园 太平国家森林公园	东韩农民画庄 涝峪度假山庄 朱雀民族村
潼关	1	中华圣桃示范园		
华阴县	1	李平洲月季园		
临渭区	4	华夏生态植物园 黄河生态园	石鼓山森林公园 天留山森林公园	
华县	2		少华山森林公园	太平峪度假山庄
凤县	1		通天河森林公园	
陈仓区	6	千河高丰高效生态农业示范园 姜子牙钓鱼台杂果观光示范园	吴山森林公园 安平沟森林公园 雪山洞森林公园	庵坪避暑山庄
总计	69	30	25	14

为了更直观地了解目前各县区的观光农业园数量，将其绘制成表，具体分布见表4-2。

表4-2　　　　　　　秦岭北麓观光农业园汇总

地域	所辖县区	观光农业园汇总（个）	所占比例（％）
宝鸡	陈仓区	6	8.70
	凤县	1	1.45
	眉县	4	5.80

续表

地域	所辖县区	观光农业园汇总（个）	所占比例（%）
宝鸡	岐山县	2	2.90
	太白县	2	2.90
	渭滨区	2	2.90
宝鸡 汇总	17		24.64
渭南	华县	2	2.90
	华阴县	1	1.45
	临渭区	4	5.80
	潼关	1	1.45
渭南 汇总	8		11.59
西安	长安区	10	14.50
	户县	10	14.50
	蓝田	6	8.70
	临潼	4	5.80
	西安市区	9	13.4
	周至	5	7.25
西安 汇总	44		63.77
合计			69

由以上数据统计可得，秦岭北麓观光农业园已开发的有 69 个，分别分布在西安、渭南、宝鸡三个市的 16 个县区。其中，西安市的观光农业园数量最多，有 44 个，占总数的 64%；宝鸡市位居第二，有 17 个，占 25%；渭南市所占数量最少，仅有 8 个，占 11%；长安区和户县所占的观光农业园数量最多，分别有 10 个；凤县、华阴县和潼关所占数量最少，仅各占 1 个。

为了进一步掌握秦岭北麓观光农业园的分布状况，我们对秦岭北麓各市区的观光农业园分布情况进行分析。在秦岭北麓西安段，长安、户县、西安市区的观光农业园数量较多，临潼、周至所占数量较少；在秦岭北麓宝鸡段，陈仓区的观光农业园数量较多，凤县、岐山、太白县、渭滨区最少；在秦岭北麓渭南段，临渭区的观光农业园较多，潼关、华阴的观光农业园最少。

可见，目前秦岭北麓西安段农业旅游发展较好，其中又以长安、户县、西安市区为佳；宝鸡段农业旅游发展稍有滞后，还有待进一步发展，特别是凤县、太白、岐山，要加大农业旅游发展力度；而秦岭北麓渭南段的农业旅游发展较差，其中又以华阴、潼关为最差。作为秦岭北麓的主要部分——西安的观光农业，经过几年的快速发展，到 2006 年，全市各种形式、一定规模的旅游观光农业园区发展到 30 家，旅游观光农业面积 13.8 万亩，年接待游客达 55 万人次，旅游观光农业收入 1.1 亿元。旅游观光农业园区经营主要集中在果树、蔬菜、苗木、花卉种植。设施农业、特色养殖等和旅游观光设施相配套，主要类型有农业观光型、农园观赏采摘型、畜牧养殖观赏型和综合观光型等。周至、户县、长安、灞桥、临潼、蓝田、雁塔、未央等区县均有分布。这些各具特色的旅游观光农业园区，有力地拓展了农业的文化传承、生态保护、观光休闲等多种功能，从各个方面展现了西安农业产业化的发展水平，成为城市居民休闲观光的理想场所，旅游观光农业园区每年定期举办的桃花节、樱桃节、桃文化艺术节、杂果节等，节庆活动吸引了众多市民的眼光。

秦岭北麓目前形成的农业旅游分布状况，符合距离衰减原理、都市农业圈理论，主要受到交通、经济、政策等方面因素的影响。

二　基于环城游憩带理论的秦岭北麓观光农业圈层结构分析

秦岭北麓所属地区中，西安市包括周至、户县、长安、临潼、蓝田县的一部分。它们距西安市中心最大距离都不超过 100 公里，整个研究区域全部处于环城游憩带理论研究显示范围之内，其中最近的长安区距市中心仅 10 公里，最远的周至县也不超过 70 公里，各郊县（区）均有发展观光农业良好的区位条件。以环城游憩带理论为指导，根据西安市民假日出游的空间特征以及各郊县现有旅游景点的分布状况、交通条件等，可将这个区域划分为三个不规则的近似于同心圆状的圈层。

近郊观光农业圈：为环绕城市建成区地带，其外缘大致以西安绕城高速公路为界，总体范围在 5—15 公里之内，为城市近郊区。此圈为平原区，农业基础雄厚，资源特色明显，区位条件优越，观光农业发展具有一定的基础，特别是北郊和东郊，每年春暖花开之时或瓜果成熟之际，吸引了大批游人前来赏花、品果。今后观光农业发展应以观赏游览、采摘购买、科技教育、体验农作为主，重点发展农业公园、花卉观赏园、垂钓园、高科技农业展示园、屋顶农业等观光体验型项目。

中郊观光农业圈：为不规则环状，其外缘距市中心为 40—50 公里，包括了户县、长安区、蓝田县、临潼区、高陵县大部，其南部基本上以秦岭北麓为界，为西安市中郊，处于 1 小时车程范围之内，按照环城游憩带理论，此圈为观光农业的最优发展圈。此圈有川有原（塬），农业生产条件优越，资源丰富，景观多样。观光农业发展应以观光、休闲、体验、教育、度假为主，重点发展观光采摘园、教育农园、租赁农园、垂钓乐园、高科技园等体验、休闲性项目。具体而言，北郊要继续加强以西安现代农业综合开发区为主的综合性观光农业项目区建设；东北部灞、渭交接地带，要做足"水"的文章，发展以水为主题的观光、垂钓、水上娱乐、休闲度假等项目。东部地带以几十平方公里的石榴种植区为基础，依山就水，加强基础设施建设，在赏花、摘果、游园的基础上，不断丰富项目内容，提升文化品位；南部秦岭北麓充分利用森林资源优势发展森林度假旅游；平原区以苗木花卉园和高科技农园建设为重点，结合丰富的人文旅游资源，发展观光、采摘、休闲、健身类项目；西部平原区以甘亭镇为中心，大力挖掘民俗旅游内涵，游人到此既可以参与农事活动，也可以参与各种民间工艺品制作技艺的学习，还可以参加各种形式的民间文艺活动，使身心得到彻底的放松。

远郊观光农业圈：介于中圈外缘与市域行政区划界线之间，呈不规则状，为西安市远郊区。包括周至县、阎良区全部以及临潼区、蓝田县、长安区、户县山区地带。按照环城游憩带理论，应是观光农业发展的另一个优势区。此区由于秦岭—骊山山地的存在，具有发展森林旅游、山村民俗旅游、观光狩猎游的极大优势，特别是周至县沿山、沿渭河及平原地区，观光农业资源丰富，特色明显，开展多种形式的农业旅游大有可为。

第三节　秦岭北麓观光农业园类型分析

一　观光农业园类型研究综述

观光农业在国外已有 100 多年的历史，它源于欧洲的西班牙，20 世纪 60 年代初，有些西班牙农场主把自家房屋改造装修为旅馆，接待来自城市的旅游者前来观光度假，这被认为是农业旅游的起源。而我国观光农业旅游研究的时间不长，真正意义上的观光农业是在 20 世纪 90 年代初我国国内旅游走向兴旺之后的一些大城市城郊开始的。但随着国民经济的发展、人民生活水平的提高及生活方式的改变，特别是在城市化迅速发展的今天，城市生活空间的日趋狭小、高楼林立、环境污染、生活节奏的紧张，激发了城市居民到郊外农村寻求新的旅游空间、欣赏田园风光、享受乡村情趣的、实现回归大自然、陶冶情操、修养健身的强烈愿望。而这时观光农业的出现则充分满足了人们的这一强烈需求，于是伴随近年来生态旅游在国际上的兴起，观光农业成为了我国旅游业中的一个新的时尚和趋势，在我国广袤的大地上如火如荼地发展开来。但由于我国大陆的幅员辽阔，发展农业的条件多种多样和民俗文化的异彩纷呈，我国观光农业旅游的形式也是多种多样，类型繁多。目前国内外对于观光农业类型的划分还没有统一的标准，主要有以下几种划分方法：

从农业结构的角度进行分类：观光种植业、观光林业、观光渔业、观光副业、观光牧业、观光生态农业6种类型；

按照观光农业的功能可分为：观赏型观光农业旅游、品尝型观光农业旅游、购物型观光农业旅游、务农型观光农业旅游、娱乐型观光农业旅游、疗养型观光农业旅游、度假型观光农业旅游；

从开发内容的角度进行分类：观光农园、休闲农园、市民农园、田园化农园、教育农园、农业科技农园、花卉植物农园、森林公园、民俗公园、农业公园等；

按照开发条件和方法划分为：为生态农业村、旅游农庄、观光农业、科技农业；

按照观光农业发展阶段模式的不同可分为：自发式、自主式、开发式；

按照观光农业分布上的地域模式的不同划分为：依托自然型、依托城市型；

按照对农业利用的层次来划分：农产品直接利用型、农作物过程利用型、农业环境利用型。

以上划分方法只是对于农业观光类型的研究，而对于观光农业园类型的研究，目前国内外在这方面的研究成果还是凤毛麟角，理论知识相当缺乏，还没有形成统一的分类体系，仅有一些相关性内容的研究。如蒋和平从国家和地方项目、生态类型、经营方式及示范内容四个方面对农业科技园区进行了分类；周智深按照园区的投资主体、园区的科技含量和带动能力、园区的建设区域和级别、产业特征四个标准对农业科技园区进行划分；张放（2006）等将生态农业园按功能分为多元综合型、科技示范型、高效生产型、休闲度假型、游览观光型；尹红、张兵、张金玲先按示范内容将国家旅游局于2004年首批的203个农业旅游示范点划分为村落类、农业科技示范园类、种植业、养殖业、农业胜景、商贸集散地六种类型，而后又根据区域特点将其划分为村镇型、市区型、城郊型、景区型、景区边缘型、商贸集散地型。

目前的这种发展现状对于发展观光农业是极其不利的。观光农业园是观光农业的物质载体,是观光农业旅游资源的展现平台,是开展观光农业旅游活动的场所。如果没有观光农业园就无法开展观光农业旅游活动,因此对观光农业园类型的研究至关重要。同时观光农业形式的多样化,在一定程度上必然会折射出观光农业园类型的丰富化,而在观光农业园的开发建设上,各种类型不同的观光农业园其基地选址和布局设计也是有很大差异的,因此对观光农业园类型的研究是研究观光农业园基地选址和空间布局的一个前提。从这个方面来说,观光农业园类型的研究对观光农业园的建设也有着非常重要的意义。

二 秦岭北麓观光农业园开发类型分析

为了更好地分析秦岭北麓目前的观光农业园类型分布状况,下面分别按照功能和产业结构两种分类方法对秦岭北麓目前已开发的观光农业园进行分类分析。

(1)按照功能划分秦岭北麓观光农业园

根据统计的观光农业园资料,按照其功能分析,具体见表4-3。

表4-3　　　　　　　　秦岭北麓观光农业园功能分类

功能地区	游览观光型	休闲度假型	科技示范型	高效生产型	多元综合型	科普教育型
太白 2	太白山国家森林公园 青峰峡森林公园					
凤县 1	通天河森林公园					
眉县 4	太白国家森林公园 红河谷森林公园		高格高新农林科技研究开发中心 大樱桃科技示范园		西部兰花观光生态园	
岐山 2	崛山森林公园	西岐民俗村				
陈仓区 6	姜子牙钓鱼台杂果观光示范园 安平沟森林公园 雪山洞森林公园	庵坪避暑山庄			千河科丰高效农业科技示范园 吴山森林公园	
渭滨区 2	千亩优质猕猴桃园 天台山森林公园					

续表

功能地区	游览观光型	休闲度假型	科技示范型	高效生产型	多元综合型	科普教育型
周至 5	虎峰杂果林观光园 楼观台国家森林园 秦岭国家植物园 黑河森林公园	松润园度假山庄				
户县 10	山野葡萄生态庄园 东韩农民画庄 阿姑泉牡丹园 朱雀国家森林公园	涝峪度假山庄 太平国家森林公园 甘峪水库 朱雀民族村			银户生态观光产业园 渭河现代生态农业示范园	
长安区 10	祥裕森林公园 秦岭野生动物园 太平国家森林公园 沣峪森林公园	沣裕庄园 广新园民族村 建秦旅游农业观光度假山庄 终南山避暑山庄	陕西嘉艺现代高科技生态园 陕西天保苗木繁育中心			
蓝田 6	白马河生态园 蓝田鼎湖观光农业示范园 王顺山森林公园	董家岩瀑布山庄 汤浴湖森林公园		洪湖蓝田生态旅游区		
西安市 9	汉风台特色水果观光示范园 灞桥白鹿塬樱桃观光园 西安绿叶花卉鲜果观光园 洪庆山森林公园	高冠避暑度假山庄	灞桥葡萄科技示范园 西安济农高新技术农业示范园 西安闻天生态科技示范园		草滩生态产业园	
临潼 4	骊山国家森林公园	秦俑民俗村 溪源山庄生态农业观光园			五星生态园	
临渭区 4	黄河生态园 石鼓山森林公园	天留山森林公园			华夏生态植物园	
华阴县 1	李平洲月季园					
华县 2	少华山森林公园	太平峪度假山庄				
潼关 1	中华圣桃示范园					
合计	36	18	6	1	8	0

为了使表格更加具有直观性，现对秦岭北麓各类型观光农业园进行具体分析，如图4-1所示。

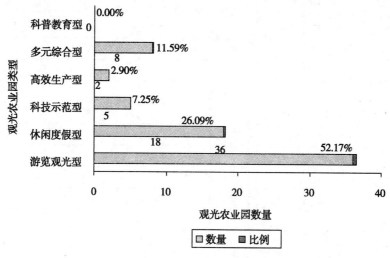

图4-1　观光农业园功能分类

由图4-1可知，在秦岭北麓观光农业园功能分类中，游览观光型观光农业园最多，有36个，占总数的52.17%；休闲度假型观光农业园排第二位，有18个，占26.09%；而科普教育型观光农业园目前秦岭北麓还没有进行旅游开发。其他类型的观光农园所占比例较少，科技示范型占7.25%，多元综合型观光农业园占11.59%，高效生产型仅占2.90%。

由此可见，秦岭北麓目前已开发旅游的观光农业园在功能分布上总体呈现失衡。当然出现这种现象，与目前其主要客源市场的游客偏好、出游目的及其经营开发者的思想、资金等方面有关。但随着旅游业的发展和旅游需求不断提升，休闲度假型、科普教育型、多元综合型及高效生产型观光农业园将会得到长足发展，而秦岭北麓丰富的农业旅游资源则为秦岭北麓观光农业园的百花齐放奠定了坚实的基础。

表4-4　　　　　　　秦岭北麓观光农业园功能分类统计　　　　　　　单位：个

地域	所辖市区	多元综合型	高效生产型	科技示范型	科普教育型	休闲度假型	游览观光型	总计
	陈仓区	2	0	0	0	1	3	6
宝鸡	凤县	0	0	0	0	0	1	1
	眉县	1	0	0	0	0	2	4

地域	所辖市区	多元综合型	高效生产型	科技示范型	科普教育型	休闲度假型	游览观光型	总计
宝鸡	岐山县	0	0	0	0	1	1	2
	太白县	0	0	0	0	0	2	2
	渭滨区	0	0	0	0	0	2	2
宝鸡 汇总		3	1	0	0	2	11	17
百分比	17.65%	5.88%	0	0	11.76%	64.75%	24.64%	
渭南	华县	0	0	0	0	1	1	2
	华阴县	0	0	0	0	0	1	1
	临渭区	1	0	0	0	1	2	4
	潼关	0	0	0	0	0	1	1
渭南 汇总		1	0	0	0	2	5	8
百分比	12.50%	0	0	0	25.00%	62.50%	11.59%	
西安	长安区	0	0	2	0	4	4	10
	户县	2	0	0	0	4	4	10
	蓝田	0	1	0	0	2	3	6
	临潼区	1	0	0	0	2	1	4
	西安市区	1	0	3	0	1	4	9
	周至	0	0	0	0	1	4	5
西安 汇总		4	1	5	0	14	20	44
百分比	9.09%	2.27%	11.36%	0	31.81%	45.45%	63.77%	
总计	8	2	5	0	18	36	69	
百分比	11.59%	2.90%	7.25%%	0	26.09%	52.17%	100%	

由表4-4及图4-2可知，在秦岭北麓宝鸡段，陈仓区以游览观光型、多元综合型观光农业园为主，以休闲度假型为辅；眉县以游览观光型观光农业园为主，以休闲度假型、多元综合型为辅；岐山以游览观光型、休闲度假型观光农业园为主；凤县、太白县和渭滨区仅以单纯的游览观光型为主。由此可见，整个宝鸡市各个区县的观光农业园类型发展严重失衡。

在秦岭北麓渭南段，临渭区以游览观光型观光农业园为主，以休闲度假型、多元综合型为辅；华县以游览观光型、休闲度假型观光农业园为主；华阴县和潼关则仅有观光游览型观光农业园。由此可见，渭南市各区县的观光农业园在功能类型上也严重失衡。

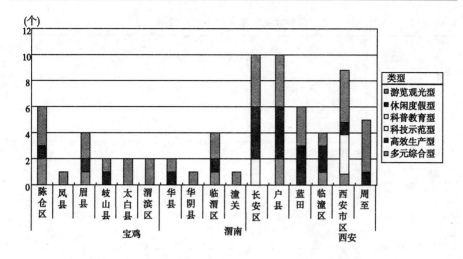

图4-2　秦岭北麓各功能类观光农业园分布

在秦岭北麓西安段，西安市区以游览观光型、科技示范型为主，以休闲度假型、多元综合型为辅；户县以游览观光型、休闲度假型为主，以多元综合性为辅；长安区以游览观光型、休闲度假型为主，以科技示范型为辅；蓝田以游览观光型、休闲度假型为主，高效生产型为辅；临潼以休闲度假为主，多元综合型、游览观光型为辅；周至以游览观光型为主，休闲度假型为辅。由此可见，西安市各区县的观光农业园在功能发展上也存在问题，但稍好于宝鸡和渭南。

秦岭北麓宝鸡段主要以观光游览型观光农业园为主，占到宝鸡市的64.75%；以多元综合型、休闲度假型、高效生产型为辅，分别占总数的17.65%、11.76%、5.88%；科技示范型和科普教育型尚未开发。

秦岭北麓渭南段，仍主要以游览观光型农业园为主，比重达62.50%；以休闲度假和多元综合型为辅，所占比分别为25.00%、12.5%；高效生产型、科技示范型、科普教育型观光农业园尚未开发。

秦岭北麓西安段主要以游览观光型为主，比例高达为45.45%；以休闲度假型为辅，占总数的31.81%；以科技示范型、多元综合型、高效生产型为辅，所占比分别是11.36%、9.09%、2.27%；科普教育型观光农业园尚未开发。

（2）按照产业结构划分秦岭北麓观光农业园

按照产业结构，秦岭北麓现有观光农业园可划分为观光农业、观光林业、观光牧业、观光渔业、观光生态园、民风民俗类六大类，具体如表4-5所示。

表 4 - 5　　　　　　　　　　　秦岭北麓观光农业园产业分类

产业 县区	观光农业	观光林业	观光牧业	观光渔业	观光生态园	民风民俗类
太白县 2		太白山国家森林公园 青峰峡森林公园				
凤县 1		通天河森林公园				
眉县 4		太白国家森林公园 红河谷森林公园 高格高新农林科技研究开发中心大樱桃科技示范园			西部兰花观光生态园	
岐山 2		崛山森林公园				西岐民俗村
陈仓区 6	庵坪避暑山庄	吴山森林公园 安平沟森林公园 雪山洞森林公园 陈仓姜子牙钓鱼台杂果观光示范园			千河科丰高效农业科技示范园	
渭滨区 2		天台山国家级森林公园				千亩优质猕猴桃园
周至 5	松润园度假山庄	楼观台国家森林园 秦岭国家植物园 黑河国家森林公园 虎峰杂果林观光园				
户县 10	朱雀国家森林公园 太平国家森林公园 山野葡萄生态庄园 阿姑泉牡丹园		银户生态观光产业园	甘峪水库	户县农业生态园 渭河现代生态农业示范园	东韩农民画庄 朱雀民族村
长安 10	建秦旅游农业观光度假园	陕西天保苗木繁育中心 太兴山祥裕森林公园 终南山国家森林公园 沣峪森林公园	秦岭野生动物园		陕西嘉艺现代高科技生态园	沣裕庄园 广新园民族村 终南山避暑山庄
蓝田 6		王顺山森林公园 蓝田鼎湖观光农业示范园 汤峪湖森林公园		董家岩瀑布山庄 洪湖蓝田生态旅游区	白马河生态园	

续表

产业 县区	观光农业	观光林业	观光牧业	观光渔业	观光生态园	民风民俗类
西安 9		灞桥白鹿塬樱桃观光园 汉风台特色水果观光示范园 西安绿叶花卉鲜果观光园 灞桥葡萄科技示范园 西安闻天生态科技示范园 西安济农高新技术农业示范园 洪庆山森林公园			草滩生态产业园	高冠避暑度假山庄
临潼 4		临潼五星绿色生态园 骊山国家森林公园			溪源山庄生态农业观光园	秦俑民俗村
临渭区 4		石鼓山森林公园 黄河生态园 华夏生态植物园 天留山森林公园				
华阴 1	李平洲月季园					
华县 2		少华山森林公园				太平峪度假山庄
潼关 1	潼关中华圣桃示范园					
合计	5	41	2	3	9	9

　　为了使其显得更加具有直观性,现将秦岭北麓各类观光农业园具体分析如下:

　　由图4-3可知,秦岭北麓观光农业园按产业划分,存在明显的产业类型发展不均衡问题。其中观光林业型最多,共有41个,占总数的59.42%;而观光副业型目前几乎没有开发观光农业旅游;其他类型的观光农业园所占比例也较少,观光生态园和民俗类均占总数的13.04%,观光农业型占7.25%,观光牧业型占2.90%,观光渔业型占4.35%。总体而言,根据前面秦岭北麓农业旅游资源分析可见,多数农业旅游资源还未充分开发利用,

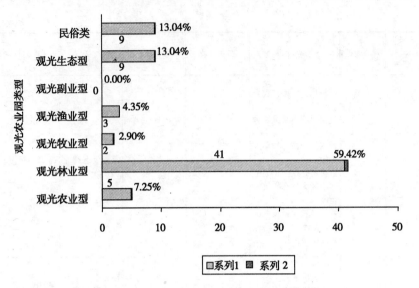

图 4-3　秦岭北麓观光农业园产业分类柱状图

因此秦岭北麓发展观光农业的潜力极大，具有很大的农业旅游发展空间。

表 4-6　　　　　　　　秦岭北麓观光农业园产业类型统计

| 地域 | 所辖市区 | 类型 | | | | | | | |
		观光副业型	观光林业型	观光牧业型	观光农业型	观光生态型	观光渔业型	民俗类	总计
宝鸡	陈仓区	0	4	0	1	1	0	0	6
	凤县	0	1	0	0	0	0	0	1
	眉县	0	3	0	0	1	0	0	4
	岐山县	0	1	0	0	0	0	1	2
	太白县	0	2	0	0	0	0	0	2
	渭滨区	0	1	0	0	1	0	0	2
宝鸡 汇总		0	12	0	1	3	0	1	17
百分比		0.00%	70.59%	0.00%	5.88%	17.65%	0.00%	5.88%	14.64%
渭南	华县	0	1	0	0	0	0	1	2
	华阴县	0	0	0	1	0	0	0	1
	临渭区	0	4	0	0	0	0	0	4

续表

地域	所辖市区	类型							
		观光副业型	观光林业型	观光牧业型	观光农业型	观光生态型	观光渔业型	民俗类	总计
渭南	潼关	0	0	0	1	0	0	0	1
渭南 汇总		0	5	0	2	0	0	1	8
百分比		0.00%	62.50%	0.00%	25.00%	0.00%	0.00%	12.50%	11.59%
西安	长安区	0	4	1	1	1	0	3	10
	户县	0	4	1	0	2	1	2	10
	蓝田	0	3	0	0	1	2	0	6
	临潼区	0	2	0	0	1	0	1	4
	西安市区	0	7	0	0	1	0	1	9
	周至	0	4	0	1	0	0	0	5
西安 汇总		0	24	2	2	6	3	7	44
百分比		0	54.55%	4.55%	4.55%	13.63%	6.82%	15.90%	63.77%
总计		0	41	2	5	9	3	9	69
百分比		0.00%	59.42%	2.90%	7.25%	13.04%	4.35%	13.04%	100%

　　由表4-6可知，在秦岭北麓宝鸡段，陈仓区以观光林业型观光农业园为主，以观光农业和观光生态园为辅；眉县以观光林业型观光农业园为主，以观光生态园为辅；岐山以观光林业型和民俗类观光农业园为主；渭滨区以观光林业型和观光生态园为主；太白县以观光林业型为主，观光牧业为辅；凤县仅有观光林业型观光农业园。由此可见，整个宝鸡市各个区县的观光农业园发展严重失衡。

　　在秦岭北麓渭南段，华县以观光林业型和民俗类观光农业园为主；潼关以观光林业型和观光农业型观光农业园为主；华阴县和临渭区分别以观光农业型和观光林业型为主。由此可见，渭南市各区县的观光农业园在产业类型上也严重失衡。

　　在秦岭北麓西安段，西安市区以观光林业型为主，以观光生态型为辅；户县以观光林业型为主，以观光生态型、民俗类、观光牧业型为辅；长安区以观光林业型为主，以民俗类、观光牧业型、观光生态型、观光农业型为辅；蓝田以观光林业型为主，观光渔业型为次，观光生态型为辅；临潼以观光林业型为主，民俗类、观光生态园为辅；周至以观光林业型为主，观光农业型、观光牧业型为辅。由此可见，西安市各区县的观光农业园在功能发展上也存在问题，但好于宝鸡和渭南。

秦岭北麓宝鸡段主要以观光林业型观光农业园为主，占到宝鸡市的70.59%；以观光生态园、观光农业型、民俗类为辅，分别占总数的17.65%、5.88%、5.88%；观光副业型、观光牧业型和观光渔业型尚未开发。

秦岭北麓渭南段，主要以观光林业型观光农业园为主，比重达62.50%；以观光农业型和民俗类为辅，所占比分别为25.00%、12.50%；观光副业型、观光牧业型、观光渔业型和观光生态园尚未开发。

秦岭北麓西安段主要以观光林业型观光农业园为主，比例高达为54.55%；以民俗类和观光生态园为次，分别占总数的15.90%、13.63%；以观光农业型、观光牧业型和观光渔业类为辅，所占比分别为6.82%、4.55%、4.55%；观光副业型观光农业园尚未开发。

第四节　秦岭北麓观光农业园存在问题分析

经过对现有的观光农业园的分类分析可知，目前秦岭北麓已开发的农业观光园较少，且已开发的观光农业园多为瓜果花卉，功能单一，重复建设现象多。具体存在问题如下：

一　"散"

这主要是指秦岭北麓观光农业园布局分散，缺乏科学性合理规划。整个秦岭北麓面积约1.45万平方公里，而在这么广袤的土地上仅有约69个观光农业园散落在16个县区，以至于有的县区仅有1个观光农业园。西安市有44个观光农业园，宝鸡市有17个，而渭南市仅有8个。而凤县、华阴县和潼关仅有1个观光农业园，太白县、渭滨区、华县、岐山县仅有2个观光农业园。由此可见，秦岭北麓的观光农业园存在布局分散问题。

二　"小"

这主要是就秦岭北麓单体观光农业园的规模而言的。根据国外的实践经验，观光农业园的半径要达到29.5公里才能发挥经济效应。而秦岭北麓的观光农业园大部分都未达到这一标准，且有的差之甚远。其中最小的面积仅有0.0333335平方公里，且大多数集中在0.066667—0.66667平方公里之间。

三　"单"

这是指秦岭北麓观光农业园的功能及项目单一。这种现象在秦岭北麓普遍存在。在功能方面，秦岭北麓的观光农业园多为游览观光功能，其他功能型的观光农业园较少，而科普教育型的观光农业园几乎没有。在园区项目方面，多数为单项农业观光，项目缺乏多样性、趣味性，使人感到有"乘兴而来，扫兴而归"之意，且秦岭北麓观光农业园多为观光、采摘、品尝类，开发内容过于单调，缺乏新意。

四　"差"

这主要表现在人员素质较低、饮食卫生差、构想和规划建设的起点低等方面。首先，在实际的考察工作中，通过对观光农业园经营业主的问询和调查，我们发现目前开办农业旅游的绝大多数是农民，而农民自身的文化限制必然会影响其人员素质；其次，农民故有的生活习惯和传统观念可能也会影响其饮食卫生；再次，农民自身的文化水平也势必会影响其经营管理，对观光农业园的开发和发展缺乏远瞻性。

五　"同"

这主要是针对秦岭北麓观光农业园类型而言的，这一点由图4-1、图4-4可明显看出。从整体上看，秦岭北麓观光农业园在功能上以游览观光型（52.17%）为主，辅以休闲度假型（21.09%）；在展示内容上以观光林业型（59.42%）为主，辅以观光生态型（13.04%）和民俗类（13.04%）。

从地域分布上来看，在展示内容上，除了华县以外，其他15个县区都有观光林业型观光农业园，且所占比例从44%到100%不等。在功能分类上，重复、趋同，大多数观光农业园的设计、建设、项目雷同，多为林果花卉观光农业园。开发项目也大同小异，缺乏独创性，没有对资源进行充分利用和挖掘。

六　"少"

秦岭北麓农业旅游资源十分丰富。据统计，秦岭北麓的农业旅游中有7个主类，21个亚类，31个基本类型，分别占秦岭北麓全部旅游资源类型的87.5%、75%、43.67%。由此可以看出秦岭北麓的农业旅游资源类型丰富，单体数量大，但目前秦岭北麓已开发的观光农业园却非常之少，没有对现有的农业旅游资源进行充分利用，从而导致资源浪费。

七　"不平衡"

这一方面主要体现在观光农业园的类型上。从功能上来说，由图4-1可知，游览观光型的观光农业园共36个，约占总数的52.17%；休闲度假型的共18个，约占总数的26.09%；多元综合型的共8个，约占11.59%；科技示范型的共5个，约占7.25%；高效生产型的共2个，约占2.90%；科普教育型观光农业园几乎没有，而据秦岭北麓农业旅游资源统计，可用于开发科普教育旅游的农业资源却占总的单体数量的85.38%。从观光农业园展示内容上来看，由图4-4得到，观光林业型观光农业园占59.42%，观光生态型和民风民俗类均占13.04%，观光农业型占7.25%，观光渔业型占4.35%，观光牧业型占2.90%，而观光副业型观光农业园所占比例为0。由此可见，秦岭北麓观光农业园类型极不平衡。

八　"季节性强"

通过对秦岭北麓观光农业园的实地考察，我们发现秦岭北麓绝大多数已开发的观光农业园都明显地存在这一问题。如阿姑泉牡丹园，其主要以牡丹花为主，而牡丹花期非常短，因此其可游览期仅仅是春季的四五月份。另外如虎峰村的农家乐，游客也只是在春节花开、秋季结果时才去观光游览。而最终造成季节性强这种局面的发生，园区开发项目单调则是其主要原因。

第五节　秦岭北麓观光农业园功能分析

观光农业所具有的农业的各种功能本来就是客观存在的，但是人们对这些功能的认识是有一个过程的，因此在对待处理农业诸多功能之间关系的侧重点上也有所不同。在解决温饱问题之前，人们往往比较注重农业的生产功能，忽视农业在保持和改善生态环境、净化空气、涵养水源、调节气候等方面的作用，更难以重视观光农业在社区生活环境、人文生活方面的调节身心、教化人民、协调人和自然关系等功能。而当基本生存需要满足之后，在实践中对一些功能逐步加深认识，同时也有可能和必要利用一部分农用土地和设施，有系统地拓展和开发这些原来就客观存在的农业功能，农业观光园便自然产生了。

农业观光园既具有与一般农区农业相同的功能，如满足自给自足、提供就业机会与增加收入等，又在现代城市的辐射与带动下，使一般农区农业未充分发挥的功能得以拓展表现出来。秦岭北麓位于秦岭分水线至关中平原南缘之间，是林特药杂花卉理想的生产基地，盛产各种林木、花卉、水果、药材等；同时，又是关中水源涵养地，有华山、太白山、终南山、翠华山、五谷山等名山和潼关、蓝关、牧护关、大散关等名关以及华清池、东汤峪、西汤峪等名泉，形成了秀丽的自然景观。所以秦岭北麓具备了建立农业观光园的良好的自然条件，其功能除了基本的农业生产功能，提供农产品外，还具有观光、科技示范、教育等功能。

从总体来看，秦岭北麓农业观光园具有经济、社会和生态三大功能，经济功能实质上是农业观光园的产业功能，而社会功能与生态功能是农业观光园提供的难以替代的产品，故也可称之为社会公益功能。

一　经济功能

所谓经济功能，主要是指农业观光园可以提供优质、卫生、无公害的鲜活产品以满足城市消费需求，通过提供新鲜、卫生、安全的蔬菜、花卉、果品，提高农产品的经济效益，实现农业增产增值，优化产业结构，增加就业机会，提高农民收入，使观光农业通过适应现代消费来创造经济的新的增长点。经济功能主要表现在：

（1）食物保障功能。观光农业园利用现代工业、科技武装，大幅度地提高农业生产力水平，为城市市民提供鲜嫩、鲜活的蔬菜、畜禽、果品及水产品，并要求达到名特优、无污染、无公害、营养价值高。农业观光园虽然不能完全满足城市主副食品的需要，但能够发挥重要的补充和调剂作用。在发生天灾人祸或突发事件（如 SARS、禽流感等）时，农业观光园能为保证主副食品供应和城市安全发挥重要的作用。同时，农业观光园的农产品已不再停留在初级产品上，而是对农产品进行精深加工，促进高附加值商品生产的发展，从而不断提高农业观光园的经济效益。

（2）原料供给功能。随着人们健康意识、环境意识的增强，对以农产品为原料的制成品的需求呈现快速增长趋势。随着生物质产业特别是生物质能源等新兴产业的兴起，农产品新的原料用途不断拓展，新的加工途径不断开发，既强化了农业观光园对工业的原料支撑作用，也为农业观光的发展开辟了新的空间。

（3）创收功能。农业观光园项目的开展有利于扩大农产品的销售市场，带动相关产业的发展，缓解农民就业压力。据统计，农业观光园每增加 1 个就业机会，就能带动相关行业 5 个就业机会。秦岭北麓观光农业资源丰富，如果大力发展农业观光园建设，既可以壮大旅游产业，又可以解决农村剩余劳动力就业问题，加快当地经济发展。通过开发建设观光农业园，可以扩大农产品销售市场，实现农产品的多项、多次增值，促进农业经济的增长，增加农民收入，缩小城乡收入差距，开辟一条由传统农业向"三高"农业与旅游产业有机结合的效益型农业发展的道路。

二　社会功能

所谓社会功能，主要是指农业观光园为城市居民提供接触自然、体验农业以及观光、休闲的场所与机会，并有利于增强现代农业的文化内涵与教育功能及示范辐射作用，从而改善城乡关系，促进都市与人类的可持续发展，达到改善和提高整个社会的福利水平的目的。社会功能主要表现在以下几个方面：

（1）休闲观光功能。这是农业观光园的主题功能。秦岭北麓风光旖旎，农业旅游资源丰富，并且级别高，在此建设农业观光园的自然条件好，可以为市民提供旅游休闲活动空间，增加减轻工作及生活压力的新渠道，达到舒畅身心、强健体魄的目的。随着人们生活质量的改善和工作节奏的加快，利用周末及假期到城市周边的农业观光园中去欣赏秀美的田园风光，到清新的自然环境中陶冶情操、修身养性的人越来越多。

需要注意的是，观光农业园内的景点布局和功能设置要改变传统农业的生产性格局，使农业为休闲、观光服务，在景点分布上一定要紧凑，不能太散，布局要美观合理，这就要求一种景观和一个品种的面积不能太大，沿着观光游览路线应不断变换内容，每一物、景观都要有文字说明，要让游人感觉是在逛公园，而不是在旷野农田。

（2）体验和参与功能。对于城市里不曾耕种土地的人来说，参与农事作业或许是一种乐趣，甚至是一种享受。秦岭北麓农业观光园在规划建设过程中，可以在单个的观光园内辟出一片供游人参与农作活动的农耕乐园或叫做自耕园，准备一些农机具、农事服饰、种子种苗，等等，让游人参与赶牛犁地、播种栽苗、浇水施肥、松土除草等农事作业，体验农耕生活的辛苦劳累。同时也可增设采摘、收获、加工、品尝等参与项目让游人感受农业丰收的喜悦。传统的畜力农机具、水车、风车、纺纱机、织布机、石碾、石磨等和现代的小型耕种收获机械、加工机械都可布置供游人参与，以增强观光园的农耕文化气息和丰富游人体验农家生活的乐趣。当然，也可设一些其他较为传统和娱乐性强的设施项目，以迎合不同类型游客的参与兴趣，特别是儿童参与项目应该作为研究和设立的重点，从有利于锻炼儿童体质、开发儿童智力的角度去考虑项目的建设。

（3）文化传承和科普教育功能。人们亲自体验农业活动能够加深对农业中特有的风俗、文明的理解，使农业文明得以传承和发展，从事农业活动可以直接对秦岭北麓的城市市民进行农技、农知、农情、农俗、农事教育，提供机会让城市市民了解现代农业科技，体验农村风俗，了解农村文化，促进城乡文化交流，培养人们对大自然及科学的热爱之情，在回归自然的过程中获得一种全新的生活乐趣。同时，现代城市青少年由于生活和居住环境比较优越，学习比较紧张，没有机会接触农业，学校也没有农业实验基地，秦岭北麓的农业观光园就应具备为中、小学生提供实践、学习农业知识的条件，在项目设置、文字解说等方面要做到由浅入深，直观易懂，形象生动，趣味性、知识性强，使秦岭北麓的农业观光园成为中、小学生学习农业、体验农业的绿色教育基地。

（4）科技示范功能。农业观光园虽有别于农业科技示范园，但也必须具备示范功能，科技示范是农业观光的重要内容之一，只有引进新品种、新设施、新技术并运用到生产上进行充分展示，才能提高秦岭北麓农业观光园的科技内涵，增强园区的新颖性，才能让更多的农民和城市居民了解农业的发展和新的科技成果。

（5）综合服务功能。既然农业观光园是供人们休闲、观光、参与的一种农业公园，那么接待游人就是一项重要工作内容，如何让游人玩得开心、玩得尽兴、玩得满意是农业观光园管理的重点，所以创造一个洁净、优雅、方便的园区环境是十分必要的，要把旅游景点的经营和管理模式引到秦岭北麓农业观光园中来，以方便游客的看、玩、购、吃、住、行，并能从服务项目中得到收益，从而提高农业观光园的综合经营效益。

三　生态功能

所谓生态功能，主要是指农业观光园发挥洁、净、美、绿的特色，营造优美宜人的生态景观，改善自然环境，维护生态平衡，提高生活环境质量，充当城市的绿化隔离带，防治城市环境污染以保持清新、宁静的生活环境，并有利于防止城市过度扩张。生态功能主要表现在以下几个方面：

（1）保护生态功能：观光农业通过在城市建设农业观光园，开设观光景点，建立起人与自然、城市与农业高度统一和谐的生态环境，净化水质、土质和空气，为城市人创造一个优美的生存环境，减少"水泥的丛林"和"柏油的沙漠"给都市人带来的烦躁与不安，真正起到"城市之肺"的作用，为市民制造氧气，为城市降温净气，提高市民的生活质量，是城市市域绿地体系的有机组成部分，是城市大环境绿化的组成部分。同时，农业观光园是城市环境的最佳卫士，可以净化环境，吸收反射噪声、调节区域气候，防止水土流失，维护生态平衡，提高城市环境质量，创造良好的生活空间，发挥生态屏障功能。据测，1公顷园地夏季调节温度的效能相当于50台空调器。另外，农业观光园有环保和防御灾害的机能。经由妥善经营管理，农业观光园内的人类活动可以有效控制，使其对环境的冲击力降到最低。尤其是农业观光园的经营者为了生产安全食用的产品而大力提倡有机农业，免除对农药和化肥的使用，有利于保护环境。

（2）增加景观功能。此功能主要针对于西安周边的农业观光园而言，因为城市不仅需要有强大的物质力量，也需要有错落有致的景观。通过发展农业观光园，可以使之成为城市重要的绿色屏障。如以花卉景观为主的农艺园就是城市长期的、稳定的绿化地，是有生命的基础设施，也是城市的一大景观，农业是城市的背景和衬托，离开它，城市就会显得孤单。

（3）防御灾害功能。对于城市而言，人口密集，建筑物多而高，在城市中建设的农业观光园和预留的农田在灾害发生时可起到适当疏散空间、灾害的作用。即使一旦发生灾害，农地也可以用作暂时避难场所。

第六节　秦岭北麓农业观光园发展建议

基于对西安市民的对秦岭北麓的观光农业园类型偏好的研究及秦岭北麓资源的分析，我们试图构建一个类型丰富而又适合秦岭北麓观光农业发展需要的观光农业园类型体系，从而为秦岭北麓观光农业的发展指明方向，也为观光农业项目的开发建设起到很好的指导作用，尽量避免开发无序、重复建设、雷同无特色等一系列问题的出现。

一　观光农业园类型体系的构建原则

在实践和理论相结合的基础上，对于秦岭北麓观光农业园类型体系的构建，应当遵循以下原则：

（1）多元化原则

这是构建观光农业园体系的第一大原则。对于观光农业园的开发，多元化包含两层含义，即观光农业园类型的多样化和观光农业园内容的丰富化。秦岭北麓地域广泛，农业旅游资源丰富，因此，在此基础上，必须建立多元化的观光农业园体系方可展示地域特色，保障其顺利发展。

（2）突出特色原则

在类型体系构造上，观光农业园不但要类型丰富，而且要特色突出。这里的"特色"包括两层含义，即展现秦岭北麓的资源特色和突出每个观光农业园的特色，必须两者兼备，方能凸显秦岭北麓观光的农业特色。

（3）优势比较原则

这个主要是针对观光农业园开发建设的先后次序而言的。我们认为，对于那些具有良好的市场、丰富的旅游资源基础和极佳的区位条件的观光农业园，应重点发展、优先发展。因此必须坚持优势比较原则，在构建秦岭北麓观光农业园时应先做好前期考察，在此基础上进行综合优势比较，以确定其发展次序，从而保证秦岭北麓观光农业园的可持续发展。

（4）市场导向原则

这主要是指观光农业园的开发建设必须以市场为导向，而不能盲目开发。只有符合市场需求的观光农业园才能获得稳定而良好的发展，因此，秦岭北麓观光农业园的开发建设必须要在充分的客源市场调查的基础上进行有针对性的开发。

（5）综合效益原则

这主要是指观光农业园应该追求三大效益，而非其中的单项效益，即秦岭北麓观光农业园的建设不仅要追求经济效益——增加农民收入、提高农民的生活水平，还要注重社会效益——形成良好的社会风气、提高农民的综合素质，以及环境效益——增强民众的环保意识、改善农民生活环境。除了追求三大效益外，秦岭北麓还应关注第一产业和第三产业的贡献率，即平衡农业效益和旅游效益。

二　构建科学合理的秦岭北麓观光农业园区类型体系

在目前秦岭北麓观光农业园类型的基础之上，结合秦岭北麓的资源优势和居民对秦岭北麓观光农业园的偏好，针对目前秦岭北麓观光农业园存在的问题，建议秦岭北麓的观光农业园类型的完善应做好以下工作：

（1）建立一个类型丰富、功能齐全的观光农业园区类型体系

这个类型体系中，在功能上包括观光游览型观光农业园、休闲度假型观光农业园、科普教育型观光农业园、科技示范型观光农业园、疗养健身

型观光农业园、务农娱乐型观光农业园、品尝购物型观光农业园和多元综合型观光农业园；在产业结构上应包括观光农业型、观光林业型、观光牧业型、观光渔业型、观光生态型和民俗风情类农业园。因此，根据现有的观光农业园类型，在功能上，应增加休闲度假型观光农业园、科普教育型观光农业园、疗养健身型观光农业园、科技示范型观光农业园、务农娱乐型观光农业园数量；从产业结构上来看，应增加观光农业型、观光牧业型、观光渔业型、观光生态型及民俗类观光农业园，从而来完善现有的观光农业园类型。

（2）建立大型观光农业园，增强规模效应

根据对现有观光农业园的分析，目前的观光农业园大多数规模较小，无法形成规模效应。因此，建议利用现有的大规模农业基地，根据其特色、区位优势等将其开发建设为大型观光农业园。例如，眉县无公害小麦生产基地、华县国家级优质小麦基地可建立优质小麦示范区、长滩坝反季节无公害蔬菜生产示范、太白县无公害蔬菜生产基地（26000 亩）可建成规模较大的无公害蔬菜示范园。

（3）立足市场，挖掘特色观光农业资源

秦岭北麓观光农业园的建设绝不可无视市场需求，乱建设乱开发，造成资源及资金的浪费。根据秦岭北麓资源特色及市场偏好分析，野生动植物、特殊自然景观、农家特色饮食、清新幽静的环境、田园风光为秦岭北麓最具吸引力的特色资源，因此秦岭北麓观光农业园的开发建设必须抓住这些特色资源才可赢得市场的青睐。

（4）明确重点发展类型，渐次发展

根据对目前秦岭北麓的市场研究，在全面丰富观光农业园类型的同时，近期从功能上而言，应重点发展度假型、观赏型、娱乐型、品尝型及综合型的观光农业园；从地域上应多发展景区边缘型、景区型、城郊型观光农业园。

（5）立足乡村，开发建设本土特色设施

据问卷调查分析，市民普遍希望在秦岭北麓进行农业旅游时，住在自然、古朴的农家建筑里，而非富丽堂皇的酒店，因此秦岭北麓进行观光农业开发时必须遵循乡土性这一原则进行设施建设，展现其乡村农业特色，而非城市化建设。

（6）树立动态观念，不断完善秦岭北麓观光农业园类型

从观光农业发展的趋势来看，农业文化旅游、农业保健旅游、农业度

假旅游必将掀起另一个旅游时尚高潮。因此，秦岭北麓观光农业园要在现有的森林农业园、花卉植物农业园、观光农业园的基础上，进一步增加休闲农业园、教育农业园、民俗农业园、农业科技示范园、市民农园等相关类型来不断完善秦岭北麓的观光农业园类型，满足客源市场需求的不断发展。

第五章

秦岭北麓农业旅游客源市场调查分析与预测

在旅游业竞争异常激烈的今天，以市场为导向已成为观光农业园发展的战略选择。而以市场为导向的前提是观光农业园的规划开发者必须了解市场，而对观光农业游客的行为特征研究是了解市场的重要途径，对观光农业主要目标市场特征的研究是引导市场的必然方法。因此，本章对秦岭北麓观光农业园的主要目标市场及秦岭北麓观光农业游客进行了详细的研究分析。

第一节　西安市民对秦岭北麓观光农业认知度调查分析

由于西安是陕西省的省会城市，人口众多，经济发达，而秦岭北麓又一直被称作是西安市民的后花园。因此，本次调查选择西安市民为调查对象（秦岭北麓的主要目标市场之一）。此次调查主要采用无记名面访和网上调查相结合的形式，主要调查地点是西安市区、各大休闲公园及部分高校，调查时间为 2007 年 10 月到 2008 年 10 月，共发放 550 份，回收问卷 520 份，回收比例达 94.55%。

一　调查基本资料

被调查者性别分布较均匀，男女各占样本总数的 52.50%、47.50%，年龄集中在 21—45 岁之间，占总数的 75.38%，20 岁及以下的占 14.62%，45 岁以上的所占比例较少，分别有 6.15%、3.85%。从学历水平上来看，文化水平普遍较高，大专及以上的占 77.69%，高中生占 17.88%，初中及其以下的占 4.42%。

选择这样一个具有高文化水平的年轻群体作为此次调查的重点对象，是基于考虑对秦岭北麓未来客源市场特征的预热调查，以便能更明确地指出未来秦岭北麓观光农业园的开发方向。另外，随着经济的发展，人们的文化水平会普遍提高，而西安又是一个文化底蕴浓厚、高校云集的省会城市。因此，高学历知识分子将会是秦岭北麓未来重要的客源组成部分，也可以说是世界旅游客源市场的一个总的发展趋势。

被调查者的基本资料具体如表5-1所示。

表5-1　　　　　　　　　市场调查基本资料

个人特征	类别	人数	百分比（%）	个人特征	类别	人数	百分比（%）
性别	男	273	52.50	有无乡村生活经历	有	444	85.38
	女	247	47.50		无	76	14.62
年龄	20岁及以下	76	14.62	家庭结构	单身	216	41.54
	21—30岁	277	53.27		未婚	131	25.19
	31—45岁	115	22.12		已婚无小孩	18	3.46
	46—60岁	32	6.15		已婚小孩未成年	97	18.65
	60岁以上	20	3.85		已婚小孩已成年	58	11.15
学历水平	硕士及以上	75	14.42	生活形态	理智事业型	104	20.00
	本科及大专	329	63.27		经济时尚型	74	14.23
	高中	93	17.88		生活勤俭型	178	34.23
	初中及以下	23	4.42		求实稳健型	200	38.46
个人月收入	800元以下	68	13.08		随社会流型	35	6.73
	800—1000元	114	21.92	职业	公务员	33	6.35
	1001—2000元	60	11.54		专业技术人员	88	16.92
	2001—3000元	46	8.85		管理人员	44	8.46
	3000元以上	147	28.27		员工	33	6.35
	没有收入	85	16.35		教师	57	10.96
					学生	237	45.58
					其他	28	5.38

注：家庭结构中单身指未婚状态，也无恋爱对象；未婚指未婚状态，但有恋爱对象。

二　西安居民对秦岭北麓的认知及态度

在此次调查的过程中，为了确保调查的准确性，调查组在问卷中向受访者提供了此次调查的秦岭北麓范围的信息并向游客简要介绍了相关信息。据统计，在被调查者中，有498人表示听说过秦岭北麓，占到总调查人数的95.77%，其中55.19%表示对秦岭北麓的了解达到了熟悉的程度（见图5-1）。由此可知，西安市民对秦岭北麓的认知度是很高的。

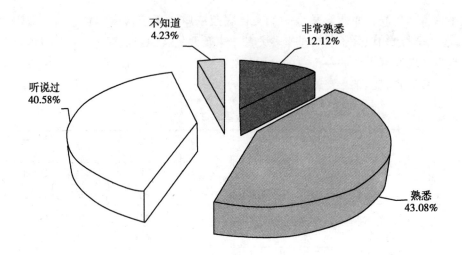

图 5 - 1　秦岭北麓的认知程度饼状图

在对受访者问及关于秦岭北麓发展观光农业的态度时，211 个人表示赞成，占总数的 40.58%；170 个人表示接受，占总数的 32.69%，15.19% 的人表示无所谓，只有少数持否定态度（42 人不太接受，18 人表示反对）。这组数据则充分说明秦岭北麓发展观光农业旅游的前景是光明的，观光农业园也是非常受广大市民欢迎的（见图 5 - 2）。

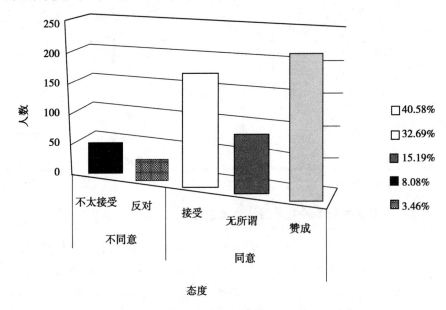

图 5 - 2　秦岭北麓旅游态度分析柱状图

三　秦岭北麓在西安居民心中的形象分析

对于秦岭北麓在受访者心中的形象我们也做了调查，这一调查结果与市民对开发观光农业园的态度是一致的。调查结果显示：36.35%的人提起秦岭北麓会想到森林公园，40.96%的人会想到野生动物园，33.27%的人会想到农家乐，30.77%的人会想到自然保护区，21.15%的人会想到田园风光。由于森林公园、野生动物园、农家乐、自然保护区及田园风光都是大农业旅游资源或项目。因此，据此调查结果可知，提及秦岭北麓，大部分人都会想到观光农业。由此可见，秦岭北麓在西安市民心中已树立起鲜明的观光农业形象。而由此正说明了秦岭北麓发展观光农业、开发观光农业园是正确的选择。

四　秦岭北麓观光农业旅游的消费意愿分析

受访者中有478人表示愿意游览秦岭北麓观光农业园，占全部被调查者的91.92%。据此调查结果可见，秦岭北麓的观光农业园对西安市民有着强烈的吸引力，同时也说明，秦岭北麓发展观光农业旅游的市场前景也非常广阔，如图5-3所示。

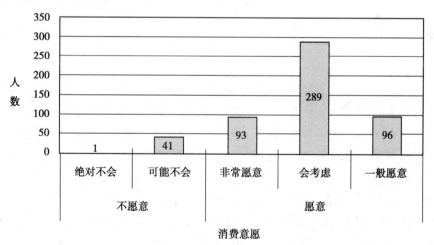

图5-3　西安市民出游秦岭北麓的意愿分析

五　秦岭北麓观光农业园偏好分析

（1）秦岭北麓最具吸引力的观光农业因素

对秦岭北麓拥有的观光农业资源，依据观光农业的特点及秦岭北麓的资源特色，罗列出 12 项最具代表性的观光农业旅游资源，请市民选出他们认为对自己最具吸引力的因素。调查结果显示：排在前六名的分别为清新环境、自然景观、水域风光、田园风光、野生动物、农家饮食。这一结果将有助于秦岭北麓观光农业园谱系的开发和形成。而同时，绿色农产品、民俗文化、林果花卉等也是较具有吸引力的资源，通过深度挖掘，相信也会逐渐成为吸引游客的一大特色（见图 5 – 4）。

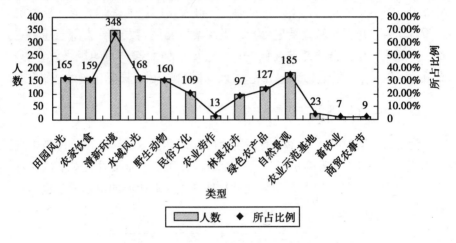

图 5 – 4　秦岭北麓最具吸引力因素分析

（2）观光农业园的类型偏好分析

　　为了进一步调查游客对观光农业园的喜好，笔者运用不同的分类方法、从不同的角度对客源市场进行了调查，具体分析如下：

　　①按照观光农业园的功能划分为观赏型、度假型、娱乐型、品尝型、购物型、务农型、疗养型。通过调查统计得出，市民所偏好的观光农业类型依次为：度假型（67.88%）、观赏型（46.92%）、娱乐型（24.42%）、疗养型（23.08%）、品尝型（15.19%）、务农型（10.38%）和购物型（3.46%），具体如图 5 – 5 所示。由此可知，目前度假型观光农业园是最受广大市民喜欢的，观赏型、娱乐型、疗养型其次。

　　为了进一步了解各年龄段的人对秦岭北麓观光农业园的喜好特点，我们又进行了各年龄段的观光农业园喜好分析。结果发现，60 岁以上的最喜欢度假型观光农业园，观赏型度假园次之，娱乐型和疗养型位居第三，品尝型位居第四，其他类型的则没有。46—60 岁的最喜欢的也是度假型观光农业园，观赏型和疗养型其次，务农型和娱乐型位居第三，品尝型和购物型则无人选择；31—45 岁的最喜欢品尝型观光农业园，其次是娱乐型，最不喜欢

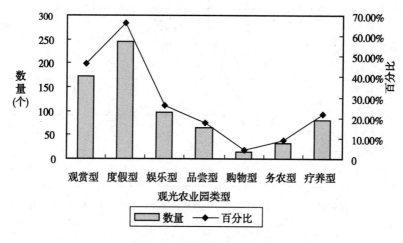

图 5 - 5 西安市民偏好分析

的是购物型观光农业园；21—30 岁的也最喜欢度假型观光农业园，观赏型居于其次，娱乐型位居第三，最不喜欢的是务农型和购物型；20 岁及以下的也最喜欢度假型观光农业园，其次是观赏型，然后是娱乐型、品尝型、疗养型、务农型和购物型（见图 5 - 6）。

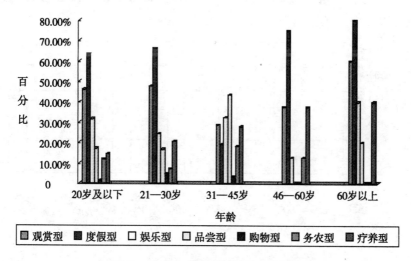

图 5 - 6 各年龄段喜好的观光农业园

②按照观光农业园所在地域特点将其划分为景区型、景区边缘型、村镇型、城郊型、商贸集散地型。根据调查结果分析得出，市民所希望开发的观光农业园类型依次为：景区边缘型（43.65%）、景区型（39.62%）、村镇型（22.50%）、城郊型（17.69%）、商贸集散地型（5.19%）。

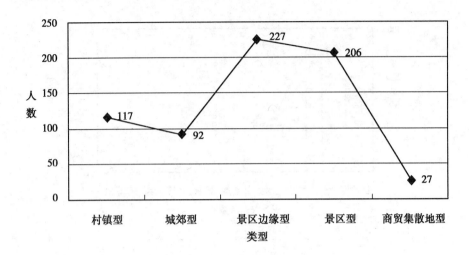

图 5 - 7　西安市民的地域偏好分析

③从观光农业园内容性质上分析，调查结果显示，市民喜欢的观光农业园类型依次为：休闲农园（46.73%）、森林公园（41.73%）、花卉植物农园（31.73%）、野生动物农园（28.46%）、民俗农园（24.81%）、观光农园（22.50%）、垂钓农园（18.65%）、农业科技示范园（14.81%）、教育农园（10.19）、市民农园（3.27%）（见图 5 - 8）。

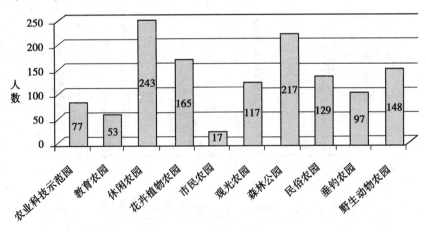

图 5 - 8　西安市民偏好观光农业园类型分析

六　秦岭北麓观光农业的住宿要求分析

由调查得知，西安市民对秦岭北麓观光农业园的住宿要求依次为干净整洁、自然古朴、方便舒适、价格经济、豪华高雅。其中，要求干净整洁的占55.38%，自然古朴的占47.50%，方便舒适的占45.96%，由此可见，西安市民的住宿要求主要以干净整洁、自然古朴和方便舒适为重点。因此，旅游规划开发商在接待设施建设方面要注意游客的合理需求，不可一味地追求奢侈、豪华。

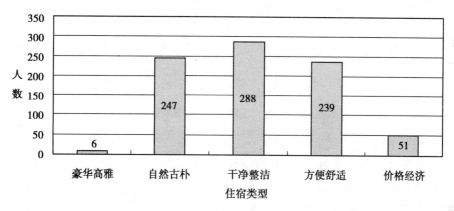

图5－9　西安市民的住宿要求分析

七　秦岭北麓观光农业的担心事项分析

根据调查，西安市民对去秦岭北麓观光农业园旅游最担心的事项为交通，其次为安全、卫生、服务。由此可见，目前西安市民对秦岭北麓的交通是极不满意的，同时也可看出交通将会是影响西安市民去秦岭北麓进行农业旅游的一大阻碍因素。其他的诸如安全、卫生、服务等也存在相当多的问题。因此，对于秦岭北麓的观光农业开发，我们一定要注意交通和安全问题，以及卫生、服务方面。

八　秦岭北麓观光农业客源市场的消费意愿分析

对于秦岭北麓农业客源市场的消费意愿研究，我们选取其主要客源市场西安市民的消费意愿作为此项研究的实证，以求达到举一反三的效果，试图由此推测出秦岭北麓观光农业园客源市场的消费意愿，并在此基础上，进而对秦岭北麓客源市场的开发及观光农业园的发展提供一些建设性意见。

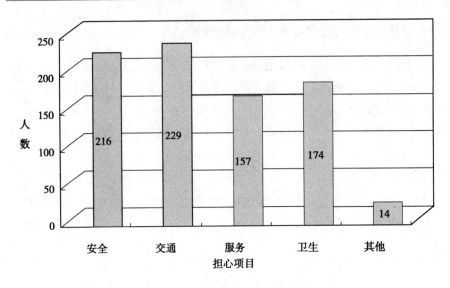

图 5 - 10　　游客担心事项分析图

（1）西安市民对秦岭北麓农业旅游产品的消费意愿分析

为了进一步了解各调查项目对被调查者意愿的影响，我们对被调查者的消费意愿进行二项 Logistic 回归模型分析。

我们假设被调查者对秦岭北麓农业旅游的消费意愿只有愿意和不愿意两种状态，并认为他们的个体特征与对秦岭北麓观光农业的认知和态度有关。因此，受访者对秦岭北麓农业旅游消费意愿的 logistic 模型就可以表述为：

$$Z = \text{Log}[P(Y_1)/P(Y_2)] = B_0 + B_1X_1 + B_2X_2 + \cdots + B_9X_9 + B_{10}X_{10} \quad (1)$$

在（1）式中，Y_1 为愿意消费，Y_2 为不愿意消费；B_0 为常数项，B_1、B_2、$\cdots$、B_9、B_{10} 为 X_1、X_2、$\cdots$、X_9、X_{10} 的回归系数。X_1、X_2、$\cdots$、X_9、X_{10} 的具体含义见表 5 - 2。

表 5 - 2　　　　　　　　　旅游预测 Logistic 回归模型变量说明

Group	变量名称	取值范围	定义
X_1	性别	0—1	男 = 0，女 = 1
X_2	年龄	1—5	20 岁以下 = 1，21—30 岁 = 2，31—45 岁 = 3，46—60 岁 = 4，60 岁以上 = 5
X_3	受教育程度	1—4	初中及以下 = 1，高中（中专）= 2，本科及专科 = 3，硕士及以上 = 4
X_4	职业	1—6	公务员 = 1，专业技术员 = 2，管理人员 = 3，员工 = 4，教师 = 5，学生 = 6，其他 = 7

续表

Group	变量名称	取值范围	定义
X_5	乡村生活经历	0—1	有 =0，没有 =1
X_6	家庭结构	1—5	单身 =1，有男女朋友 =2，已婚无小孩 =3，已婚小孩未成年 =4，已婚小孩已成年 =5
X_7	个人平均收入	1—6	无收入 =0，800 元以下 =1，801—1000 元 =2，1001—2000 元 =3，2001 元—3000 元 =4，3001 元以上 =5
X_8	生活方式	1—5	理智事业族 =1，经济时尚族 =2，生活勤俭族 =3，求实稳健族 =4，随社会流族 =5
X_9	对秦岭北麓农业旅游的认知	1—4	非常熟悉 =1，知道 =2，听说过不大了解 =3，不知道 =4
X_{10}	对秦岭北麓农业旅游的态度	1—5	赞成 =1，接受 =2，无所谓 =3，不太接受 =4，反对 =5
Y	消费意愿	0—1	愿意消费 =0，不会消费 =1

表 5 – 3　　　　　　　　　Logistic 回归模型参数估计表

	B	Exp（B）	Wald
性别	0.393	1.481	0.590
年龄	− 0.103	0.902	0.037
受教育程度	0.236	1.266	0.319
职业	− 0.048	0.954	0.083
乡村生活经历	− 0.453	0.636	0.370
家庭结构	− 0.093	0.911	0.088
个人平均收入	0.262 **	1.299	3.805
生活方式	0.007	1.007	0.002
对秦岭北麓农业旅游的认知	0.477	1.611	1.910
对秦岭北麓农业旅游的态度	0.613 ***	1.846	9.156
常数项	− 6.388 ***	0.002	8.110

a　Variable（s）entered on step 1：X_1，X_2，X_3，X_4，X_5，X_6，X_7，X_8，X_9，X_{10}。

注：* 表示在 0.05 水平上显著；** 表示在 0.01 水平上显著；Exp（B）等于发生比率，可以测量解释变量一个单位的增加给原来的发生比率所带来的变化。

表 5 – 3 显示了受访者对秦岭北麓观光农业园的消费意愿的模型分析结果。在受访者的个体特征中，只有个人收入的 Wald 检验值在 0.05 水平上显著，其他指标都不很显著。这表示性别、年龄、家庭结构对被调查者的消费意愿影响不大。个人平均收入的检验值显著为正说明随着收入的增加，人们

更愿意游览秦岭北麓的观光农业园。对秦岭北麓农业旅游的态度系数显著为正，说明受访者对秦岭北麓观光农业的态度越积极，其消费意愿也就越强烈，这符合消费者行为的相关理论。

（2）秦岭北麓观光农业园消费意愿调查结果及其建议

通过此次调查研究及实证分析，研究结果表明：大多数西安市民已经对农业旅游有了一定的认识，但认识水平不高，还缺乏对观光农业园内涵的了解，只是片面地认为农业旅游就是农家乐；个体特征和态度认知不同的受访者的观光农业旅游意愿存在差异。受访者受性别、年龄、家庭结构、生活方式、职业、有无乡村生活经历的影响较小，反而受个人收入、认知、态度和教育水平的影响较大，由此出现这样一种现象：那些收入较高、学历较高、对观光农业园认知水平高且态度积极的受访者更愿意光顾秦岭北麓观光农业园。

基于以上结论，可以推测秦岭北麓的主要客源市场都存在类似情形。因此，提出以下建议：首先，秦岭北麓各县区的相关机构联合起来对秦岭北麓的观光农业园进行有效宣传，从而加深游客对秦岭北麓观光农业园的认识，激发其旅游意愿；其次，在明确其目标客源市场的前提下，根据其发展阶段开展针对性的营销活动；再次，在市场调查的基础上，打造迎合市场需求的观光农业园，并在把握发展趋势的基础上，实施蓝海战略，逐渐引导其客源市场的观光农业消费。

第二节　秦岭北麓观光农业园客源调查

本次调查为了保证数据的完整性和可靠性，采取了多地区配比抽样的方法，主要采用无记名调查和网上调查两种形式。抽样选取了秦岭北麓辖区内的五星绿色生态园（西安临潼）、东韩农民画庄（西安户县）、楼观台森林公园（西安周至）、白马河生态园（西安蓝田）、蓝田汤峪（西安）、太平森林公园（西安户县）、朱雀森林公园（西安）、秦岭野生动物园（西安长安区）、祥峪森林公园（西安长安区）、太白山国家森林公园（宝鸡眉县）、天台山森林公园（宝鸡渭滨）、西岐民俗村（宝鸡渭滨）等具有代表性的观光农业园作为调查对象。调查的时间从 2008 年 8 月 20 日到 10 月 15 日，历时一个多月。

本次调查问卷共发放 900 份，回收问卷 812 份，回收率达 90.22%，其中有效问卷 736 份，有效率达 90.64%。调查结束后，我们采用 Excel 软件对736份有效问卷分别进行了分类、统计、汇总，得出了可供进一步分析的数据报告。并运用spss13.0对数据进行了因子分析、主成分分析等处理。分析总结出了秦岭北麓观光农业旅游市场的总体特征及存在的问题。

一　调查样本的人口学特征

人口学特征是旅游市场的基本特征，主要反映旅游者最基本的特质，主要包括性别、年龄、职业、学历、人均收入、住所等。

（1）性别比例

本次抽样调查中，性别比例较均衡。其中男性316人，占42.93%；女性420人，占57.07%。这说明秦岭北麓观光农业园的旅游者中，女性稍多于男性。

（2）年龄结构

抽样调查结果显示，在秦岭北麓观光农业旅游者中，年龄分布主要集中在18—25岁，有398人，占总数的54.08%；小孩和老人较少，分别有36人和30人，占总数的4.89%和4.08%；26—35岁的有178人，占24.18%；36—60岁的有94人，占12.77%。出现这种状况主要是由于调查期间正处于暑假和"十一"黄金周期间，外出旅游的学生人数较多（见图5－11）。

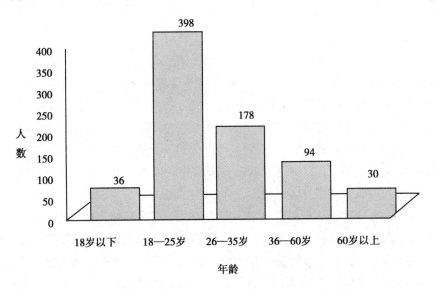

图5－11　秦岭北麓观光农业旅游者年龄结构

（3）文化程度

文化程度是旅游市场细分的重要因素之一，其对旅游者的消费行为有重要影响。在此次抽样调查中，低文化程度的较少，大部分处于高文化程度。统计数据表明，初中及以下的有 46 人，占 6.25%；高中或职高的有 72 人，占 9.78%；大专的有 222 人，占 30.71%；本科的有 226 人，占 30.71%；研究生及以上有 170 人，占 23.10%（图 5 - 12）。

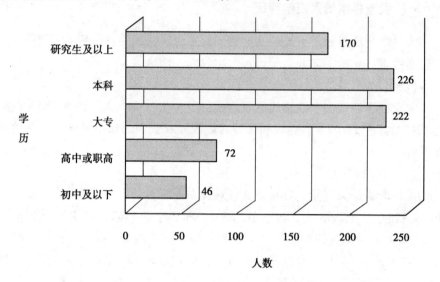

图 5 - 12　秦岭北麓观光农业旅游者文化程度

（4）职业构成

每个职业都具有其自身的特点，并影响着从事此类职业的人的消费水平和消费行为。因此，职业也是市场细分的重要标准之一。在此次抽样调查中，秦岭北麓观光农业旅游者的职业分异较明显，学生群体尤其多，有 372 人，占 50.54%；农民群体最少，有 14 人，占 1.90%；其他类型的职业比较均衡，其中专业技术人员占 10.60%，行政人员占 9.24%，企业商务人员占 8.42%，个体经营者占 5.16%，教师占 5.71%，其他占 8.42%（见图 5 - 13）。

（5）收入水平

收入水平直接决定消费水平，而消费水平直接影响消费行为。因此，收入水平也是市场分析的重要内容之一。我们用人均月收入来反映消费水平。在本次抽样调查中，统计数据显示暂无收入的占 47.28%，这主要是由于学生群体所占比例较大的缘故。除此之外，绝大多数旅游者处于中等收入水平。其中 1000 元以下的占 10.60%，1000—2000 元的占 22.01%，2000—3000 元的占 11.14%，3000—4000 元的占 5.16%，4000 元以上的占 3.80%（见图5 - 14）。

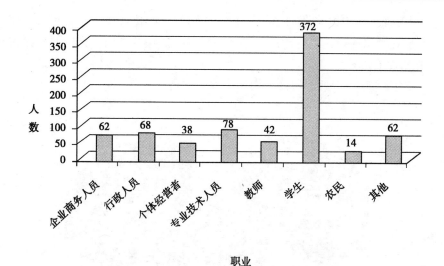

图 5 - 13　秦岭北麓观光农业旅游者职业构成

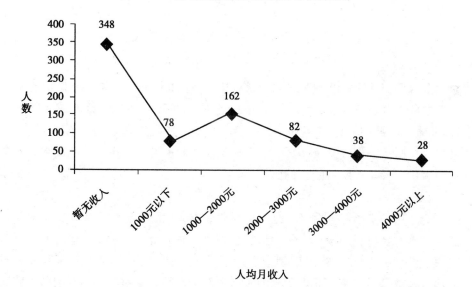

图 5 - 14　秦岭北麓观光农业旅游者收入构成

（6）游客来源地

　　为了进一步了解秦岭北麓观光农业游客的来源，作者对游客的来源地进行了调查。调查数据显示，秦岭北麓观光农业游客主要来源于陕西省内的西安。具体数据为来自西安的占 61.14%，来自宝鸡的占 4.35%，来自渭南的占 5.71%，来自陕西省内其他地方的占 11.41%。总体而言，即来自陕西省内的占 82.16% , 而来自陕西省外的仅占 17.39% 。由此可见, 目前陕西省内游客是秦岭北麓观光农业园的主要客源市场, 而陕西省内, 又以西安为主要目标市场 (见图 5 – 15)。

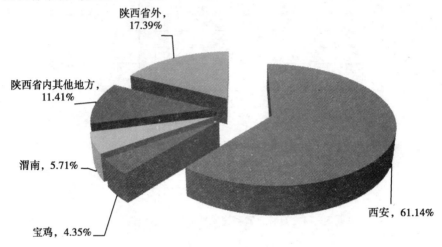

陕西省外, 17.39%

陕西省内其他地方, 11.41%

渭南, 5.71%

宝鸡, 4.35%

西安, 61.14%

图 5 – 15 秦岭北麓观光农业旅游者来源地

(7) 婚姻状况

经过调查, 秦岭北麓观光农业游客中, 单身的占 38.59% , 未婚但有男女朋友的游客占 31.79% , 已婚无小孩的占 5.98% , 已婚小孩未成年的占 12.50% , 已婚孩子已成年的占 11.14% 。也就是说, 未婚的游客比较多, 其次为已婚孩子未成年及已婚孩子已成年。由此也可以看出秦岭北麓观光农业游客中, 青年人所占的比例比较大。

(8) 乡村经历

为了进一步了解乡村经历是否会对观光农业旅游者产生影响, 本文对旅游者是否有乡村经历及现居住地进行了调查。调查结果显示, 在秦岭北麓观光农业游客中, 86.41% 的游客现居住于城市, 且有 77.72% 的游客有乡村经历。也就是说游览观光农业园的游客大部分都是有乡村经历的, 因此, 我们就可以针对具有怀旧情结的游客开展一些乡村怀旧游。

二 旅游者的行为特征

旅游者的行为特征是指旅游者在旅游活动中所表现出来的行为, 主要包括旅游者决策行为和空间行为两个方面, 旅游者的决策行为受到旅游动机的制约而构成旅游者的空间行为基础。在此主要探讨秦岭北麓观光农业游客决策行为的有关因素, 并借此来反映观光农业游客的行为特征, 包括游客出游

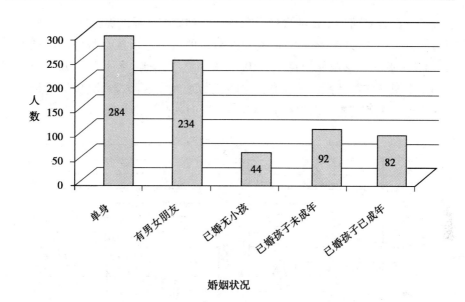

图 5－16　秦岭北麓观光农业游客的婚姻状况

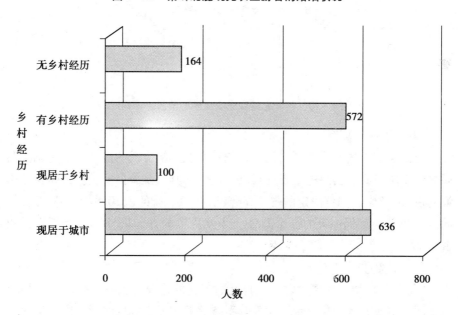

图 5－17　秦岭北麓观光者的乡村经历状况

的信息来源，出游方式、出游工具、消费水平等。

（1）出游信息来源

旅游者在选择旅游目的地时一般会事先通过各种途径了解旅游目的地的

情况，旅游者对信息渠道的选择会直接影响到旅游企业的促销方式。在本次调查中，45.65%来源于亲友介绍，19.57%的游客是由于自身曾来过此地，13.04%来源于网站或旅游论坛，10.87%来源于其他，8.42%来源于媒体，2.45%来源于旅行社推荐。因此，秦岭北麓观光农业园应树立良好的形象，在巩固老顾客的基础上获得更多的客源，同时加强网络营销。

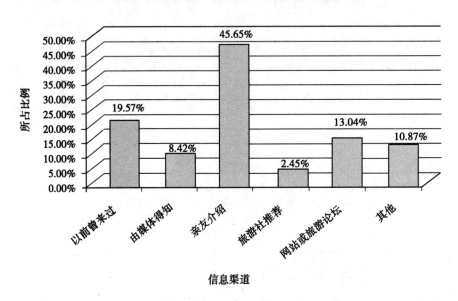

图5-18　秦岭北麓观光农业游客信息来源构成

（2）出游决策者

出游决策人的不同会影响到对营销对象及影响方式的选择。本次调查结果显示，决定此次出游的主要是自己、同伴，其次是单位安排。其中自己决策的占45.38%，同伴决定的占27.99%，单位安排的占10.87%，父母决策的占7.07%，配偶决策的占5.71%，子女决策的占2.72%，旅行社安排的占0.27%。

（3）出游交通工具

"行"是旅游六大要素之一，且交通工具的选择对旅游基础设施的要求也不同。本次调查结果显示，大部分秦岭北麓观光农业旅游者采用的交通工具是公交车、自驾车和旅行社大巴。其中乘坐公交车的占43.75%，自驾车的占26.36%，乘坐旅行社大巴的占15.76%，集体租车的占8.42%，骑自行车的占3.53%，步行的占2.17%。由此可见，秦岭北麓的观光农业园的客源主要是散客形式，团体客还有待进一步挖掘。

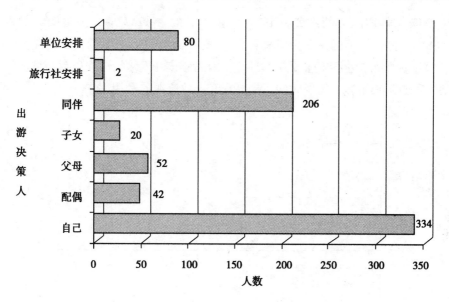

图 5 – 19　秦岭北麓出游决策者分析

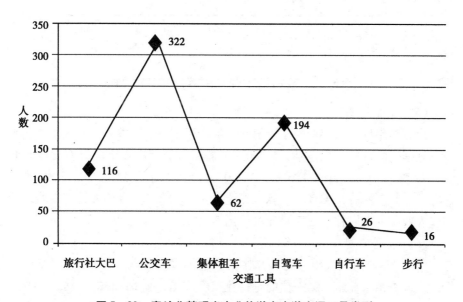

图 5 – 20　秦岭北麓观光农业旅游者出游交通工具类型

（4）停留时间

游客在目的地的停留时间影响旅游者的消费。一般而言，停留时间越长，消费就越多；同时还影响旅游景点的服务及设施配置。据此次调查统计，大部分人在秦岭北麓观光农业园的停留时间是一天。其中停留一天的占

50.00%，停留两天的占 23.64%，停留半天的占 12.77%，停留四天的占
7.88%，停留三天的占 3.26%；停留 2—3 小时的占 2.45%。由此可见，秦
岭北麓的观光农业游客主要是一日游。因此应该开发多层次娱乐参与体验活
动，不断延长游客的逗留时间，提高观光农业资源的利用率。

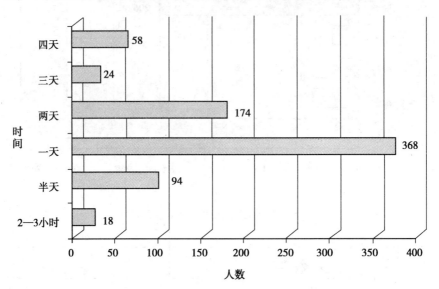

图 5 – 21　秦岭北麓观光农业旅游者的停留时间

（5）出游频率

出游频率反映旅游者的旅游偏好，反映了旅游者对秦岭北麓观光农业园
的喜好程度。调查结果显示，53.80% 的旅游者有 2 次以上的秦岭北麓观光
农业旅游经历。其中一次的占 46.20%，两次的占 14.67%，三次的占
7.61%，四次的占 5.71%，五次及以上的占 25.82%。由此可见，秦岭北麓
观光农业园的游客存在两极状况（见图 5 – 22）。

（6）住宿类型

"住"是旅游六大要素之一，住宿的选择直接影响到住宿设施的建设。
据此次调查结果显示，第一位的是特色家庭旅馆，占 62.23%；其次是普通
旅馆，占 28.26%；再次是亲戚朋友，占 5.71%；最后是星级酒店，占
3.80%。由此可见，游客选择秦岭北麓观光农业园是为了体验其乡村特色，
而非追求高星级宾馆体验，因此在秦岭北麓观光农业园开发中，住宿设施应
该突出体现乡土特色，以增强游客的体验强度（见图 5 –23）。

（7）合理的消费水平

旅游者的心理消费水平决定了其在旅游目的地的消费水平和消费项目，

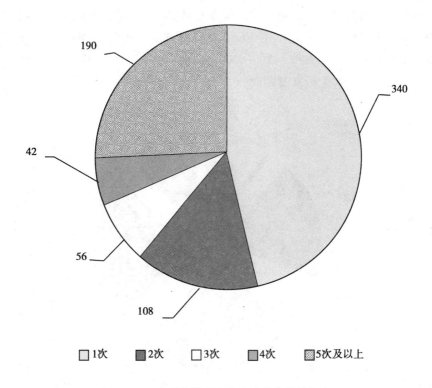

　　□1次　　■2次　　□3次　　■4次　　▨5次及以上

图5－22　秦岭北麓观光农业旅游者旅游频率

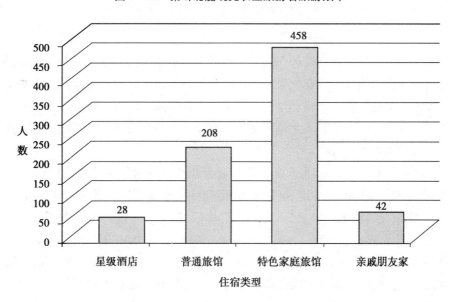

图5－23　秦岭北麓观光农业旅游者住宿要求

从而影响旅游目的地的定价。本次调查结果显示：秦岭北麓观光农业旅游者的心理消费定价大部分集中于50—300元。其中，50元以下的占11.68%，50—100元的占26.90%，100—200元的占30.71%，200—300元的占20.38%，300—400元的占7.88%，500元以上的占2.45%。

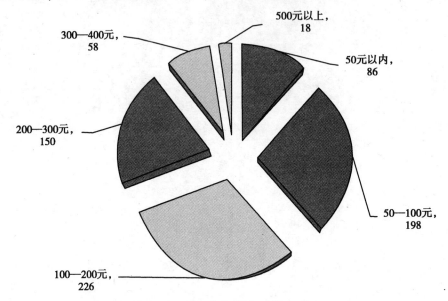

图5-24　秦岭北麓观光农业旅游的心理消费结构

（8）实际消费结构和水平

为了进一步了解旅游者在秦岭北麓的实际消费结构和水平，我们对此进行了进一步的调查。调查结果显示，旅游者在秦岭北麓观光农业园的消费主要集中于交通、餐饮、门票这三个方面，而在娱乐、购物、住宿等方面的消费则较少。由此可见秦岭北麓消费结构存在极大的不均衡，消费结构还有很大的拓展空间。

此外，据统计，各项消费水平分别为餐饮消费水平集中于50元以下，占67.93%，购物消费则集中于0元和50元以下，分别占50.54%和33.97%，交通费用集中于50元以下，占67.93%，住宿消费集中于0元和50元以下，分别占45.11%和25.54%，门票费用集中于50元以下，占63.86%，娱乐消费集中于0元和50元以下，分别占51.36%和22.28%。由此可见，秦岭北麓观光农业旅游消费水平还有很大的提升空间。

（9）出游影响因素

在问及选择秦岭北麓观光农业园时考虑最多的因素时，有114人选择费

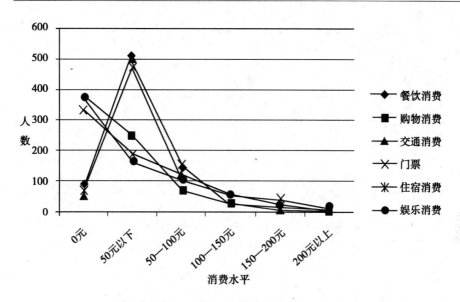

图 5 - 25　秦岭北麓观光农业实际旅游消费结构水平

用，占 15.49%，194 人选择安全，占 26.36%，330 人选择兴趣，占 44.84%，126 人选择交通，占 17.12%，146 人选择时间，占 19.84%，364 人选择景观，占 49.46%，22 人选择其他，占 2.99%。具体见图 5 - 26（因为是多项选择所以合计百分率超过 100%）。由此可以看出，兴趣和景观是影响观光农业旅游者选择旅游目的地的重要因素。

（10）游客旅游项目偏好分析

游客喜欢的旅游项目直接影响到观光农业园的开发。本次调查结果显示，秦岭北麓观光农业旅游者最喜欢的旅游项目是山野乡村观光，占 60.05%；其次是农家体验、果蔬采摘品尝和民俗娱乐，各占 40.22%、39.40% 和 28.53%；再次是土特产购买，占 15.49%（见图 5 - 27）。所以，秦岭北麓观光农业园开发应该根据市场导向原则考虑多开发这些项目，以获得游客的青睐。

（11）重游意向

在问及是否还会再来该观光农业园旅游时，73.91% 的人表示会再次重游，26.09% 的人表示不会重游。由此可见，一方面愿意重游秦岭北麓观光农业园的游客所占的比例还是较大的，另一方面也说明秦岭北麓观光农业园还有待进一步提高。

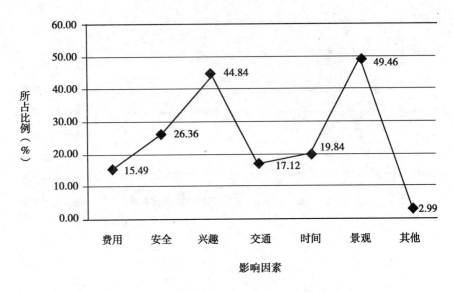

图 5 – 26　秦岭北麓观光农业旅游者出游影响因素

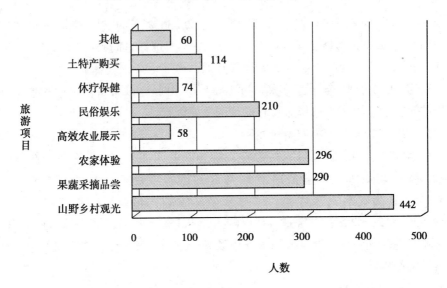

图 5 – 27　秦岭北麓观光农业旅游项目喜好

三　游客体验因素分析和动机因子分析

（1）秦岭北麓游客体验因素分析

问卷中 17 个评价因素从不同侧面反映了游客对秦岭北麓观光农业园组成要素的感知和评价，但在实际分析中尚显复杂，而且某些因素之间还可能

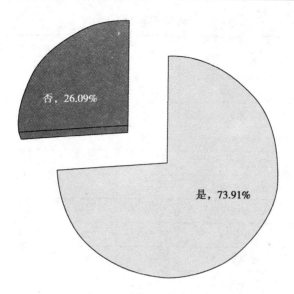

图 5 - 28　秦岭北麓观光农业旅游者的重游意向

存在相关关系。为了得出游客对秦岭北麓观光农业园旅游体验的主要构筑因素，提出一些不重要的信息，合并一些重复信息。本研究采用因子分析对众多评价变量进行分析。因子分析是多元统计分析中的重要方法之一，目的在于浓缩数据。通过对多个变量之间的相关性研究，寻求起决定因素的几个因素，用少数几个因子来反映原有变量的主要信息。

作者对调查问卷中游客体验的 17 个指标结果进行因子分析，输出结果如表 5 - 4 所示。

表 5 - 4　　　　　　　　　　　　**KMO 和 Bavtlett 检验**

Kaiser-Meyer-Olkin Measure of Sampling Adequacy.		.897
Bartlett's Test of Sphericity	Approx. Chi-Square	5248. 625
	df	136
	Sig.	. 000

从表中可以看出 KMO 值为 0.847，说明该组数据很适合进行因子分析（>0.8）（衡量数据是否适合因子分析，通常采用如下标准：KMO 值在 0.9 以上，非常适合；0.8—0.9，很适合；0.7—0.8，合适；0.6—0.7，不太适合；0.5—0.6，很勉强；0.5 以下，不适合）。此外，表中的巴特里特球体检验的 x^2 统计值的显著性概率是 0.000，小于 1%，这也说明数据具有相关性，是适宜进行因子分析的。

表 5 - 5　　　　　　　　　　　　　旋转矩阵（a）

Component	影响评价指标简称	Component			
		1	2	3	4
A1	民俗娱乐	.765	.220	.086	.062
	基于民间艺术的体验活动	.742	.206	.042	.102
	深层次的参与体验活动	.720	-.045	.261	.000
	丰富的娱乐活动	.681	.216	.253	-.062
	丰富的特色纪念品	.634	.387	-.100	.005
	休疗保健活动	.617	.349	.040	-.107
	农家体验	.549	.250	.096	.422
A2	卫生条件	.183	.811	.104	-.013
	接待设施	.282	.797	.105	-.040
	交通条件	.088	.754	.125	-.030
	服务态度	.268	.702	.132	.056
	地方特色餐饮	.382	.541	.040	.420
	特色住宿或农家旅馆	.512	.515	.093	.232
环境体验 A3	清新幽静的环境	.079	.027	.856	-.057
	美丽的田园风光	.077	.135	.849	.099
	朴实的风土人情	.273	.328	.598	.140
特色体验 A4	园区主题特色突出	.054	.076	-.060	-.829
累计解释总体方差		62.427%			

Extraction Method：Principal Component Analysis.

Rotation Method：Varimax with Kaiser Normalization.

a . Rotation converged in 5 iterations.

　　本文采用主成分分析法（Principal Component Analysis）获取初始的因子分析结果，然后用正交旋转中的最大方差法（Varimax）对初始因子进行旋转，选择特征值大于 1 的因子，并根据较高因子负载的变量对因子命名。

　　由表 5 - 5 可看出，分析结果产生四个因子，即 A1、A2、A3、A4，并解释了总体变异 62.427%。该结果与原有构思略有出入："丰富的特色纪念品"从设施服务中脱离，与活动方面的"民俗娱乐"、"基于民间艺术的体验活动"、"深层次的参与体验活动"、"休疗保健活动"、"丰富的娱乐活动"、"农家体验"共同组成一个因子。环境体验涉及的因素极多，本文旨在研究观光农业旅游且立足于从游客的体验角度出发，因此只重点研究与游客直接接触的体验因素。结果表明该因子主要包括清新幽静的环境、美丽的田园风光、朴实的风土人情，均属环境体验的范畴。在秦岭北麓观光农业旅游产品中设施体验包括基础设施体验和服务设施体验等。调查结果分析表明，交通条件、卫生条件和完善的接待设施三个评价指标都表达了秦岭北麓观光农业旅游产品的安全的可进入性和接待性，还属于设施的范围，也可以独立成为一个因子，命名为"基本保障服务设施体验"。而特色住宿或家庭旅馆体验、当地特色餐饮体验、特色纪念品、服务态度合并为一个引子，可命名为"基本服务设施体验"，同样也属于设施体验的范畴。最后，研究表明，景区主题特色突出这一因素独立成为一个因子，这主要是由于它是一个综合性体验感受，因此，在这里将它命名为"园区特色体验"。

在此统计分析的基础上，本文将统计结果的四个因子及其构成指标列示见表 5 -6。

表 5 -6　　　　　　　　　　旅游体验因子构成

因子名称	因子内容
活动体验	民俗娱乐
	基于民间艺术的体验活动
	深层次的参与体验活动
	丰富的娱乐活动
	丰富的特色纪念品
	休疗保健活动
	农家体验
设施体验	卫生条件
	完善的设施接待
	交通条件
	服务态度
	地方特色餐饮
	特色住宿或农家旅馆
环境体验	清新幽静的环境
	美丽的田园风光
	朴实的风土人情
特色体验	园区主题特色突出

（2）旅游者选择秦岭北麓观光农业园的动机因子分析

表 5 – 7　　　　　　　动机因子 KMO and Bartlett's Test

Kaiser-Meyer-Olkin Measure of Sampling Adequacy.		.791
Bartlett's Test of Sphericity	Approx. Chi-Square	1775. 956
	df	78
	Sig.	.000

从表 5 – 7 中可以看出 KMO 值为 0.791，说明该组数据很适合进行因子分析（> 0.7）。此外，表中的巴特里特球体检验的 x^2 统计值的显著性概率是 0.000，小于 1%，这也说明数据具有相关性，是适宜进行因子分析的。

表 5 – 8　　　　　　　Rotated Component Matrix（a）

Component	评价指标简称	Component（因子荷重）				
		1	2	3	4	5
心灵体验	欣赏独特的民俗风情	.815	.116	.098	.038	-.033
	体验朴实的乡村生活	.811	-.006	.073	.084	.131
	品尝（购买）地方土特产	.621	.183	.136	-.067	-.016
	欣赏优美质朴的田园风光	.589	.003	-.238	.379	.050
寻求知识	考察学习、艺术创作	.136	.818	-.040	-.051	.161
	探新猎奇	.027	.663	.277	.236	-.234
	求知或教育孩子	.151	.641	.109	-.012	.379
便利条件	交通方便	.064	.071	.859	.093	.004
	价格便宜	.102	.112	.847	-.037	.108
放松娱乐	休闲娱乐	.068	.071	.016	.793	-.162
	休息放松，获得体力和脑力上的恢复	.075	-.053	.087	.706	.425
情感逃避	躲避生活和工作中的烦恼	.011	.069	.045	-.059	.791
	增进与家人朋友间的感情	.069	.239	.052	.430	.564
累计解释总体方差		64. 430%				

Extraction Method：Principal Component Analysis.

Rotation Method：Varimax with Kaiser Normalization.

a. Rotation converged in 6 iterations.

　　由表5－7可以看出，游客选择秦岭北麓观光农业园的动机包括五个因子。本文将其分别概括为心灵体验、寻求知识、便利条件、放松娱乐、情感逃避。其中心灵体验包括欣赏独特的民俗风情、体验朴实的乡村生活、品尝（购买）地方土特产、欣赏优美质朴的田园风光；寻求知识包括考察学习或艺术创作、探新猎奇、求知或教育孩子；便利条件包括交通方便和价格便宜；放松娱乐包括休闲娱乐、休息放松，获得体力和脑力上的恢复；情感逃避包括躲避生活和工作中的烦恼、增进与家人朋友间的感情。

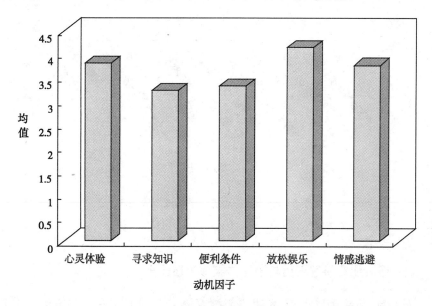

图 5 – 29　五大动机因子分析

　　为了进一步弄清楚游客来秦岭北麓观光农业旅游的主要动机，以便指导秦岭北麓观光农业园的开发，作者对这五种动机因子及其包括的因素采用均值比较的方式进行了分析。在这五种动机因子中，放松娱乐（4.13）排首位，其次为心灵体验（3.80）、情感逃避（3.76）、便利条件（3.31）、寻求知识（3.22）。而具体到各个动机因素，则由图5－30可知，休息放松，获得体力和脑力上的恢复（4.20）、欣赏优美质朴的田园风光（4.17）、休闲娱乐（4.05）、增进与家人朋友的感情（4.00）为主要动机（均值>4）；欣赏独特的民俗风情（3.77）、体验朴实的乡村生活（3.74）、品尝（购买）地方土特产（3.54）、躲避生活和工作中的烦恼为次要动机（4＞均值＞3.5），交通方便（3.44）、探新猎奇（3.39）、价格便宜（3.18）、考察学习、艺术创作（3.17）、求知或教育孩子（3.09）则为潜在动机（2.5＜均

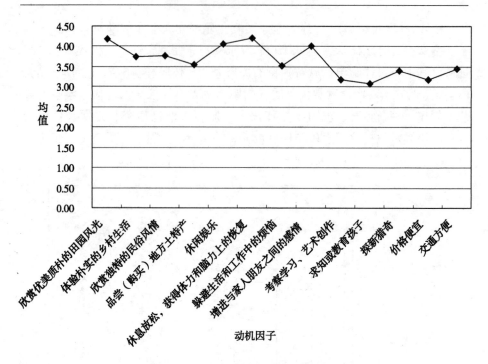

图 5 - 30　相关动机因子构成折线图

值 < 3.5)。

四　秦岭北麓游客期望与游客体验差异性分析

为了验证研究构思中游客期望与游客体验之间的关系，应用 T 检验对游客在秦岭北麓观光农业园游玩之前的期望和游玩之后的体验之间做了差异性分析。

在游客期望和游客体验的差异性比较重，如果用 17 个评价指标一一比较，不仅烦琐，也不能很好地体现主要信息。所以，根据上节因子分析结果，作者把游客期望与游客体验的主成分及 5 个因子之间一一比较。在这里，作者用均值来做差异性分析。

游客体验因子的均值，设为 B_1、B_2、B_3、B_4，根据上节所得各因子所包含的变量，把游客体验评价指标设为 b_1，b_2，b_3，…，b_{17}，则：

$$B_1 = \frac{\sum (b_7 + b_{10} + b_5 + b_4 + b_{13} + b_8 + b_9)}{7};$$

$$B_2 = \frac{\sum (b_{17} + b_{15} + b_{16} + b_{14} + b_{11} + b_{12})}{6};$$

$$B_3 = \frac{\sum(b_1 + b_2 + b_3)}{3};$$

$$B_4 = \frac{\sum(b_6)}{1}。$$

以此分别获得游客体验的配对银子均值 B_1、B_2、B_3、B_4。

同理，游客期望银子的均值设为 C_1、C_2、C_3、C_4，根据上街所得各因子所包含的变量，把游客期望评价指标设为 c_1，c_2，…，c_{17}，则：

$$C_1 = \frac{\sum(c_7 + c_{10} + c_5 + c_4 + c_{13} + c_8 + c_9)}{7};$$

$$C_2 = \frac{\sum(c_{17} + c_{15} + c_{16} + c_{14} + c_{11} + c8_{12})}{6};$$

$$C_3 = \frac{\sum(c_1 + c_2 + c_3)}{3};$$

$$C_4 = \frac{\sum(c_6)}{1}。$$

以此分别获得游客期望配对因子均值 C_1、C_2、C_3、C_4，并运用计算出的数据进行差异性 T 检验分析。

表 5 – 9　　　　　　　　　　　　配对因子检验

Paired Component	Paired Differences					t	Sig. (2-tailed)
	Mean	Std. Deviation	Std. Error Mean	95% Confidence Interval of the Difference			
				Lower	Upper		
Pair 1　活动体验	-.37353	.81846	.03017	-.43276	-.31431	-12.381	.000
Pair 2　设施体验	-.64571	.79375	.02926	-.70315	-.58827	-22.069	.000
Pair 3　环境体验	-.32965	.71620	.02640	-.38147	-.27782	-12.487	.000
Pair 4　特色体验	-1.06522	1.16926	.04310	-1.14983	-.98060	-24.715	.000

由表 5 – 9 可得，四个配对因子的 T 检验的最后结果的显著性均为 .000（p = .000 < .005），可以说明：目前对于陕西省内秦岭北麓观光农业园，游客期望和游客体验之间有明显的差异性。

为了进一步了解清楚游客体验前的期望与体验后的满意度之间的差异程度，作者对 17 个因子的期望均值和满意度均值进行了详细地对比研究。

表 5 - 10　　　　　　　　　　　配对样本统计

Paired Component		Mean	N	Std. Deviation	Std. Error Mean
Pair 1	活动体验（满意）	3.0843	736	.62187	.02292
	活动体验（期望）	3.4578	736	.63408	.02337
Pair 2	设施体验（满意）	3.3438	736	.67207	.02477
	设施体验（期望）	3.9895	736	.51514	.01899
Pair 3	环境体验（满意）	3.8199	736	.61806	.02278
	环境体验（期望）	4.1495	736	.57404	.02116
Pair 4	特色体验（满意）	2.8098	736	.85027	.03134
	特色体验（期望）	3.8750	736	.80854	.02980

由表 5 - 10 中可以看出，游客体验满意度均值都低于游客的期望均值，即游客体验后的满意度均低于游客体验前的期望。其中，游客对自然环境的期望最高，而对总体特色体验的满意度最低。具体到 17 个因子的详细情况，由图 5 - 31 可知，游客对清新幽静的环境的期望最高（4.39），其次是卫生条件（4.32）、交通条件（4.19）、美丽的田园风光（4.18）、服务态度（4.14），再则是完善的接待设施（3.93）、景区主题特色突出（3.88）、朴实的风土人情（3.87）、地方特色餐饮（3.81）、深层次的参与体验活动（3.75）、丰富的娱乐活动和民俗娱乐（3.56）、特色住宿或农家旅馆（3.54）、农家体验（3.51）、丰富的特色纪念品（3.32）、基于民间艺术的体验活动（3.27）、休疗保健活动（3.23）。而就满意度而言，游客对景区主题特色突出（2.95）以及基于民间艺术的体验活动和丰富的特色纪念品（2.98）的满意度最低，其次是民俗娱乐（3.00）、休疗保健活动（3.07）、丰富的娱乐活动（3.14）、深层次的参与体验活动（3.19）、特色住宿或农家旅馆（3.22）、农家体验（3.23）、完善的接待设施（3.27）、卫生条件（3.33）、地方特色餐饮（3.38）、良好的交通条件（3.41）、服务态度（3.44）、朴实的风土人情（3.55）、美丽的田园风光（3.85），而对清新幽静的环境（4.06）的满意度则较高。

五、秦岭北麓游客个体属性与游客体验相关性分析

为了进一步研究游客的个体属性、游客决策相关情况对游客体验的影响。在此，本文采用相关性分析方法来检验游客个体属性和游客决策相关行为与游客体验之间的关系，以便指导旅游产品设计和营销。

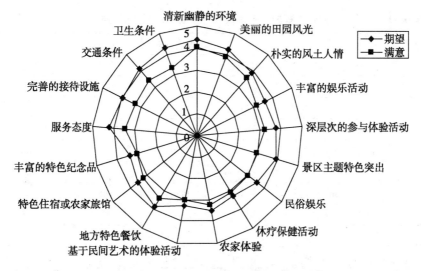

图 5 - 31　游客体验满意度和游客期望的对比分析

　　在本文已获取的数据中，游客个体属性资料和游客决策行为相关资料都较多。在研究中，我们分别抽取个体属性中的游客年龄、职业、受教育程度、收入、乡村经历、居所来检验不同年龄、不同受教育程度、不同收入、有无乡村经历、不同居所对游客体验是否存在影响；通过游客决策形成情况中的旅游次数、逗留时间来分析旅游次数的多寡、逗留时间的长短对游客体验的影响及存在的关系。

　　分析结果如表 5 - 11 所示：在游客的个体属性中，游客的年龄对特色体验有显著影响，游客的年龄对体验活动有较显著影响，而对设施体验和环境体验的影响不够显著；游客的受教育程度对设施体验和特色体验的影响非常显著，而对活动体验、环境体验的影响较显著，且教育程度越高对其体验满意度越低；游客的职业只对设施体验有较显著影响，而对活动体验、环境体验和特色体验都没有显著影响；旅游者收入水平仅对特色体验的影响显著，对其他则无显著影响；游客的乡村经历也仅对活动体验有较显著影响；游客的居所则对活动体验和环境体验对存在较显著影响，对设施体验和特色体验则没有显著影响。而在分析游客的决策行为时，游客旅游次数的多寡则对活动体验存在显著影响，对设施体验存在较显著影响，对环境体验和特色体验则没有显著影响；游客逗留时间的长短也对活动体验有较显著的影响，而对设施体验、环境体验和特色体验没有显著影响。

表 5 - 11　　　　　　　秦岭北麓游客个体属性与游客体验相关性分析

		活动体验	设施体验	环境体验	特色体验
年龄	Pearson Correlation	-.087（*）	-.068	.019	.130（**）
	Sig.（2 - tailed）	.018	.063	.616	.000
	N	736	736	736	736
教育程度	Pearson Correlation	-.082（*）	-.158（**）	-.079（*）	-.108（**）
	Sig.（2 - tailed）	.025	.000	.031	.003
	N	736	736	736	736
职业	Pearson Correlation	-.038	-.089（*）	-.067	-.061
	Sig.（2 - tailed）	.303	.015	.067	.098
	N	736	736	736	736
收入水平	Pearson Correlation	-.007	.029	.071	.106（**）
	Sig.（2-tailed）	.847	.435	.055	.004
	N	736	736	736	736
乡村经历	Pearson Correlation	-.078（*）	.025	.057	.070
	Sig.（2-tailed）	.035	.492	.120	.058
	N	736	736	736	736
旅游次数	Pearson Correlation	-.152（**）	-.076（*）	-.065	-.023
	Sig.（2-tailed）	.000	.040	.076	.527
	N	736	736	736	736
逗留时间	Pearson Correlation	.078（*）	-.050	.069	.011
	Sig.（2-tailed）	.034	.174	.060	.761
	N	736	736	736	736
居所	Pearson Correlation	.072（*）	.072	-.090（*）	-.014
	Sig.（2-tailed）	.049	.051	.015	.707
	N	736	736	736	736

* Correlation is significant at the 0.05 level (2-tailed).

** Correlation is significant at the 0.01 level (2-tailed).

第三节　调查结论

一　秦岭北麓主要目标客源市场的特征

据调查可得，西安市民对秦岭北麓的认知度普遍较高，观光农业旅游这一形象已深入西安居民的心中，且绝大多数人对秦岭北麓发展观光农业旅游表示支持，并愿意选择秦岭北麓观光农业旅游产品。

关于秦岭北麓最具吸引力的观光农业因素，清新的环境脱颖而出成为最具吸引力的观光农业因素；自然景观、水域风光、田园风光、野生动物、农家饮食、绿色农产品、民俗文化、林果花卉位居第二个层次，也较受人喜欢；农业劳作、畜牧业、商贸农事节等则只有较少人表示喜欢，形成这样的特征，也主要是由于被调查对象中来自农村的大学生较多，他们对农业劳作、畜牧业等没有任何的新奇感，而这些却对都市中的青少年非常具有吸引力，而对于一些具有怀旧情结的老年人也是一种休闲的选择。

对于秦岭北麓观光农业园类型的偏好，从功能上来讲，度假型、观赏型是最受欢迎的，娱乐型、疗养型位居第二，品尝型、务农型、购物型则排在最后；从地域特点来看，景区边缘型、景区型观光农业园最受欢迎，商贸集散地型最不受欢迎；从观光农业园内容性质来看，休闲农园、森林公园广受欢迎，花卉植物农园、野生动物农园、民俗农园、观光农园排名其次，市民农园排在最后。

关于住宿方面，西安居民追求的是干净整洁、自然古朴和方便舒适，对价格方面不会太关注，不喜欢豪华型住宿环境。

选择秦岭北麓观光农业旅游最担心的问题是，交通是否方便、安全是否有保障、卫生条件如何，另外，服务也是他们担心的一个方面。

总之，突出自然风光、具有乡村特色的观光农业旅游产品是最受市场欢迎的。

二　秦岭北麓观光农业园客源特征总结

（1）秦岭北麓观光农业游客个体特征

总体来讲，秦岭北麓观光农业游客性别均衡，主要为中青年，学生群体较多，文化程度普遍较高，收入处于中等水平，未婚人士较多，主要来源于西安，且大多数都有乡村经历。

（2）秦岭北麓观光农业游客的行为特征

综合而言，游客的出游信息多数来源于亲友介绍；出游决策大多由自己决定；出游工具大多为公交车，其次为自驾车；停留时间较短，多为一日游；出游频率呈现不均衡的两头大状；住宿类选首选特色家庭旅馆；心理消费水平定价为50—300元，实际出游消费均在门票、餐饮、交通三项上，且都集中于50元以下；出游影响因素主要为景观和兴趣；喜欢的旅游项目依次为山野观光、农家体验、果树采摘品尝及民俗娱乐、土特产购买；游客的意向重游率较高。

（3）秦岭北麓观光农业游客期望与体验的相关特征

①秦岭北麓观光农业园游客体验的构筑要素包括四个方面，分别为环境体验方面、设施体验方面、活动体验方面、特色体验方面。

②观光农业园的游客动机影响因素主要包括四个方面的内容，分别是心灵体验、寻求知识、条件便利、放松娱乐、情感逃避。

③目前，对于秦岭北麓观光农业园，游客的期望和旅游体验之间存在显著性的差异，主要在秦岭北麓观光农业园的体验环境、体验设施、体验活动及特色体验方面存在明显差异，这也说明还需要足够的改善。

④游客的个体属性影响游客体验。主要体现在游客个体属性中的旅游者的年龄大小会对体验特色和体验活动产生显著影响；职业不同会对设施体验有较显著影响；受教育程度的高低会对设施体验和特色体验有非常显著的影响；旅游者收入水平不同会对特色体验产生显著影响；游客有无乡村经历会对活动体验有较显著影响。

⑤游客选择秦岭北麓观光农业园时的决策相关情形中，游客旅游次数的多寡对活动体验和设施体验存在显著影响；游客逗留时间的长短也显著影响游客对旅游活动的体验。

第四节　秦岭北麓观光农业园客源市场预测

一　客源市场划分

根据对西安市民的意愿调查及日常休闲调查，西安市是秦岭北麓观光农业园的近距离核心客源市场。从陕西省的旅游产业贡献率方面看，西安、延安、宝鸡和渭南三市是陕西省旅游产业的主要支柱。同时，由于西安市是国内、国际著名的旅游城市，每年抵达西安市境外游客和国内游客众多。自1996—2007年，陕西省国际客源除了2003年因"非典"缘故有所下降以外，连续11年呈现稳定上升趋势。这也表明，秦岭北麓观光农业园的潜在国际客源市场基数也会越来越大。因此，秦岭北麓的观光农业目标市场除本地市场外，还应考虑到大量的域外客源市场。

最后，在此分析基础之上，结合地理位置等综合因素考虑，可以将秦岭北麓观光农业园的客源市场分为四个层级：一级客源市场为西安市及邻近的咸阳、渭南、宝鸡；二级客源市场是陕西省内其他城市；三级客源市场为省外来陕游客；四级客源市场为境外来陕游客。

表 5 – 12　　　　　　陕西省 1997—2008 年接待入境旅游者人次　　（单位：万人次）

年份	1998	1999	2000	2001	2002	2003	2004	2005	2006	2007	2008
人次	54.05	60.03	71.28	75.92	85.01	46.58	80.02	92.84	106.1	123	125.7

二　客源市场规模预测

（1）陕西省国际旅游客源市场预测

根据表 5 – 11，采用线性回归的方法，预测陕西省未来几年的国际旅游客源市场。线性回归预测方法是以可以用线性回归方程表示经济变量的发展趋势为假设条件情况下，把时间作为自变量 X，把所研究的经济变量在各时期的数值作为因变量 Y，利用最小平方和方法求出表示经济发展趋势的回归方程。

直线回归的数学模型　$Y = a + bX$

式中，Y 是因变量（旅游者人次数预测值）；X 是自变量（时间变量）；a、b 是待定系数：

$$a = \frac{\sum Y_i - b \sum X_i}{k}, b = \frac{k \sum X_i Y_i - \sum X_i \sum Y_i}{k \sum X_i^2 - (\sum X_i)^2}$$

式中 k 为时间周期，$k = 11$，计算过程中，我们取时间序列的中点为坐标原点，化简，即 2003 年的 X 值为 0，因此 $\sum X = 0$，得到下列简化公式：

$$a = \frac{1}{k} \left(\sum Y_i \right), b = \frac{\sum X_i Y_i}{\sum X_i^2}$$

根据公式计算出：

$a = 77.16$，$b = 5.82$

则回归方程为 $Y = 77.16 + 5.82X$

表 5 – 13　　　　　陕西省 2009—2019 年接待入境旅游者人次数预测

年份	2009	2010	2011	2012	2013	2014	2015	2016	2017	2018	2019
人次 1	112.08	117.9	123.72	129.54	135.36	141.18	147	152.82	158.64	164.46	170.28
人次 2	118.03	124.79	131.55	138.31	145.07	151.83	158.59	165.35	172.11	178.87	185.63

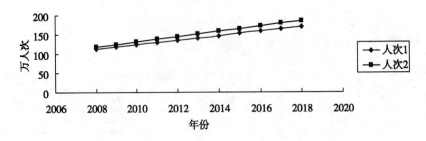

图 5 – 32　2009—2019 年陕西省入境旅游者人次曲线图

（注：人次 1 表示基于 1998—2008 年的数据分析结果；人次 2 表示基于 1996—
2007 年的数据分析结果）

可以看出，预测 2008 年陕西省入境旅游者人次将达到 112.8 万人次，
这是由于受到 2003 年数据的影响，这个值明显有些偏低，同时也没有预测
2008 年奥运会对陕西省入境旅游人次的影响，即 2008 年最低入境旅游人次
也可以保持在 112.08 万人次。如果排除 2003 年"非典"的影响，据测算，
2008 年入境旅游人次为 118.03 万人次。但整体而言，陕西省的入境旅游者
人次是逐年递增的。由此可见，秦岭北麓观光农业园的四级客源市场是具有
极大的发展潜力的。

（2）西安市观光农业园客源市场规模预测

秦岭北麓的观光农业处于起步阶段，还没有相关的统计资料。根据对个
别景区的抽样调查，保守地估计，2002 年西安市市民进行过观光农业旅游
的人数至少达 100 万人次。对照北京、济南等地的发展情况和秦岭北麓旅游
业的整体发展态势，可以建立一个简单的趋势外推模型，对西安市未来几年
观光农业旅游的发展做出初步的预测。模型如下：$I = P(1 + M_1)_n E(1 + M_2)_n$。

I 表示预测年的农业旅游总收入；P 表示基年的旅游人次，以 2002 年
100 万计；E 表示基年的人均农业旅游支出，以 2002 年 100 元计；M_1 表示
旅游人次的增长率，M_2 表示人均旅游支出的增长率，M_1、M_2 分别取三种
值：预测值、高标值和低标值，以此应对不同的市场环境。预测值、高标值
和低标值分别取 10%、15% 和 5%。据此可以得出西安市未来几年的农业旅
游发展规模。预计（取预测值）2010 年农业旅游人次将达到 260 万，旅游
收入可达到 67400 万元。由此来看，作为秦岭北麓农业旅游的近距离主要客
源市场之一——西安市也具有极大的发展潜力。

（3）秦岭北麓观光农业园客源市场综合分析

从旅游者基数来看，据 2005 年人口普查，西安市总人口合计 7417263

人，其中男 3820141 人，女 3597122 人；在总人口中，非农业人口 3331440 人，市镇人口 6739419 人。宝鸡市总人口合计 3695294 人，其中男 1914083 人，女 1781211 人；在总人口中，非农业人口 905345 人，市镇人口 2582609 人。渭南市总人口合计 5370644 人，其中男 2729620 人，女 2641024 人；在总人口中，非农业人口 991737 人，市镇人口 4237262 人。即西安市、渭南市及宝鸡市的总人口达 16483201 人，非农业人口达 5228522 人，占总人口的 31.72%。由此可见，作为秦岭北麓观光农业园的一级客源市场，其发展潜力极大。

综合以上分析可见，秦岭北麓观光农业园的客源市场，无论是一级客源市场还是四级客源市场都具有极大的发展潜力。同时也极有力地说明了秦岭北麓发展观光农业的前景极其光明。

第六章

秦岭北麓观光农业旅游产品深度开发研究

农业观光旅游开发不同于规模更大的市以及省一级旅游开发，它更注重微观层面的把握，更强调实际操作性，要求能够切实带来经济效益、社会效益和环境效益。而在农业观光旅游开发中，旅游产品的设计与开发无疑占有重要地位，好的旅游产品谱系的构建对一个地区的旅游发展具有重大促进作用。

第一节　观光农业旅游产品内涵与开发原则

一　观光农业旅游产品的内涵定位

学界比较认可的旅游产品的定义以林南枝、陶汉军两先生的界定为代表："从旅游目的地的角度出发，旅游产品是指旅游经营者凭借旅游吸引物、交通和设施向旅游者提供的用以满足旅游活动需要的全部服务"，"从旅游者的角度出发，旅游产品就是指旅游者花费一定的时间、费用和精力所换取的一次旅游经历"。谢彦君先生认为林、陶的定义"比较宽泛"，又提出了自己的定义："旅游产品是指为满足旅游者审美和愉悦的需要而在一定地域上被生产或开发出来的以供销售的物象和劳务的总和"，"旅游产品具有几乎可以满足旅游者旅游期间一切需要的效用和价值"。也就是说，旅游产品就是以旅游者在旅游目的地的活动为基础所构建的一次完整的旅游经历。

所以观光农业旅游产品就是在观光旅游市场上由旅游经营者向旅游者提供的在其旅游活动中所需各种物品和服务的总和。通常包括农业区域范围内的旅游资源、旅游设施、旅游纪念品以及旅游服务等。观光农业的特点、区域农业经济文化地理背景决定了观光农业旅游产品的品位与构成。因此，观光农业旅游产品应具有以下特性。

①区域性：观光旅游农业所具有的浓郁的民族特色和地域特色是产生农业旅游吸引力的主要源泉，所以观光农业旅游产品要体现当地的民俗风情和地方特色，使其与其他地方的旅游产品有着明显的差异，异地很难代替。富有民族特色的旅游产品不仅很容易为旅游者所接受，而且能够在众多的旅游产品市场中脱颖而出，创出自己的品牌。

②组合性：旅游农业必须充分利用现有农业资源，通过合理规划、设计，深度挖掘与农业、农民、农村相关的文化内涵，把产品生产、动植物观赏、新品展示、农业体验、学习考察、休闲度假、娱乐购物、民风民俗以及游客参与融为一体，形成一种新型农业体系和高层次的文化消费，因此在农业休闲观光旅游项目的开发中产品类型组合要丰富、避免单调。"冬季看花、秋季摘果"是无法长久吸引客人的，应该按照农业生产规律，结合当地自然优势，统一规划设计，种植、养殖、畜牧配合开发。

③参与性：参与性是观光旅游农业的另一个产生旅游吸引力的源泉，只有游客在农业旅游中真正参与其中，找到了新奇异的旅游特性，才能更好地发展观光农业旅游产品，并能够深度地开发挖掘农业旅游产品的潜力，从而促进观光旅游农业的可持续发展。

④高新专业性：现代农业是建立在科技上的产业，所以在其之中开发的观光旅游农业必然具有高科技性和专业性，高科技性给游客带来的是科技农业体验的惊奇，专业性则给游客带来强烈的享受感，随着科技的进步，科技的神奇在农业旅游中的应用必然带来观光农业旅游发展的飞跃。

⑤生态性：生态环境保护与建设是观光农业可持续发展的核心，生态经济管理是观光农业可持续发展的关键，观光农业是生态旅游发展的需要，生态旅游以自然环境为资源基础，以回归自然为基本特征。观光农业以田园自然风光为基础，以农作、民俗习惯等为依托，满足都市人回归自然、寻根旅游的愿望。旅游者充分享受田园风光，通过观赏、采摘果实等活动，认识农业生态环境，提高环境保护意识。两者的高度结合是观光旅游农业发展的一个趋势，是区域农业旅游可持续发展的保障和动力。

二　观光农业旅游产品开发原则

（1）因地制宜、突出特色

秦岭北麓农业自然条件、自然资源和社会经济条件地域差异明显，因此在发展观光农业时，要依据现有不同农业分区布局的特色，创立自己的旅游拳头产品，突出"人无我有、人有我新、人新我特"的原则，同时要吸取各地发展观光农业旅游的经验教训，避免开发在低层次上的模仿和重复。

（2）系统开发，协调发展

旅游产品的整体性，决定了其开发应根据旅游产业食、住、行、游、购、娱六大要素配套发展的要求，组合旅游产品。因此，要求在观光旅游业发展过程中，大力改善基础设施建设，完善六大要素的功能，避免因产业要素的短缺而影响旅游产品的质量，也只有这样我们才能从整体上推动观光农业旅游的持续发展。

（3）可持续发展的原则

观光农业是把农业和旅游业结合在一起，是旅游的新形式，它的发展既要遵循农业生产的布局原则，又要符合旅游业布局的一般规律。因此发展秦岭北麓观光农业旅游时，应该适时、适度地开发，将旅游活动对环境的影响降至最低点，重视经济、生态、社会三大效益相结合，坚持可持续发展的原则。

（4）市场导向、注重营销

随着旅游业已由卖方市场进入买方市场，秦岭北麓发展观光农业旅游应以市场要求为导向，对目标市场进行透彻的分析，针对旅游者的喜好，开发旅游产品并加大促销力度，应采用多种营销渠道。例如，秦岭北麓市县各旅行社联手扩大客源，在现有的客源基础上，开发一些潜在的目标市场，让参观农园成为一些外地游客来秦岭北麓旅游的项目之一；依靠政府及有关部门的支持，以节、会为媒，推出有特色、有影响的专题活动，以此来加大促销的力度。

（5）具有一定的前瞻性

旅游产业规划是新世纪旅游发展的战略规划，要充分认识和利用县域旅游这一优势，采用适度超前的定位策略积极进行旅游产品开发，做到市场定位有高度，项目开发有深度，资金投入有力度，从而保证县域旅游产品的开发具有一定的先进性和超前性。

第二节　秦岭北麓观光农业旅游产品 ASEB 栅格分析法

一　ASEB 栅格分析法的概念内涵

ASEB 栅格分析法是把游客的体验纳入分析体系，是一种新型的以消费者为导向的管理手段，是专门针对体验型消费引发的问题而设计的，是对传统的 SWOT 分析方法的改进，ASEB 栅格分析法将曼宁—哈斯—德弗莱—布朗需求层次与 SWOT 分析结合起来为旅游研究提供更为有效的、更加以消费者为导向的分析法。曼宁、普伦蒂斯、莱特，以及哈斯等拓展了行为分析方法，创立了户外游憩需求的四个层次的理论（见表 6-1），不同层面的有形无形需求就形成了一个等级层次结构。ASEB 栅格分析法在分析过程中将曼宁—哈斯—德弗莱—布朗需求层次与 SWOT 分析中的不同要素互应结合，按顺序从 sa 到 tb 对行列交叉所组成的 16 个单元逐次进行研究。从消费者的角度对活动、环境、体验与利益的优势、劣势、机遇与威胁四个方面进行分析与评估，从而确定产品开发的游客导向性。

表 6-1　　　　　　　　　　曼宁—哈斯—德弗莱—布朗需求层次

曼宁—哈斯—德弗莱—布朗需求层次	具体代表
第一层：活动	生态旅游
第二层：环境 　　　A 自然环境 　　　B 社会环境 　　　C 管理环境	自然风景　崎岖地形 无拥挤人群 自由活动
第三层：体验	冒险　挑战　锻炼
第四层：收益 心理满足	增加知识　提高自我评价值　提高环保意识

表 6-2　　　　　　　　ASEB 栅格分析法矩阵图及其单元代号

	活动 activitings	环境 settings	体验 experiense	收益 benefits
优势 strengths	SA	SS	SE	SB
劣势 weaknesses	WA	WS	WE	WB
机遇 opportunities	OA	OS	OE	OB
威胁 threats	TA	TS	TE	TB

二　秦岭北麓观光农业旅游产品开发优势与劣势分析

（1）秦岭北麓农业休闲观光旅游产品开发的优势

独特的资源优势：秦岭是我国重要的地理界限，其北坡是陕西省乃至全国旅游资源密集带之一，秦岭也一直被称为古长安的"后苑"。著名的人文旅游资源有：西周丰镐遗址、西周车马坑、古子午栈道、兴教寺、香积寺、楼观台、净业寺、常宁宫、仙游寺、草堂寺、杨虎城将军陵园等；自然景观主要有：太白山、南五台、翠华山、嘉午台、黑河、鲸鱼沟、高冠瀑布及汤峪、东大温泉等。这些景观或历史积淀丰厚，或自然景色秀丽、特色鲜明、知名度高、颇具魅力。秦岭北麓相继建立了牛背梁国家级自然保护区、太白山国家级自然保护区、翠华山国家地质公园、西安野生动物园、西安秦岭野生植物园、园艺博览园以及我国最大的植物园——秦岭植物园等。秦岭北麓是我国传统的农业耕作区，农业经济发达，具有从事林果种植、淡水养殖的优良条件，特别是现代农业科学技术的应用，更加丰富了该地区的农业旅游资源。

良好的区位优势：秦岭北麓农业休闲观光旅游区依托中心城市——西安，极为接近目标市场。西安是我国内陆中心城市之一，是西部地区最大的中心城市。随着西安—沣峪口一级公路、环山公路、西安—汉中高速公路等相继通车，秦岭北麓的公路交通十分便捷。特别是经过多年的旅游开发，该地区基础设施较为完善，为发展秦岭北麓农业休闲观光旅游建立了坚实的基础。

（2）秦岭北麓农业休闲观光旅游产品开发的劣势

观念不到位是最重要的制约因素，有专家指出影响西部旅游开发的主要因素不是资金，而是观念。同样，秦岭北麓农业旅游的开发很大程度上受到观念的制约，对农业旅游资源的优势认识不清，对开发农业旅游的意义存在曲解。秦岭北麓农业观光区绝大多数是农民，长期从事农业生产，没有意识到农业资源还可以作为旅游资源来开发；再加上长期以来，认为农业仅为满足人们的温饱而存在，对农业的多种用途并未加以考虑，很多人并没有将农业与旅游充分地结合起来。即使在旅游业的决策层中，一些领导对农业旅游也是漠然处之。正是这种观念没有得到及时转变，极大地限制了秦岭北麓农业旅游的发展。

资金缺乏，导致农业旅游产品开发不力，未能体现秦岭北麓农业特色。农业旅游投资较少，见效较快，但并不是说不需要资金，特别是上规模、上档次的农业旅游，对外宣传促销，必须有一定的资金保障。西部地区的经济发展水平在全国相对落后，多属不发达地区，经济实力不强。很多地区无力进行科学的项目论证和规划，农业旅游资源开发水平不高，形式单一，档次低，在盲目开发过程中重复建设、一哄而上的现象较为常见。缺乏资金，使众多农业旅游资源得不到有效、合理的开发，原有的农业旅游产品大多是由农民自发组织的诸如"农家乐"之类的产品，一些农业观光园区的建设还处于自然、原始状态，缺乏全面的规划和建设，配套设施不齐全，景区内缺乏有效的管理和必要的服务项目。

三　秦岭北麓观光农业旅游产品开发机遇与威胁分析

（1）秦岭北麓观光农业旅游产品开发机遇分析

市场的需求与较高的效益：现代旅游者追求"生态"与"个性"多样化的需求，促使现代旅游业的经营触角不断向未知领域延伸。伴随着近年来全球农业产业化发展的新趋势，传统农业正成为备受旅游业关注的一个新兴领域，于是地域农业文化与旅游边缘交叉的新型旅游项目——观光农业旅游应运而生。今天，已拥有了辉煌工业文明的后工业社会，却正在失去与自然的和谐相依：熙攘的城市，忙碌的身影，林立的高楼大厦疏远了人与自然、人与人的距离，紧张、烦躁压迫着现代人的神经，于是"生态热"、"休闲热"成为城市人的追求和渴望，而与此形成强烈对照的乡村田园扑面而来的泥土气息与花香、一望无垠的大地、淳朴的农民、清新的绿色食品则构成了一种强烈的诱惑。高效益的观光农业，为我国传统农业的现代化提供了一条可持续发展的途径。农业是我国国民经济的命脉，发展农业是我国的国策。观光农业改变了我国传统农业仅仅专注于土地本身的大耕作农业的单一经营思想，把发展的思路拓展到关注人—地—人和谐共存的更广阔的背景之中，这也正好契合了长期以来农民渴望脱贫致富的愿望。基于"天时、地利、人和"的新型观光农业，将成为我国传统农业向高精尖、高附加值深度开发转移的农业现代化主流方向之一。秦岭北麓农业休闲观光旅游的开发对秦岭北麓山前各乡镇的产业调整和经济发展都具有示范带动效应，配合生态工程的建设，不但可以促进山前绿化，而且还可以促进当地经济的发展和农民群众的致富。观光农业旅游开发是国家宏观经济调整时期社会资金寻找新投资领域的必然选择，并将成为新的经济增长点。观光农业旅游因其开发项目的农业特色，直接受到国家投资政策的倾斜优惠。城市周边农村地带正是基于这种地缘加血缘的优势，吸引了大批投资者纷纷进入，使农业休闲观光旅游区可能成为下一轮房地产开发的热点地区。可见，观光农业旅游的产生是时代发展的必然。

良好的契机与政策优势：中央实施西部大开发战略，加快中西部地区发展，是我国现代化战略的重要组成部分，是党中央高瞻远瞩、总揽全局、审时度势做出的重大决策，也给西安社会、经济带来了千载难逢的机遇。西安地处我国西部与中东部的结合部，是连接西部地区与东部地区的交通枢纽和通信枢纽，是西部经济区域与东中部经济区域的各类商品、劳务和生产要素融通的最便捷的市场，是西部地区最大的中心城市，是西部地区的商贸、科技、旅游、文化、金融、信息中心，在西部大开发中具有"桥头堡"的地位和作用。再造一个山川秀美的西北地区是江泽民同志对西北各省区的殷切希望，作为自然环境条件本身相对较好的秦岭山前地带，应该确立更高的生态恢复和重建目标，将退耕还林（草）切实有效地实施起来，让山绿起来、水清起来、天蓝起来，将秦岭北麓与山前地带真正建成西安的"后花园"和氧气输送源。随着改革开放的不断进行，城乡居民收入的不断增加及新的节假日制度的实施，中国旅游业，特别是国内旅游得到迅速发展。党中央、国务院实施西部大开发战略，西部地区丰富的旅游资源将为我国旅游业的发展带来新的机遇、新的市场，也将带动西部地区经济的发展。位于西安近郊的秦岭北麓农业休闲观光旅游区，抓住西部大开发的历史性机遇，应该切实发挥良好的区位和自然优势，因地制宜地进行科学规划，将秦岭山前地带建设成西安市民休闲度假、夏日避暑、购置"第二家园"的理想之地。

　　（2）秦岭北麓观光农业旅游产品开发挑战分析

　　农业旅游人才缺乏，经营管理水平低。目前秦岭北麓旅游人才缺口较大，旅游从业人员整体素质不高，旅游业队伍经验不足，而农业旅游作为一种新兴旅游产品，缺乏专门旅游人才的现象更为突出。由于没有专门的旅游人才，造成农业旅游开发的硬、软件不全，在游客服务方面，也没有接待办公室与人员，没有指示图、导游图和咨询台等，缺乏必要的服务体系，使得游客认为服务差、体验和印象低。人才的缺乏，还造成一些农业旅游产品的个性化开发明显不够。农业内部的旅游人才缺乏，最终将使秦岭北麓难以开发出更多更好的、在国内外具有高知名度的品牌农业旅游产品，进而影响秦岭北麓地区农业旅游整体水平的提高和潜力的发挥。

　　农业旅游项目季节性强。受自然气候条件、农事季节的影响，农业观光旅游具有明显的季节性。西部大部分地区存在旅游旺季短、淡季长的问题，更加剧了农业旅游淡旺季之间的矛盾。这种明显的季节性变化（例如牧草的冬枯夏荣、果木的春华秋实），引起了旅游吸引力的季节性差异。例如，观光果园在夏秋挂果期间游人如织，管理又跟不上，乱采乱丢现象严重，而冬季则门庭冷落，旅游人数寥寥无几，设施大量闲置。因此做好旅游产品开发的统筹安排则是观光农业旅游产品开发可持续的重要保证和基础。

表 6 – 3　　　　秦岭北麓农业观光旅游产品设计与开发 ASEB 战略矩阵

	活动	环境	体验	利益
优势	1. 农业活动的参与乐趣，有快乐感 2. 独特的生态农业目的地 3. 农业观光的多重功能（休闲娱乐、科普知识教育、生态保护教育） 4. 重点发展生态农业旅游	1. 独特的当地农业特色，适合开发各种独特丰富的农林旅游产品 2. 秦岭北麓气候温润，降水丰富，便于农业旅游的开展 3. 当地政府都把观光农业旅游发展意向列入政府工作目标	1. 观光农业产品的开发与设计体现了生态、教育、休闲等多重功能 2. 了解秦岭北麓的独特农业历史文化 3. 现代农业的科技性，让游客体验到农业科技的乐趣	1. 增加游客的农业知识 2. 培养生态保护意识 3. 通过多种农业旅游产品体现多重体验功能 4. 社会经济、生态效益的最优化
劣势	1. 活动的季节性限制 2. 某些地区产品结构的单一性 3. 重游率低（产品的长期性、稳定性、有限性） 4. 农业观光活动有需要改进的地方	1. 产业规模小，产品开发没形成集团优势 2. 在市场、游客动机与目的地开发之间产生一定的差异 3. 在参与方面需要目的地进行更多的展示和活动	1. 知识背景影响体验满意度，具有较高的知识储备的人对产品的参与性更加注重 2. 游客偏好与提供体验的不一致 3. 观光农业旅游开发目前还较为粗放，服务等方面还有较大的提高空间	1. 游客期望值与管理目标的差异 2. 兴趣、知识背景影响收益评价 3. 观光农业旅游产品的效益（生态、经济、社会效益）的不协调性
机遇	1. 抓住优势项目 2. 参与性活动的丰富性要有较好的体现 3. 广阔的客源市场 4. 建立公共关系 5. 实现区域、景点的联合 6. 发挥良好的生态、社会、经济影响，吸引游客重游	1. 农业现代化技术的发展 2. 观光农业产品发展的衍生 3. 区域内生活经济水平的提高 4. 高薪农业经济圈的发展	1. 强化产品的体验参与性 2. 采用各种不同的观光游览形式 3. 提供引导帮助，让游客了解更多的农业历史知识，以及科学技术 4. 生态农业旅游是在生态旅游发展下衍生出来的，具有可持续的动力性	1. 设法让各种层次的游客从中获益 2. 文化水平的提高，有助于乐趣的产生
挑战	1. 外部因素的不可控制（政治、经济、文化技术） 2. 市场需求的导向性和变化性 3. 农业小农意识的残留 4. 整体开发意识的淡薄	1. 对区域大环境的依赖性 2. 设施的更新，改良、创新 3. 观光农业产业的环境培养	1. 观光农业体验的单一性与游客需求的差异 2. 体验的知识性对体验庸俗性的挑战 3. 农业产品体验的特殊性和生态性的结合	1. 知识背景的差异，兴趣转移，需求的个性化、差异化很难获得足够的心理满足，难以从中获益，满意度降低 2. 培养农业知识的乐趣和爱好

第三节　基于体验的秦岭观光农业旅游 产品谱系表的构建

秦岭北麓如此得天独厚的观光农业旅游资源、便利的区位条件和稳定的客源市场是开发观光农业产品、发展观光农业旅游的理想之地。根据市场需求，结合旅游资源种类和特色，依据体验类型，秦岭北麓观光农业旅游产品谱系如下。

表 6 – 4　　　　　　　　　秦岭北麓观光农业旅游产品谱系

体验类型	产品系列	产品类型
娱乐型	民俗风情旅游产品系列	乡村文化体验游
		民间节庆游
	休闲度假旅游产品系列	避暑休闲游
		保健疗养游
		运动健身游
	特色购物旅游产品系列	生态购物游
		特色饮食体验游
审美型	生态观光旅游产品系列	森林生态游
		田园风光游
		乡村风光游
	绿色农业生态旅游系列产品	生态农业观光游
		特色生态农业体验游
教育型	农业科教旅游产品系列	农业科技展示游
		生态农业科考游
		农村留学游
		文学创作游
		修学游
逃避型	特色乡村体验旅游系列产品	农村生活体验游
		主题农事体验游
		乡村怀旧游
	观光探险游系列产品	森林探险游
		漂流体验游

一、民俗风情旅游产品系列

秦岭北麓包括宝鸡、西安、渭南三大市，位居关中之中，其丰富的民俗风情极具关中地方民俗特色。而当地淳朴的民风、优美的环境、悠然的生活方式也更是让久居都市的人群十分向往。因此，我们可充分利用秦岭北麓丰富的民俗风情资源，深度挖掘其特色，开发出以民俗观光、民艺欣赏、民俗体验、民艺学习等为主的多层次旅游体验活动，其中以乡村文化体验游和民间节庆游为主。重点开发周至的集贤古乐、蓝田玉器、长安的"碗碗腔"和"眉户"、秦腔、渭南美腊瓷、周至的哑柏刺绣、户县的农民画、华山灯笼节、华山古庙会等民间风俗。

表6－5　　　　　　　　　　秦岭北麓民俗风情旅游产品系列

产品类型	产品要素	支撑资源或项目
乡村文化体验游	地方风俗观赏、民间礼仪学习、民间演艺欣赏、民间艺术学习、参观艺术品制作过程、自己亲手制作等	周至的集贤古乐，长安的"碗碗腔"和"眉户"、添碟子、长安鼓乐、华阴曲子、华阴碗碗腔和老腔戏，岐山的弦板腔、曲子、眉户、秦腔，户县的曲子、碗碗腔、秦腔、汉调二簧，临潼的"关山鳖鼓"、零口"十面锣鼓"，蓝田的水会音乐，华县皮影、秦腔、华州背花鼓；渭南美腊瓷；周至的哑柏刺绣；户县的农民画；蓝田玉器；华县的皮影雕刻；麦秆画；华县剪纸、书法、竹艺、根雕；凤翔刺绣、脸谱面具；潼关通草堆画、烫画、刺绣；陈仓泥塑、刺绣、剪纸、布制品、手工蒸笼；潼关婚俗；华阴拉花戏、素鼓、送灯；长安花灯、打击乐、道情；周至民间锣鼓、唢呐、夹板舞、木偶、皮影、马社火、牛斗虎；凤县民歌；户县的背社火；华县社火；陈仓烟火、社火
民间节庆游	春节、元宵节、端午节、中秋节、重阳节、腊八节、旅游节、庙会、民间集会、商贸农事节等	华山灯笼节；华山古庙会；太白上旅游登山节；春节、元宵节、端午节、中秋节、重阳节、腊八节、蓝田美食精品展；临潼石榴节、雨金药王古庙会；阿姑泉牡丹园；骊山古庙会；岐山五丈原诸葛亮庙会和高庙太白爷会；户县万花山朝山会

与其他旅游产品开发相比，民俗风情旅游产品的开发设计一定要突出地方特色、注重其原真性，在活动设计上要突出高参与性，加深游客的体验层次；在活动内容上要丰富多样，向游客展现多姿多彩的民间风情，增加其娱乐性。

二　休闲度假旅游产品系列

休闲度假旅游产品系列主要包括避暑休闲游、保健疗养游和运动健身游。该产品系列以秦岭北麓观光农业资源为载体，以市场需求为导向，设计以中、深层次体验为主的供人们休闲度假的旅游产品。目前，休闲度假已经越来越成为都市人群外出旅游的主要旅游动机之一。正是在这种趋势下，素有"西安后花园"之称的秦岭北麓逐渐成为西安市民休闲度假的重要之地。而与此同时，秦岭北麓众多的森林公园、避暑庄园、观光度假园和农业示范基地等资源为休闲度假旅游产品提供了强有力的开发基础，满足了旅游市场需求。该系列旅游产品系列的设计开发对设施条件要求较高，特别是保健疗养游。但总体而言，风景要优美，环境要幽静，设施建设要以功能为导向突出自然、和谐，切忌追求豪华、奢侈。只有如此方可满足游客休闲度假的要求。

表 6-6　　　　　　　　　秦岭北麓休闲度假旅游产品系列

产品类型	活动项目	支撑资源或项目
避暑休闲游	打纸牌、搓麻将、下棋、品尝特色小菜、聊天、采摘果蔬、掰玉米棒、抓鸡、烧烤、垂钓等	长安区终南山避暑；陈仓区庵坪避暑山庄；西安高冠避暑度假山庄；长安区沣峪庄园；户县二一零所长峰旅游中心；朱雀民族村；涝峪度假山庄；华县太平峪度假山庄；蓝田董家岩瀑布山庄；西安建秦旅游农业观光度假园；临潼五星生态园
保健疗养游	生态健身、森林疗养、野味食疗、森林浴、中药保健、中药美容等	周至楼观台森林公园、黑河森林公园；眉县太白山森林公园、红河谷森林公园；户县太平森林公园、朱雀国家森林公园；长安沣峪森林公园；岐山崛山森林公园；华县少华山森林公园；凤县以凤党、秦芃、柴胡等为主的中药材基地
运动健身游	登山、游泳、骑自行车、徒步旅行、攀岩、狩猎等	华山；渭滨区天台山国家森林公园；眉县太白山森林公园、潼关县泉湖风景区；潼关黄河风景区；凤县嘉陵江源头风景区、辛家山原始森林自然保护区；长安牛背梁国家级自然保护区；凤县嘉陵江源头；户县美陂湖风景区；蓝田汤泉湖

三　特色购物旅游产品系列

随着经济的发展，社会生活条件的提高，人们越来越注重享受生活；而另一方面随着全球环境的变化，人们也越来越关注生态环境。因此，绿色生态产品的购买和特色食品的品尝越来越受都市人群的喜爱，购物也逐渐成为人们外出旅游的主要动机之一。而秦岭北麓具有众多的观光农业示范基地和瓜果农园、民间艺术品和各种各样的特色小吃正满足了都市人群的这一愿望，是特色购物旅游产品强大的资源基础。

特色购物旅游产品系列主要包括生态购物游和特色饮食体验游。从开发内容上来讲，生态购物游主要以秦岭北麓生态食品、民间艺术品、中草药为主，而特色饮食体验游主要以秦岭北麓的特色小吃和鲜果等为主。从体验层次上来讲，生态购物游应以观光购物为基础，进一步深层开发，设计一些高参与性体验活动，如让游客自己剪纸、根雕、泥塑等以加深游客体验，提高游客满意度。特色饮食体验游则应在特色小吃和鲜果品尝的基础上，加大体验力度，让游客参与到食品的制作过程中，如游客亲自采摘果实，学做小吃等活动，以便丰富游客的旅游体验。

表 6 – 7　　　　　　　　　秦岭北麓特色购物旅游产品系列

产品类型	产品要素	支撑资源或项目
生态购物游	绿色生态食品、生态保健产品、当地土特产包括中草药材、商品花卉、绿色蔬菜、鲜果、民间工艺品和传统手工作品、农林畜产品及制品等	凤县大红袍花椒、"户太 8 号"葡萄、临渭水晶饼、周至猕猴桃、临潼石榴和火晶柿子；户县的农民画、周至的哑柏刺绣、渭南美腊瓷、蓝田玉器、华县的皮影雕刻；华山细辛、华山参、华山灵芝、华山菖蒲、凤县党参；太白的山萸酒、陈仓社火马勺脸谱；太白贝母；华县剪纸、书法、竹艺、根雕；凤县刺绣、脸谱面具；潼关通草堆画、烫画、刺绣；陈仓泥塑、刺绣、剪纸、布制品、手工蒸笼；临潼唐三彩陶、防秦铜车马、兵马俑复制品；麦秆画
特色饮食体验游	品尝当地特色小吃、瓜果；参观制作过程；自己亲手制作；瓜果采摘、购买等	周至的牛羊肉泡馍和肉夹馍、临潼端午香包、"户太 8 号"葡萄、临渭的时晨包子、户县米面凉皮和擀、太白的山萸酒、眉县太白酒、潼关八宝酱菜、华阴麧面、岐山臊子面和文王锅盔；岐山面皮；蓝田苦荞小麦饸饹、糍粑、神仙粉、灞源豆腐干；潼关第一名吃——黄河鲇鱼汤、黄河鲤鱼；华县面花；临潼"biang biang"面、黄桂柿子饼；临渭白辞；华阴擀馍、麻食泡；眉县柱顶石干粮馍；华阴大刀面；户县汤面、搅团、大肉辣子圪垯；周至秦岭土蜂蜜、醪糟、洋芋糍粑；临潼五行生态园

四　生态观光旅游产品系列

生态观光旅游产品系列是秦岭北麓观光农业目前最有优势的旅游产品，也是秦岭北麓观光农业旅游产品的重点开发内容之一。秦岭是我国南北自然地理的天然分界线，该地区生物资源丰富，动植物复杂多样，被誉为"世界生物基因库"。秦岭北麓作为秦岭的北边防线，扼守着众多的山川、河流和百余公里长的山缘线。1982 年以来，陕西省政府在秦岭北麓陆续建起了15 处森林公园，形成了以太白山、黑河、楼观台、王顺山、朱雀、终南山、骊山、天台山等国家森林公园为主干的森林生态旅游区，森林覆盖率达53.1%，成为关中天然空气的调节器。此外，关中地区土地肥沃，农业发达，民风淳朴，而居于其中的秦岭北麓拥有大量的农业示范基地和美丽乡村风景。由此可见，开发生态观光旅游产品系列是秦岭北麓的绝佳选择。该旅游产品系列以森林公园、风景名胜区、农业示范基地和特色乡村等为依托，突出"生态特色"和"乡村气息"，以浅层次观光体验为主，开发适合大众人群的森林生态游、田园风光游和乡村风光游。重点利用太白森林公园、太平森林公园、天台山森林公园、骊山森林公园等国家级森林公园，蓝田鼎湖观光农业示范园、汉风台特色水果示范园、临潼五星生态园等农业示范基地和西岐民俗村、农家乐、广新园等民俗村来推出特色的生态观光旅游产品。

表6-8   秦岭北麓生态观光旅游产品系列

产品类型	产品要素	支撑资源或项目
森林生态游	山峡风光、水域风光（瀑布、流水）、特殊或典型的地质地貌、植被及群落景观、人文景观、自然天象（日出、日落等）、四季时宜等	周至楼观台森林公园、黑河森林公园；眉县太白山森林公园、红河谷森林公园；户县太平森林公园、朱雀国家森林公园；渭滨区天台山国家森林公园（照片）；岐山崛山森林公园；华县少华山森林公园；潼关县泉湖风景区；潼关黄河景区；长安沣峪森林公园；终南山森林公园；骊山森林公园
田园风光游	特殊的田园景观、乡间小路、田园风景（欣赏花海、游览果园、采摘野花、蔬菜）	蓝田鼎湖观光农业示范园；蓝田白马河生态园；太白明优特蔬菜标准化生产示范园区；潼关县银杏科技示范园；西安汉风台特色水果示范园；同兴西瓜示范园；眉县槐芽镇赵家庄村草莓科技产业园区；凤县凤州镇龙口村花椒标准化生产科技园区、三官殿村南江黄羊示范园；临潼马额镇南王村蓝狐养殖基地；户县银户生态观光产业园；临潼五星生态园等
乡村风光游	当地的特色建筑、村风村貌、农家小院风采	朱雀民俗村；广新园民族村；西岐民俗村；秦俑民俗村；农家乐；乡间垂钓园

五　农业生态旅游产品系列

农业生态旅游产品系列主要是以生态农业为载体，开发生态农业观光游和特色生态农业体验游两种产品类型。重点利用渭河现代生态农业示范区、陕西嘉艺生态农业观光园、蓝田鼎湖观光农业示范园、西安草滩生态产业园、银户生态观光产业园等生态农业示范园进行旅游产品开发。该产品系列主要是为了满足人们对生态农业的认知和了解，以及对生态农业产品的需求。而在体验层次上，目前该产品应以生态农业观光为基础，以生态农业体验为重点。

表6-9　　　　　　　　　秦岭北麓农业生态旅游产品系列

产品类型	产品要素	支撑资源或项目
生态农业观光游	参观农业生态设施；欣赏生态农业景观；绿色食品生产观光；水域养殖观光	渭河现代生态农业示范区，陕西嘉艺生态农业观光园；户县银户生态观光产业园；蓝田鼎湖观光农业示范园
特色生态农业体验游	采摘绿色果蔬；品尝无公害蔬菜、水果；参观生态产品加工制作过程等	渭河现代生态农业示范区，陕西嘉艺生态农业观光园，西安草滩生态产业园；岐山五丈塬镇西星村猕猴桃示范区，蓝田无公害大杏示范园；西岐民俗村、潼关县银杏科技示范园；户县银户生态观光产业园；蓝田鼎湖观光农业示范园等

六　农业科教旅游产品系列

农业科教旅游产品系列是以都市青少年（在校学生）、农科专家及农民为主要对象而开发设计的。该系列旅游产品主要包括农业科技展示游、生态农业科考游、农村留学游、文化创作游和修学游五大板块。其目的在于将娱乐和教育、娱乐和科考融为一体，寓教于乐，寓科于乐。如可通过秦岭北麓大量的农业科技示范基地、悠久的农业历史、优美的森林公园和自然保护区等向青少年介绍丰富的农业知识、独特的乡村生活方式及农业科技知识等，向农科专家传递农业科技信息，向农民灌输农业科技知识。另外，还可利用秦岭北麓的优美环境和淳朴民风进行文学创作等活动。

表6-10　　　　　　　　秦岭北麓农业科教旅游产品系列

产品类型	产品要素	支撑资源或项目
农业科技展示游	参观农业科技展示馆、参加农产品科技交流会、参观无公害蔬菜基地、参观无公害水果基地、参观科技园区、参观先进的农产品加工基地、参观畜牧业基地并操作	渭河现代生态农业示范区，沣峪庄园，陕西嘉艺生态农业观光园，户太葡萄园，陕西省苗木繁育中心，西安草滩生态产业园；太白明优特蔬菜标准化生产示范园区；潼关县银杏科技示范园；西安汉风台特色水果示范园；同兴西瓜示范园；眉县高格高新农林科技研究开发中心大樱桃科技示范园、槐芽镇赵家庄村草莓科技产业园区；凤县凤州镇龙口村花椒标准化生产科技园区、三官殿村南江黄羊示范园；临潼马额镇南王村蓝狐养殖基地；西安济农高新技术农业示范园；户县银户生态观光产业园；蓝田鼎湖观光农业示范园等
生态农业科考游	野生动植物考察、采集制作标本、地质地貌考察、植物景观、动植物生态习性观察等	长安翠华山、凤县辛家山原始森林自然保护区；长安牛背梁国家级自然保护区；华山；周至老县城大小熊猫保护区、周至自然保护区

产品类型	产品要素	支撑资源或项目
农村留学游	参观农业博物馆、参加科学讲座、观看农作物录像带、农作物收获体验、农村生活体验等（了解农业发展历史、相关趣闻轶事、与具有教育意义的诗篇、人物和相关作物知识等）	西岐民俗村、农家乐、广新园民族村、潼关县银杏科技示范园；眉县高格高新农林科技研究开发中心大樱桃科技示范园；槐芽镇赵家庄村草莓科技产业园；潼关中华圣桃示范园
文化创作游	美术写生、摄影创作、文学写作等	周至楼观台森林公园、黑河森林公园；眉县太白山森林公园、红河谷森林公园；户县太平森林公园、朱雀国家森林公园；渭滨区天台山国家森林公园；长安沣峪森林公园、岐山崛山森林公园；华县少华山森林公园；潼关县泉湖风景区；潼关黄河风景区；华山；潼关马超枪刺曹操——古槐；蓝田珍稀古树——银杏树；户县千年银杏、姊妹黄杨；户县阿姑泉牡丹园；周至万亩优质猕猴桃产业基地，户太葡萄园；蓝田无公害大杏示范园；临渭区冬枣基地；潼关中华圣桃示范园；岐山五丈塬镇西星村猕猴桃示范区，澳洲青苹果基地
修学游	夏令营、冬令营、课程实习	周至楼观台森林公园、黑河森林公园；眉县太白山森林公园、红河谷森林公园；户县太平森林公园、朱雀国家森林公园；长安沣峪森林公园；岐山崛山森林公园；潼关县泉湖风景区；潼关黄河风景区；翠华山

七　特色乡村体验旅游产品系列

特色乡村体验旅游产品系列主要包括农村生活体验游、主题农事体验游和乡村怀旧游。其主要是针对久居都市向往田园生活的城市群体以及都市青少年而开发设计的。其中农村生活体验游是以农村生活为载体，通过幽静的环境、美丽的田园风光及质朴悠然的生活方式圆都市人群一个田园生活的梦，如开展一些"做一天农家人"、吃农家饭、住农家屋、干农家活、享农家乐等活动；主题农事体验游主要以趣味性农事活动为载体，组织一些深度参与性活动，如举办一些果蔬采摘比赛、认领农园等活动，让游客在劳动中充分体验乐趣，升华到精神层次的体验，达到身心彻底地放松的目的；乡村怀旧游主要是为了满足那些怀有乡村情结的都市人群的需求，以乡村游戏、乡村景观及民俗活动为载体，设计一些静与动相结合的旅游活动，能让他们触景生情，回忆起以前的美好时光。

该系列产品的设计一定要突出农家特色和趣味性，同时也要注重原真性。而在体验层次上，目前该系列产品应以观光为基础，以参与性体验为重点，以深层次体验为发展趋势。

表6－11　　　　　　　　秦岭北麓特色乡村体验旅游产品系列

产品类型	产品要素	支撑资源或项目
农村生活体验游	住农家屋、吃农家饭、干农家活，如喂养家畜、小动物、种植蔬菜、采摘蔬果、种田、打水、赶牛羊、逛逛集市等，做一天质朴的农家人，体验乡村生活的平静	西岐民俗村、广新园民族村、秦俑民俗村、临潼五星生态园、农家乐等
主题农事体验游	农家串辣椒、农家食品制作、农家种田、农家果蔬种植、农家果蔬采摘、农畜牧养殖、组织一些农事比赛如摘葡萄比赛、摘苹果比赛、摘樱桃比赛、摘猕猴桃比赛等，以及认领农园等	沣峪庄园；广新园民族村；东韩村；秦俑民俗村；太白南滩苗圃；户太葡萄园；临潼五星生态园；西岐民俗村；朱雀民族村；凤县三官殿村南江黄羊示范园；秦川牛养殖示范区；马额镇南王村蓝狐养殖基地；周至虎峰千亩杂果林观光园；中华圣桃示范园；万亩优质猕猴桃产业基地；高家镇庙坡村的千亩优质猕猴桃园；渭滨区上甘沟无公害樱桃生产基地；长安马王草莓基地；渭滨石鼓镇刘家村无公害蔬菜基地、巨家村无公害蔬菜基地；临潼玉米田园
乡村怀旧游	参观和亲自参与一些乡村游戏、参加民间节庆活动、看看乡村教室、乡间小路等以勾起往日的时光	西岐民俗村，广新园民族村，秦俑民俗村，临潼五星生态园，农家乐

八　观光探险旅游产品系列

观光探险旅游产品系列主要是针对企业团体和专业探险人士的中青年群体而开发设计的。旨在满足游客的探新猎奇和挑战自我的需求。随着社会发展，现在企业经常会组织员工开展一些拓展训练，来锻炼员工的意志、培养团队精神。而同时随着"挑战自我"理念的深入，社会上一些探险俱乐部不断成立，年轻人也对探险活动都跃跃以试。由此可见，探险旅游也将会是旅游产品的一个大的发展趋势。秦岭北麓可利用其奇特的森林景观、原始自然保护区等具有探险潜力的资源开发极具挑战性的观光探险活动，来满足探险旅游市场的需求，同时也可拓宽秦岭北麓观光农业旅游产品谱系，延长旅游产品的生命周期。相对于其他产品而言，探险旅游产品的开发要更加慎重。开发设计过程中要注意生态环境保护，做好安全保护措施。

表 6 - 12   **秦岭北麓观光探险旅游产品系列**

产品类型	产品要素	支撑资源或项目
森林探险游	野外生存训练、攀岩、山野徒步体验、漂流、山地探险、山洞探险等	华山；渭滨区天台山国家森林公园；眉县太白山森林公园；凤县嘉陵江源头风景区、辛家山原始森林自然保护区；长安牛背梁国家级自然保护区
漂流体验游		

第四节　秦岭北麓观光农业旅游产品的深度开发与研究

一　深度开发的指导原则

（1）提高对农业旅游的认识，以农为本，树立大旅游和大农业的观念

农业旅游是旅游业发展的一个新方向。发展农业旅游对于调整农业结构、带动相关产业的发展、促进农村社会主义精神文明建设和丰富旅游产品都有重要作用。一方面拓宽了旅游资源的内涵和外延，丰富了旅游资源的覆盖率，满足了近年来广大人民群众返璞归真和回归大自然的要求，充分发挥农业的净化、美化和绿化作用，建立人与自然和谐的生态环境系统；另一方面改变了传统的农业生产结构，优化农业经济组合，开拓农业和土地利用的新领域，缓解一些热点景区的压力，增加农产品的商品量和附加值，为农业生产带来了巨大的经济效益，是振兴农村经济的有效措施之一。因此，要提高对农业旅游的认识，树立大农业与大旅游的观念，促进农业旅游发展。

（2）以市场为导向，总体把握西部农业旅游发展的重点区域

农业旅游是农业和旅游业相结合的一种新型旅游方式，应以市场为导向，确定秦岭北麓地区农业旅游发展的重点区域。根据秦岭北麓的资源特色和农业旅游的市场特点，有针对性地发展。面向城区居民，在一些大中城市附近的农村发展农业旅游，不仅可以解决城市居民周末无处可去的烦恼，也满足了人们享受野外新鲜空气、田野风光、放松紧张心情的需求。

（3）因地制宜，突出自身农业旅游资源特色，确定符合本地实际的发展思路

当前，秦岭农业旅游的主要任务是农业与旅游业有效结合，最大限度地发挥农业资源优势，在提高旅游产品档次、扩大农业旅游产品知名度的同时，注重农业旅游产品的创新、突出农业旅游资源的特色。秦岭北麓形成各自不同的农业生产方式和农业资源特色，应结合本地实际，根据不同的农业

资源，确定农业旅游的发展思路。只有这样，才能充分发挥当地农业资源优势，变资源优势为经济优势和产业优势，减少盲目性，扬长避短，避重就轻，从而推动区域经济的发展。

（4）加强环境保护，走可持续发展之路

在开发的同时如何保护当地自然环境和独特的农业环境，对于秦岭北麓农业旅游的可持续发展起着至关重要的作用，必须树立可持续发展观，把保护放在第一位，有限度地科学合理地开发利用。

二　体验性产品是秦岭北麓旅游产品深度开发的最佳选择

体验是一个新的卖点和价值的源泉，体验具有独一性和不可复制性，优质的体验经历会在游客的记忆中留下深刻的印象，令人难以忘怀，体验这一性质让之成为一种新的价值来源，这是未来旅游产品开发的基础。

表6－13　　　　　　　　　　　　农业旅游体验分类

体验分类	体验描述
动机	对异地或异质农业文化的渴求与认知
类型	身体、心理、情感上的以及智力的多元化体验
过程	个体在差异性，非常态文化情景的参与，感悟与体验

体验一旦融入旅游产品之中，将使旅游产品形成很高的经济附加值，这使得旅游产品的价格会得到很大的提升，因此为游客提供新鲜、个性化、差异化的体验过程将是旅游业发展的基础与核心。农业旅游作为旅游的一个重要类型，其本质非常符合体验的内在规定性，人们对异地或异质农业文化、农业风情习俗、农业科技的求知和憧憬，引发了农业旅游的发展。

（1）秦岭北麓农业旅游体验性产品开发面临的问题

①农业产品的体验主题不鲜明，创新意识淡薄

目前，秦岭北麓普遍存在这样的问题，简单农家乐的堆积，松散粗放的管理模式，这使得秦岭北麓农业发展陷入了平庸无奇的惨淡经营之中，缺乏生机活力，这极大地降低了游客的重游率，限制了当地农业旅游的可持续发展，良好的主题是体验的基础，能给游客带来愉悦的审美和世俗体验，但是秦岭北麓观光农业的80%都处于一种主题淡薄的状态，这是对游客体验需求关注意识的淡漠，秦岭北麓的观光农业往往是盲目地模仿，没有自己的特色，而且在本已平庸化的主题下面还设置了缺少关联性的景点和活动。此外，秦岭北麓大多数的观光农业区缺少常变常新的经营思路，区域内农业旅

游设施陈旧，这些都无法满足游客不断变化的新需求，这给我们在开发秦岭北麓农业旅游产品指明了新的思路和方向。

②农业旅游纪念品的匮乏，体验提升价值的缺失

农业旅游纪念品是一种体验农业旅游的工具，人们通过它把体验与他人分享——"我去过那里，我做过那个"。旅游的质量因此得到提升，在我国农业旅游发展得非常好的地区，已经拥有了内含当地农俗文化、农业风情的旅游纪念品，有的甚至形成了系列，在游客的消费比例中占有重要的地位，但是目前的秦岭北麓我们没有发现成系列的观光农业旅游纪念品系列，而且纪念品存在千篇一律，地方特色匮乏，不能充分体现当地观光旅游农业特色的问题，坦白地说，现在的秦岭北麓的农业旅游纪念品更多的是"鸡肋"的体现，这也是我们在做秦岭北麓观光农业产品开发中需要细化的地方。

③产品形态单一，深度开发不足，体验的广度降低

秦岭北麓目前很多观光农业旅游区都存在着产品形态单一，主要是以观光游览为主，有些科技农业产区展示方法单一、原始，游客对农业旅游开发区域感知单调，区域目的地给游客的体验项目较少，难以激发游客持续的体验热情，在游览过程中的互动性差，秦岭的很多农业旅游区给游客留下的游后印象淡薄，另外农业活动、乡村习俗的情景化展示没有充分得到发挥，游客对秦岭的农业特色难以得到更深一步的感知，更加难以使游客获得基于深度体验的享受。

（2）秦岭体验性农业旅游产品开发设计原则与方法

多元化原则——体验不仅仅是参与，它有更多的的类型，包括娱乐（entertainment）、教育（education）、逃避（escape）、审美（estheticism）及移情（empathy）。

不同的类型会给人带来不同的体验，而且旅游者的差异也对体验的需求有很大不同，因此多元化的原则是产品开发成功的保证。

整体规划原则——体验经济时代的旅游体验要求旅游产品设计者将旅游者的体验设计到产品中去，以旅游者的参与为前提，强调体验，如果能为游客提供一个整体性的体验氛围和体验环境，让游客获得充分、全方位的旅游体验，将极大地提高旅游者的旅游质量。所以要对旅游产品的吸引要素和服务要素进行整体性规划体验。

创新原则——在体验成为当今旅游发展重中之重的今天，观光农业旅游产品如果想取得并保持持久的吸引力，我们必须不断地创新，只有创新才能保持旅游体验的新鲜感。

（3）秦岭北麓体验性农业旅游产品设计步骤

①寻找鲜明的发展主题

主题是体验的基础，合适的主题能给游客提供深刻的印象，在秦岭北麓的观光农业旅游需要鲜明主题的支撑，所以在产品中我们必须引入品牌主题的概念——生态农业主题的旅游。可以围绕以下主题寻求发展思路。

农耕文化主题的旅游

农民手工产品主题的旅游

森林公园旅游

栽培植物观赏主题旅游

农业饮食文化休闲主题旅游

农业文化习俗体验主题旅游

②拓宽体验场景营造氛围的广度

在秦岭观光农业旅游中加入农业氛围的影响。氛围的营造能够使得游客更好地融入旅游活动，所以在秦岭北麓观光农业旅游产业圈中，提升农业旅游氛围便成了秦岭农业旅游发展的一个必要环节，应该进行立体的、深化的氛围组合，强化农业文化氛围、农业参与氛围、农业体验氛围与农俗农事地域特色氛围。

③重视体验参与性和娱乐性的挖掘

在秦岭北麓的农业旅游活动中，如何把握和提高农业旅游活动的参与性和娱乐性，成了旅游产品开发的重要思路。可以设计农业采摘节庆、农家乐饮食体验、农活参与活动设计、乡村生活休闲康体等。

④体验衍生品的设计

旅游衍生品的开发是旅游产品附加值提升的重要方式，在秦岭北麓的农业旅游开发中，准确地把握市场的需求，深挖农业旅游产品附加值，结合当地的特色，开发果品绿色蔬菜系列、特色农文化饮食系列、农业手工艺品系列等适销对路的旅游衍生产品。

三　精品带动整体的开发设计思路

一项旅游产品的价值在很大程度上取决于本身具有的与众不同的独特性、吸引性、持续性，在开发过程中要体现其独特性、吸引性和持续性，我们只有在这样的基础上对资源进行开发后才能形成旅游精品，注重精品带动势必形成增长极，从而使旅游地发展成服务一流、管理一流、效益一流、保护一流的精品旅游目的地和旅游品牌，利用品牌效应和辐射效应的充分发挥带动旅游产业的发展，同时周边发展的旅游必然同时反馈品牌景区，真正达到共同进步的目的，进一步延长了目的地景区的旅游产品的生命力周期。

对于旅游精品带动战略是秦岭加快旅游资源开发、建设农业旅游强区的核心任务。开发旅游精品必须始终依托秦岭独特的大农业旅游资源优势，以国内外市场的需求为导向，把握现代旅游的发展趋势，开发既充分体现秦岭的地方性，又适合现代人旅游对观光农业需求的特色旅游产品体系。

（1）突出"农业生态、农耕文化"主题

旅游资源是旅游产品开发的基础，充分发挥旅游资源的比较优势是实施旅游精品带动战略的前提。秦岭北麓的农业旅游资源无论是与邻近区域还是全国比，特色鲜明的田园风光、民族风情，都居于优势地位，而且，随着经济的发展，人们对生态性的回归自然有了很大的需求，这给秦岭的大农业生态旅游提供了良好的契机，秦岭要参与旅游市场竞争，就必须突出"农业生态、农耕文化"特色主题，开发独有的旅游精品。

（2）优先开发主题旅游产品，确立秦岭北麓观光农业的四大旅游主题

要以重点旅游区域、旅游城市和旅游景区为载体，按照旅游市场发展的客观规律，开发适销对路的主题旅游产品。

围绕秦岭北麓，以优良级资源、目标市场需求和旅游发展趋势为指导思想，现确立四大旅游主题如下：生态农业，这里主要依托生态农业的优势，强调人们渴望生态的回归自然的愿望，达到发展旅游精品的目的；农业科技展示，农业科技的展示对于紧挨全国首个农业硅谷——杨凌的秦岭北麓来说，区域内的农业科技发达，对周边省区的游客具有较大的吸引力；优美风光，秦岭北麓众多的森林公园和水域风光，无论从环境，还是视觉美观上都对久居城市的游客具有极大的引力；民俗文化，这是观光农业旅游永恒的主题，它以生动的方式向游客展示独特的乡土生活方式和多姿多彩的民间习俗，极大地提高了游客的体验性。具体如图 6 – 1 所示。

（3）注重精品旅游产品开发

根据以上分析，结合秦岭北麓观光农业客源市场，依据秦岭北麓观光农业的精品主题可开发的精品旅游产品如表 6 – 14 所示。

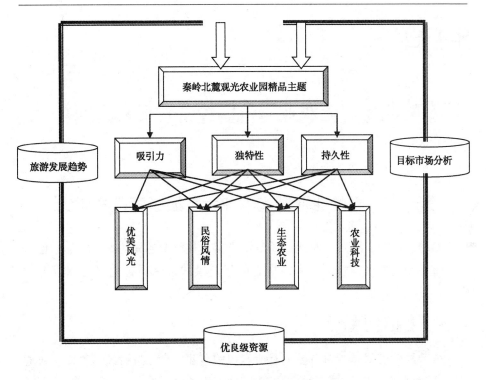

图 6-1 秦岭北麓观光农业精品主题

表 6-14 秦岭北麓精品旅游产品

精品旅游产品	精品主题	开展活动
生态观光之旅	优美风光	主要利用秦岭北麓森林公园、河流泉湖、特色生态农业基地等资源开展以观光为主的旅游活动
民俗娱乐之旅	民俗风情	主要利用秦岭北麓丰富的民俗艺术和多彩的民间节庆开展以娱乐为主的观光农业旅游活动
休闲度假之旅	优美风光、民俗风情	主要利用秦岭北麓优美的自然风光和多样的休闲农庄和森林公园开展以休闲度假为主的观光农业活动
特色饮食之旅	民俗风情、生态农业	主要利用秦岭北麓多姿多彩、美味十足的特色小吃和绿色生态食品开展以品尝、购买为主的旅游活动
农家体验之旅	民俗风情、生态农业	主要利用秦岭北麓独特的民间生活方式和质朴的民俗风情开展以体验农家生活和农事生产为主的旅游活动
农业科教之旅	农业科技、生态农业	主要利用秦岭北麓生态农业基地和农业科技示范园开展以教育、科考为主的旅游活动

第七章

秦岭北麓观光农业示范园经营发展模式探讨

第一节　秦岭北麓观光农业示范园经营模式研究

秦岭北麓地域辽阔，农业旅游资源丰富，其类型各异的观光农业示范园应当有不同的发展模式。首先，从它的经营模式上来看，主要有以下五种模式。

一　分散经营模式

分散经营模式是指对自己拥有所有权的东西，自己进行经营，而不再通过委托代理、租赁等方式交给他人或其他组织经营，这种模式具有以下三个方面的特点。一是所有权和经营权的统一。在观光农业旅游经营中，村民对自己拥有的土地、房屋、设备等资源进行组织和管理，开展观光旅游活动，一般提供餐饮、住宿、休闲和娱乐服务。这种模式下的旅游接待活动，一般都是由个别村民自发组织经营的，以夫妻店为主要特色，在接待户多到形成一个大的气候之后，整个地区便形成了农业观光旅游的格局。二是自筹资金进行开发，投入少，收益也少。在开发初期，资金主要是通过民间自发筹资得到的，总体投入少，收益也少，旅游业的带动效应相对不大。三是开发的非专业化，由于开发者都是当地的村民，缺乏旅游开发管理方面的专业知识，因此，在实际操作中，很大程度上都是借鉴其他地区的开发经验进行模仿开发的，开发方式比较原始，很少进行创新或根据自身的特色来决定其开发方式，产品营销一般都在当地旅游局的指导下进行，由于资金限制，很少单独进行产品的营销活动，同时旅游产品的开发档次也比较低。

由村民直接进行自主经营，有利于调动他们经营和管理的积极性，资源的所有人是自己，经营和管理的受益者还是自己。经营者为了取得更好的经济效益，必然会充分发挥自己的聪明才智把旅游接待活动经营管理好，这也为农民的增收开辟了新的途径。另外，这种模式下，没有任何组织特别是地区以外的企业参与经营管理，从而减少了村民与外来企业之间因权利和责任在分配上产生的分歧和摩擦。村民在自主经营的同时必然会注意对现有旅游资源的保护性开发，对当地旅游资源的保护和科学开发都具有现实性的意义。

这种分散经营模式也存在着一些缺陷。随着市场竞争的加剧，以接待户为单位的旅游经营活动很容易受到来自外界竞争的影响，而以家庭为单位的经济组织很难应对这种激烈的竞争，他们在科学技术、资金支持以及经营理念上都处于劣势，可能会使部分接待户的旅游接待活动以失败告终。为了应对激烈的市场竞争，村民不得不采取降价的方法来参与市场竞争，从而有可能陷入恶性循环之中，这样就会对整个行业造成负面影响。另外在资金和技术方面，村民很难承担过高的后续开发费用，在科学规划和发展方面也有类似的问题，缺乏必要的支持。

分散经营模式的特殊形式——个体农庄模式：个体农庄模式是由一些具有一定规模的农业个体户发展起来的，农业个体户通过对自己经营的果园、鱼塘、农场等进行改造和旅游项目建设，使之具有较强的旅游吸引力，能够完成旅游接待和服务工作，进而形成"以点带面"的局面。这种模式可以说是"农户＋农户"模式的发展方向，自主经营的农户通过扩大再生产从而过渡到个体农庄模式。通过个体农庄模式的发展，吸纳当地农村的剩余劳动力，通过手工艺、民俗表演、生产活动、特色农作物、参与性活动等形式带动农业示范园的发展。

农业观光示范园的经营模式种类繁多，具体采用什么样的经营模式要根据当地的具体情况区别对待，尤其是要注意各种经营模式的套用和组合创新，选择最合理的经营模式开展经营活动有利于观光示范园的可持续发展。

二　"公司＋农户"经营模式

"公司＋农户"经营模式在国内外观光农业示范园中应用比较广泛，就是以公司（经济实体）、科研单位、各类农民技术或专业协会为领头人，以一系列的社会服务带动农村千家万户进行观光农业旅游接待活动的经营模式。

这种模式下，公司与农户签订合同，把生产环节交给农民去做，而产品的营销环节则由公司来承担，这就在很大程度上实现了优势互补。公司在市场开发和运作方面具有天然的优势，而由特定农户生产出来的旅游产品则为公司提供了稳定而可靠的原料源和产品源。"公司＋农户"型经营模式的基本特征是，公司与农户之间通过订立合同来规定双方在生产、销售、服务、利益分配及风险承担等方面的权利和义务，从而建立一种相对稳定的合作关系。这种模式能够保证观光农业旅游经营活动中产品的生产、销售、服务、市场开拓、整体规划、技术创新等方面公司和农户发挥各自的优势，实现优势互补。在这种模式下，村民的接待服务要经过公司的统一培训，接待设施也必须符合公司的标准，公司将对农民的接待服务进行监督和检查，这就使得农业观光旅游的经营活动实现了科学化、标准化。这种模式也很好地解决了公司难以打入乡村内部的不足，有利于提高农民的技术、文化素质，也有利于农村政治和经济的稳定发展。

"公司＋农户"型经营模式的不足也是不容忽视的。相对于农民的数量来说，公司的数量要少得多，这就使得"公司＋农户"型经营模式很难在更广阔的范围内开展。大多数公司在资金、技术、人员、信息掌握、法律运用等方面与农户相比具有很强的优势，这就使得农户在合同的订立过程中以及生产、销售、服务等方面处于劣势，农民的合法权益很难得到切实的保障。此外，服务行业的标准是很难掌控的，其监督和检查的难度很大，这就增加了公司的成本。"公司＋农户"经营模式又可以有一定的创新，具体有以下三种模式。

(1) "公司＋协会＋农户"经营模式

"公司＋协会＋农户"经营模式是对"公司＋农户"经营模式的改进和创新，在很大程度上克服了"公司＋农户"模式存在的缺点和不足，其组织结构如图7-1所示。这种模式中的"协会"是指由参与观光农业旅游经营活动的农户代表组成的自治组织，其职权相当于股东大会，有权决定村内任何与观光农业旅游相关的重大事件，如对公司管理人员的使用、考核、监督以及财务状况的定期核查等。这个模式下的"公司"并非"公司＋农户"型经营模式中的外来公司，而是纯粹的村办企业，它受协会委托，从事本村的旅游经营活动，包括资源开发、产品策划、销售以及售后服务等，把接待的游客合理地分配给各农户，监督其服务质量，并定期与农户结算分红。"公司＋协会＋农户"经营模式中，公司只是管理和营销机构，并不直接从事接待服务工作，农户是直接提供服务的主体，这样就能够充分调动农户的积极性和主动性并保障农户的经济利益。其次，在这一模式下，开发者、管理者、经营者都是当地人，这有利于保证农业观光示范园的本地乡土特色，真正挖掘出当地的特色旅游产品，同时能够更好地保护当地的传统文化。最后，"公司＋协会＋农户"经营模式实现了协会、公司和农户之间相互合作、彼此监督、互利共赢，为持久性的经营提供了可能。

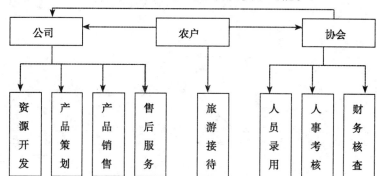

图7-1　"公司+协会+农户"经营模式示意

"公司+协会+农户"经营模式在其发展过程中也存在一些不足：一是资金和技术，作为村办企业，在资金和技术方面能力有限，很难实现旅游业的持续发展；二是在游客分配时很有可能出现不公平的现象，从而导致农户之间明争暗斗，制造不和谐的因素，影响旅游业的长远发展。

（2）"政府+公司+农村旅游协会+旅行社"经营模式

"政府+公司+农村旅游协会+旅行社"经营模式综合了各方面的力量，对观光农业园旅游活动进行开发（见图7-2）。这种模式的特点就是各个方面考虑比较全面，因为它涉及了农业观光示范园经营活动的各个关键环节和部门，能够更好地发挥各个部门的优势，使各方充分合作，实现共赢。政府主要负责对经营活动进行有效地调控，公司在经营和管理方面具有很强的优势，旅行社在市场开拓方面优势明显，农村旅游协会代表村民的根本利益，可以有效保护本土文化，增强当地农民的权益意识，为旅游的可持续发展奠定基础。当然采用这种经营模式也存在一定的风险，那就是各个方面的利益很难达到均衡，一旦出现矛盾和冲突，这种合作关系就会被打破。

（3）"政府+公司+农户"经营模式

"政府+公司+农户"经营模式实际上是对"公司+农户"经营模式的改革和创新，考虑到"公司+农户"经营模式中存在的风险，进一步强调了政府的作用（见图7-3）。在这个模式中，政府不仅要负责给予宏观上的协调和指导，为公司和农户的合作提供一个良好的环境，而且要负责总体规划和详细规划，并确定开发的地点、时间和内容，发动当地村民动手实施开发和经营活动。在开发和经营过程中，政府和相关管理部门将进行必要的指导和引导。在一些偏远的农村开展农业观光园经营活动，由于当地村民缺乏经验，获得信息的能力有限，相对于公司处于弱势地位，"政府+公司+农

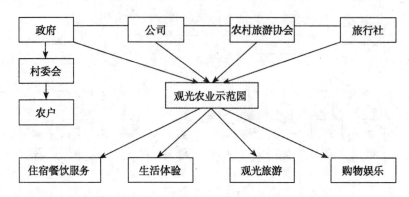

图7-2 "政府 + 公司 + 农村旅游协会 + 旅行社"模式示意

户"经营模式能够在一定程度上克服这些弱点，因而秦岭北麓一些经济落后的地区可以考虑采用这种经营模式。

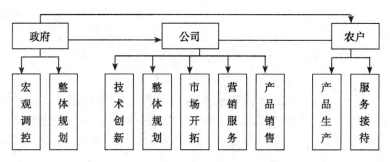

图7-3 "政府 + 公司 + 农户"经营模式示意

三 整体租赁经营模式

整体租赁经营模式，是指在一个旅游景区内，将景区的所有权与经营权分开，授权给一家企业或承包给个人进行较长时间的控制和管理，成片租赁开发，垄断性建设、经营、管理，并按照约定比例在所有者和经营者之间进行利益分配。

运用整体租赁经营模式需要一个大的前提，那就是观光园资源的产权是可以进行分割的，只有观光园的所有权和经营权得到了有效的分离，才能确保观光园在保证资源国家所有的前提下进行租赁经营。在整体租赁经营模式下，政府的主要职责是编制观光示范园的规划，成立专门的管理机构，对观光园的日常经营管理以及资源与环境的保护等情况进行有效的监督，协调开发经营者与当地政府和当地居民之间的关系，并通过行政、税收、行业管理等经济调控手段对观光示范园进行直接或间接的调控。

整体租赁经营模式有两种方式，即个人承包经营和企业承包经营。

（1）个人承包经营

个人承包经营的特点，一是经营权和所有权分离，个人承包经营一般都是与村委会签订经营合同获得经营权，因此经营权和所有权完全分离，每年承包者支付给村委会一定的利润或按收入的一定比例进行支付，由于经济效益与经营者和所有者的收入都直接挂钩，这在一定程度上能使经营者有强烈的市场经济意识，能精打细算，大大减少浪费现象，也能使作为所有者的村民和村委会积极配合经营者的经营行为；二是投入少，产出也少，由于经济实力的限制，个人承包者一般不可能对当地有太大的投资，资金的限制也使其不可能有大规模的产品营销活动，产品开发往往处于低水平重复的状态，而当地村民传统保守的思想导致其参与意识不强，旅游带动效应不大；三是追求短期经济效益，个人承包经营者一般开发意识比较强，对旅游开发前景相当看好，但也因为其对前景的不确定而使得其承包年限不会太长，由于开发时限相对较短，一般也不愿有太大的投资数额，往往会出现追求短期效益的现象。

将村落开发承包给外人经营，对于所有者而言，转让经营权后旅游收益可能会小于自身开发所得收益，但其基本上不需要投入资金，承担风险，且每年都有固定的旅游收入，村民也能得到数量不大但固定的经济补偿，符合其小农经济意识，因而乐意采取该模式。个人承包经营的最大弊端是资金投入不足，一般不会进行很大的投资，而且对于私人而言，承包的主要目的就是赢利，在投入一定资金后首先要做的也就是如何在最短的时间内收回投资，这就导致在承包过程中可能会出现开发和保护能力不相适应的现象。因此，笔者认为在秦岭北麓农业旅游开发过程中，这种模式只适于在小范围内和开发初期进行。

（2）企业承包经营

这种经营模式的特点，一是经营权和所有权分离，开发者在取得经营权后，所有与旅游开发相关的项目均由开发商处理，当地政府及各级政府部门只负责处理行政事务，不干涉经营者的开发管理活动。在开发过程中牵涉与当地村民相关的事情时，开发商不与当地村民直接发生冲突，一般都是由各级部门出面解决。二是投入大，产出也较大，承包开发的一般都是较大的旅游公司，经营者有较长的经营年限，为了保证其良好的经济效益，必须考虑长远的开发效益，因此一般不存在追求短期经济效益的现象，各方面的资金投入也比较大。三是企业化管理，在管理方式上采取的是企业化管理，避免了政府经营可能出现的政绩工程现象，科学的管理、良好的服务和积极的营销往往会使其开发取得比较好的效果，在用人机制上往往比较灵活，有时能吸收当地居民，既节省了人事费用，也为当地提供了就业机会，提高了其开发的综合效益。

相对个人承包经营，企业承包经营的经济实力、经营能力、管理水平都有明显的优势，能够更加科学、合理地实施资源的开发、经营、管理，开发过程中的各种活动也便于用责任合同、经济契约进行规范，因此，在农业观光园所有者不愿承担经营风险的情况下，采取企业承包经营的方式不失为一种明智的选择。这种经营模式实际上就是政府出资源、企业出资金，二者共同受益的一种经营模式。这种经营模式在秦岭北麓一些经济相对落后的地区可广泛采用。企业作为观光示范园的经营管理者，其主要职责是负责观光园的日常经营和管理，参与市场竞争，实现自身的收益，并保证观光园的可持续发展。整体租赁经营模式通过协议的方式使观光示范园资源的所有者和经营管理者之间实现各司其职、相互监督、共赢发展。企业承包经营模式，可以充分发挥企业在资金、市场信息、科技创新、经营、管理等方面的优势，从而将农业观光示范园迅速地推向市场；也可以增强当地政府部门发展旅游业的信心，进一步保护现有资源和环境，实现可持续发展。整体租赁经营模式实现了政府和企业之间的优势互补。

企业承包经营模式也存在一些弱点。首先，这种模式存在政策上的风险，它将资源的所有权和经营权分离，并将经营权长期转让，突破了现有的管理体制和要求，在目前尚无明确法律规定的前提下，需要承担一定的政策风险。其次，将资源的经营权转让给哪家企业、企业的经营管理水平、农业观光示范园的规划合理性等都将给观光示范园的发展带来一定的风险。再次，外来企业的经营管理活动，可能会对当地居民的生活和文化形成冲击，如果引起他们的反感和不适应，就有可能打破这种合作关系，使这种经营模式很难持续下去。

四 "村办企业"经营模式

村办企业经营模式，就是由村委会主持组建公司对当地的农业观光示范园进行开发、经营和管理的一种经营模式。这一模式是由村委会自己进行开发管理，秦岭北麓滦镇上王村的农家乐就是一个典型代表。项目建设的前期，村委会结合当地的资源情况，出资聘请相关专家进行论证和规划，同时组建公司，然后由公司负责项目的开发和经营。项目所需的资金可以由村委会筹集，也可以由农户集资，农户也可以拿实物作为资产入股。村办企业的从业人员除少数管理和技术人员可以考虑外聘以外，一般的服务和工作人员可以尽量地以村民为主，这样既可以消化当地的剩余劳动力，方便村民就地就业，同时也可以降低劳动成本。当然，村民由于长期从事农业生产活动，对旅游接待服务工作知之甚少，甚至在头脑中认为"服务工作就是伺候人的工作"，因此在村民上岗之前必须要经过专业的培训，使之能够胜任工作。

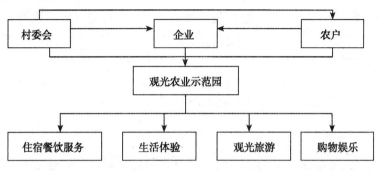

图 7 - 4　观光农业"村办企业"经营模式示意

这一模式是由村委会自己进行开发管理，由于村委会干部在旅游管理方面专业知识的缺乏，在目前看来，他们都处于一个摸索的过程，但有一点是可以肯定的，尽管风险较大，但旅游开发所得到的全部收益都会用于村民，因此村民一般都比较支持和配合村委会的开发和管理。"村办企业"经营模式的优点包括两个方面。一方面，农民的积极性会得到有效的调动，毕竟"村办企业"是自家的企业，并且农民自己也入了股，因而其主人翁意识就比较强，农民工作的积极性就会得到提高，生产经营活动在自己的家园进行，当地农民对自己家园的文化比较熟悉，能够紧紧抓住当地的特色文化，并且也会在开发、经营的过程中注意环境的保护。另一方面，村办企业是大家的企业，在开发经营过程中即使出现矛盾和冲突，解决起来也比较容易。

现阶段，这一模式在实际操作中也出现了一些问题，如在管理方面，管理者属于非专业人士，往往是采取人情管理、经验管理等不太科学的管理方式，不利于旅游开发的可持续发展；在资金方面，村办企业在开发、经营过程中，如果村子本身不是很富裕，实力不强，就很难募集到足够的资金，尤其在扩大再生产阶段表现得更明显；在人员方面，随着示范园的发展壮大，土生土长的从业人员很难适应企业的发展，有可能在人才的需要方面出现较大的缺口。

五 "农户 + 农户"经营模式

这种经营模式大多出现在经济欠发达地区和农业观光旅游开发的初期阶段，由于环境相对闭塞，村民的观念相对比较保守，他们对外来企业来本村或者本村企业开展观光示范园接待活动持不信任的态度，他们更相信"榜样"的作用。这里说的"榜样"就是指那些因较早地开展接待服务活动而发家致富的农户。在"榜样"的带动下，其他村民陆续加入到经营活动中来，最终形成一定的气候。这就是"农户 + 农户"经营模式（见图 7 - 5）。

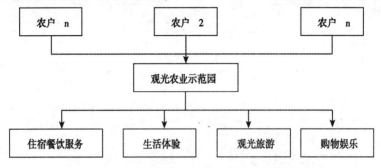

图 7 - 5　"农户 + 农户"经营模式示意

这种经营模式由于没有外来企业的参与，因而也就不存在与外界企业之间利益上和文化上的冲突，有利于保持当地资源的本性和对环境的保护。

"农户 + 农户"经营模式下，经营者和管理者都由当地村民担任，其经营活动往往受到一些因素的影响和制约，诸如资金方面、接待量、自身的知识水平、管理水平、规划合理性、小农思想等，这些问题如果不能得到很好的解决，将直接影响其后续发展。

第二节　秦岭北麓观光农业示范园投资模式研究

从秦岭北麓观光农业示范园的投资主体来看，存在着以下五种模式。
政府投资开发的公有模式；
政府出资金与农民出资源的合股开发模式；
政府主导和协调，由外来或本地投资商独资开发的模式；
政府主导，外来或本地投资商与当地村民合作合股开发模式；
撇开政府，由当地村民委员会与外来投资商合作合股开发的模式。

第八章

秦岭北麓观光农业旅游资源开发潜力评价研究

第一节　观光农业旅游资源开发潜力研究述评与理论基础

一　旅游资源开发潜力国内外研究述评

旅游资源评价的系统研究在国外始于 20 世纪 50 年代，在我国也有 20 多年的历史，旅游资源评价是旅游地理学的重要研究内容，是旅游开发的基础性工作，但在旅游资源评价的理论和实际应用中还存在诸多盲点，已引起了旅游学界的广泛关注和讨论。

目前，国外旅游资源评价在研究内容上，随着旅游资源供给和需求的全球化进程加速，旅游资源保护和恢复意识的增强，旅游研究者和旅游管理决策者对旅游资源的评价不断提出新的课题。

国外旅游资源评价的一些代表性成果有：John Piperoglou 等（1963）为希腊西海岸区域所做的旅游规划中提出的旅游地评价系统，该系统曾于 1996 年作了修改补充；日本交通公社（1971）提出一种旅游资源评价的标准，分别从自然资源、人文资源和旅游设施三方面指标加以评价；Franco F. Ferrario（1979）提出对南非旅游资源评价的实用系统；Gunn 等从水文、气候、历史及民俗、交通运输等 9 个方面对美国得克萨斯州旅游资源开发潜力进行了评价，并通过 Synmap 计算机制图系统绘制出旅游资源开发潜力的分布图。Lavent hol 等将承载力、可进入性、可利用性作为评价旅游资源开发潜力的重要因子；Gunn 等在美国伊利诺伊州旅游规划中，把旅游资源分为自然资源和文化资源两大系列，分别对其开发潜力进行评价，并通过 Arcinfo 系统对自然资源和人文资源的开发潜力评价结果进行叠加合成，划分出不同地区旅游资源开发潜力的等级；Priskin 尝试运用矩阵分析方法对澳大利亚西部海滨地区的旅游资源开发潜力从吸引力、可进入性、旅游设施、环境质量 4 个方面进行了评价等。

经济学、社会学、行为学等学科的最新研究成果也不断被吸收到国外旅游资源评价研究中，多学科融合研究已成为国外旅游资源评价理论和方法创新的主要动力。Perterson、driver 和 Gregory 等人（1988）运用经济学理论，较系统地阐述旅游资源的经济评价问题，克服了一直困扰人们无法进行旅游资源的经济价值的定量评价问题[8]。Harrison 等（1986）从社会学角度研究认为，人类文化遗产价值的研究不但对理解人与文化在旅游资源价值构成和景观欣赏具有重要的作用，而且对区域的社会和文化的认同性也具有特别重要的意义。Osgood 和 Suci（1995）、Craik（1975）等曾致力于景观要素的描述，运用语义差别法（Semantic Differential Method，SDM），获得景观视觉质量。

在研究技术和方法上，技术、互联网技术、虚拟现实等技术已广泛应用于评价研究中。Bishop 和 Hulse（1994）则将与视觉要素有关的 GIS 数据应用于视觉质量评价试验中。Wherrett（2000）研究了利用互联网进行景观视觉偏好的调查。

从国外研究成果来看，国外旅游资源评价的论述角度多种多样，学者们缺乏共同的认识，说明旅游资源评价还有待进出一步深入研究。另外，一些先进的研究技术和方法值得我国借鉴。但由于受研究人员、研究资金以及我国公众习惯和心理特征等因素的影响，在国外应用很普遍的旅游资源评价方法在我国很少或难以应用。

我国旅游业发展的时间较短，与国外相比，我国旅游资源的评价理论评价技术和方法以及研究领域上虽然还存在差距，但也取得了不少成果。

第一，在理论研究方面。邢道隆等对旅游资源评价进行理论思考，他们对资源的单位、资源评价的影响因素、评价方法、评价的指标体系等进行了简明扼要的分析。傅文伟提出了旅游资源综合评价体系，并以浙江省普陀山等 7 处资源为例进行了实证研究。

第二，在评价技术方面。杨汉奎在国内较早运用模糊数学方法对旅游资源进行定量评价。保继刚首先在国内引入层次分析法，构造北京旅游资源评价模型树。张帆在其硕士论文中运用单纯矩阵评价方法对古运河旅游资源价值及其开发条件的相对地位进行了定量评价。在国外应用很普通的旅游资源评价等，近年来国内也有少量运用。郭剑英、王乃昂将用于敦煌旅游资源非使用价值评估。基于技术的三维景观动态模拟仅处于理论探讨中。

第三，在研究领域方面，对旅游资源的美学评价，资源分类和适宜性技术评价研究较多，而对旅游资源的人类文化遗产价值和货币价值的评价研究较少。特别是跨学科的研究很少，与国外的差距较大。在旅游资源评价中，地学、林学和美学结合较紧密，而同社会学、经济学、心理学、行为学等相邻学科的合作研究较少，从而在客观上降低了研究成果解决实际问题的能力以及研究成果的社会影响力度。总的来看，国内对旅游资源的评价多集中于对资源的物理特性的评价，对旅游者的吸引力、开发商的投资评价，以及常用的评价技术程序，而在资源所具有的经济价值、旅游产品适宜性等方面，还缺乏较系统的研究，尤其是运用综合方法，对资源的经济测量货币化测定缺少适用的方法和结论，一定程度上影响了资源的开发利用研究。

二　构建区域农业观光旅游资源开发潜力评价指标体系的原则

（1）科学性原则

旅游资源评价指标的选择、指标权重系数的确定、数据的选取、计算与合成必须以公认的科学理论统计理论、管理理论与决策科学的理论等为依据。在对系统的运行过程及诸方面的相互关系做出准确、全面分析和描述的基础上，综合考虑诸方面及其协调性，使指标体系既满足旅游资源可持续开发利用的全面要求，同时又避免指标间的重叠。

（2）客观性原则

要求所设计的旅游资源评价指标必须以客观存在的事实为基础取得数据，作为计量和评价的基础，所谓客观存在的事实必须是可观测、可考虑、可调查的事实。旅游资源开发评价体系的整体权重设置应合理，对旅游资源的评价要做到全面评价。

（3）简便性与可行性原则

要求旅游资源评价指标体系的设置避免过于烦琐，同时指标体系所设计的数据必须是目前我国统计制度中具有或通过努力容易得到的，这样才能使其运用具有较强的可操作性。

（4）引导性原则

旅游资源评价指标体系的设置和评价应用，其目的在于引导被评估对象的可持续开发利用，引导被评估对象的开发与保护能统筹兼顾人、自然与社会三者的效益，因而指标及其权重分配要与该地区可持续发展总体战略目标相一致。

（5）定量与定性相结合原则

在进行旅游资源评价时，在定性评价方法的基础上，根据适当的评价标准和评价模型，将有关旅游资源的各评价因子予以客观量化处理，力求定量或半定量评价，并要求在不同调查区尽量采用统一定量评价的标准，以便评价过程中的比较。

（6）标准化原则

旅游资源的评价将主要依据国家质量监督检验检疫总局颁布并于2003年5月1日正式实施的《旅游资源分类、调查与评价》（GB/T18972—2003）这一标准中的旅游资源分类体系对旅游资源单体进行评价。

第二节　观光农业旅游资源开发潜力评价指标体系的建立

一　研究方法

在各种评价问题中有一类评价问题是主观指标评价问题诸如教师质量评估职称评审软科学成果评价、演讲比赛评分等。这类评价问题的评价指标多是一些主观指标，又称定性指标或软指标，而且这些指标是多层次的、复杂的。对于这类评价问题，其评价是建立在评价者（评价参加者）的知识水平、认识能力和个人偏爱之上的，因而很难完全排除人为因素带来的偏差，这就使得评价者在评价中提供的评价信息不甚确切、不甚完全，或者说具有灰色性。因此，对于这类评价问题运用灰色理论进行评价是很适宜的。对于旅游资源开发潜力的评价，很多评价的指标采用的都是专家评价的方法，因此也存在着评价者在评价中提供的评价信息不甚确切、不甚完全的问题，同样具有灰色性，因此，运用灰色理论中的多层次灰色评价方法是非常适宜的。

概括地说，旅游资源开发潜力的多层次灰色评价主要按照以下两个步骤来进行：

（1）分析影响旅游资源开发潜力的关键因素，在此基础上构建递阶多层次评价指标体系，然后制定评价指标的评分等级标准，再利用层次分析法计算出各评价指标的权重。

（2）依据灰色评价过程确定评价样本矩阵和评价灰类，求得灰色评价权向量，计算出各评价对象的旅游资源开发潜力综合评价值并排序[24]，其具体流程及方法如图8-1所示。

本研究在使用多层次灰色方法进行旅游资源开发潜力评价的过程中，还采用因子分析法进行评价指标体系的确定，运用李克特量表进行评价指标的量化，使用专家评价法对评价对象进行打分，多种研究方法的综合运用是为了使评价过程更加科学，结果更加客观。

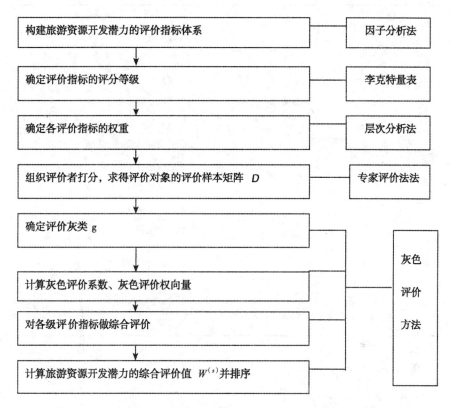

图 8 - 1　观光农业旅游资源评价方法流程

二　构建评价指标体系

（1）评价指标体系方案的建立

旅游资源开发潜力评价的难点之一是评价指标的遴选，评价指标不全面、不准确，会直接影响评价结果的科学性和可靠性。目前尚无一个较为成熟的旅游资源开发潜力评价指标体系，在借鉴国内外研究成果的基础上，根据全面性、层次性、可测性、可行性的原则，综合参考中外研究文献的研究成果，首先遴选出 23 项评价旅游资源开发潜力的预选指标，然后运用因子分析方法对预选指标进行筛选，最终确定了旅游资源开发潜力评价指标体系（见表 8 - 1）。该指标体系包括 3 个层次 15 个指标，从旅游资源条件、旅游资源开发条件、旅游资源开发效益三个方面对旅游资源开发潜力进行了全面系统的测量。

表 8 – 1　　　　　　　　　　旅游资源开发潜力评价指标体系

一级指标	二级指标	三级指标
旅游资源开发潜力 V	旅游资源条件 V1	知名度 V11
		独特性 V12
		聚集度 V13
		资源总储量比重 V14
		开发利用程度 V15
		景观地域组合度 V16
	旅游资源开发利用条件 V2	区内经济实力 V21
		可预见的激励因素 V22
		政府政策 V23
		当地居民态度 V24
		可进入性 V25 生态环境 V26
	旅游资源开发效益 V3	经济效益 V31
		社会效益 V32
		环境效益 V33

（2）评价指标体系分析

①反映旅游资源价值的指标

旅游业作为向旅游者提供审美、愉悦体验的特殊产业，旅游资源自身的价值在整个资源开发潜力要素中居重要地位，是旅游资源开发的前提条件，对旅游业的发展具有基础和保证作用，是一种保障力。一个旅游区域是否适合大力开发，首先要求区域内的自然景观和人文景观比例搭配合理，景观质量达到一定要求，能够对游客产生持续吸引力。旅游资源条件包括知名度、独特性指标、聚集度指标以及旅游资源总储量比重、开发利用程度和旅游资源地域组合，其中独特性指标、聚集度指标以及旅游资源总储量比重、开发利用程度可以做定量分析，而知名度和景观地域组合度由专家打分作定性分析。详述如下：

◆知名度

旅游资源的知名度是与其产生的历史原因即历史价值、存在的区位环境和状态、文化与科学内涵、美感强度等方面密切相关的。而作为一项农业旅游资源，它存在的生态环境越好，区位优势越大，乡村特色保存状态越完好，则知名度越高。

◆独特性指标

特色是旅游产品的生命，同样也是旅游发展的命脉，只有具有特色的旅游资源，才能更好地与大众旅游产品区分开来，实现旅游资源的高收益和保护特性。

为量化区域旅游资源整体的特色，构建了区域旅游资源独特性指标 UI：

$$UI = \sum_{i=1}^{n} \frac{1}{K_i}$$

式中，n 为评价区域内旅游资源单体总数，K_i 为一定距离内 i 种类单体的总数，独特性指标 UI 的理论值在 0—1，数值越大说明区域旅游资源的垄断性越强。

◆聚集度指标

如果一个旅游区域没有众多的旅游资源，就不容易形成足够的吸引力，也不容易产生足够的停留时间。聚集度指标主要反映指定区域内旅游资源分布的密集程度，同时也是衡量旅游资源群在空间上纵向排列所产生屏蔽效应大小程度的重要指标。区域旅游资源群的聚集度指数 R_i 可以用公式最邻近点指数来计算：

$$R_i = \frac{r_1}{r_e}$$

式中，r_1 为平均最邻近距离，表示区域内所有单体距最近单体距离之和的平均值。r_e 为理论的随机型分布泊松分布时的平均最邻近距离，可以用下式计算：

$$r_e = \frac{1}{2\sqrt{\dfrac{n}{A}}}$$

式中，A 为区域面积，n 为区域内单体总数。

如果 R_i 值大于 1，说明区域内单体是均匀分布的，R_i 值等于 1 表示完全随机分布，R_i 值越小表明旅游资源群在区域分布上越集中，旅游资源单体关联程度越高。

◆旅游资源总储量比重

区域旅游资源的储量可以用不同等级单体的加权求和分数表示，即将各等级旅游资源的单体数量分别乘以 10（五级）、7（四级）、5（三级）。旅游资源总储量比重即为区域旅游资源储量在全省内的比重。

◆景观地域组合度

景观地域组合是指旅游资源的集群状况和相邻地区旅游资源的相似性与差异性大小。一般来说，分布比较集中，类型组合多样化，并与相邻地区旅游资源具有互补性的旅游资源易受到旅游者的欢迎，反之，则会影响旅游者的旅游心情，从而降低旅游资源的价值。可见，良好的景观地域组合能给处在其区域内的旅游景点带来额外的比较优势。

②反映旅游开发利用条件的指标

旅游开发条件对区域旅游资源开发总体评价的影响是复杂的、多方面的，其中大多都需要大量的社会影响实证研究，目前还无法提出具体量化指标来衡量，下列指标中当地居民态度指标由问卷调查统计得出，可预见的激励因素政府政策指标由专家定性分析；其他指标由统计数据做定量分析。

◆ 区内经济实力

旅游资源开发不可能孤立于当地的社会经济条件之外，必然要与周围环境发生联系。区域经济发展水平关系到能否为旅游建设提供足够的环境保护和基础设施建设资金，经济发展环境是旅游业发展的基础。当地的社会经济发展水平是旅游资源开发的宏观条件。本文用人均 GDP 作为衡量区域经济实力的指标。

人均 GDP：一定时期内国民生产总值与人口总数的比，反映区域的生产效率和创造价值的能力；这一指标从总体上反映了区域内个人向社会提供产品的生产能力，也反映了区域向社会成员提供产品消费的保障能力，是衡量某一区域经济发展水平的一个综合性指标。

◆可预见的激励因素

在近期是否有重大事件可以刺激该地区旅游业的发展。

◆政府政策

政府对于发展当地农业旅游的态度直接决定了农业旅游的宣传促销、行业管理和资金投入等方面，对该区域农业旅游的发展起到至关重要的作用。

◆当地居民态度

农业旅游有很大一部分都是依靠当地农民自发发展的，而且当地居民的生活状态本身就是旅游资源的重要组成部分，所以当地居民对发展农业旅游是否持有积极的态度对于该地区农业旅游的开发具有举足轻重的作用。

◆可进入性

可进入性可用旅游交通网络的连通水平做定量分析。对于旅游交通网络的连通水平，可以用图论中的有关拓扑指数对其结构进行定量分析。根据图论原则，将主要景区和交通线相应地抽象为节点和连线，作主要景区交通拓扑模型。

β 指数：β 指数为网络中节点的平均连线数目，是对网络连接性的度量。于多节点的旅游区而言，连接不同的旅游资源节点之间的交通线越多，等级越高，旅游者往来各旅游景点之间越方便，其公式为 $\beta = L/P$。式中，β 表示交通网的连接度，L 表示交通网中边的数量，即两点间的直线连接数目，P 表示交通网中顶点的数量，即节点数。β 的取值一般处于 0—3 之间，在这个范围内，值越大，表明网络的连接度越好。

◆生态环境

在国家环境保护总局 2000 年环境遥感调查的基础上，中国环境监测总站发布了《生态环境质量评价及分级技术规定》，并结合相关统计资料进行了全国范围的生态环境质量评价工作。本书所用植被覆盖指数、空气质量综合指数均直接采自其后公布的数据。

植被覆盖指数：植被覆盖指数是指被评价区域内林地、草地及农田三种类型面积占被评价区域面积的比重。计算指标及权重分配见表 8 - 2。植被覆盖指数 =（0.5 × 林地面积 + 0.3 × 草地面积 + 0.2 × 农田面积）/区域面积。

表8 –2　　　　　　　　　　　植被覆盖指数分权重

植被类型	林地			草地			农田	
权重	0.5			0.3			0.2	
结构类型	有林地	灌林地	疏林地	高度覆盖草地	中度覆盖草地	低度覆盖草地	水田	旱田

空气质量综合指数：根据空气质量常规监测的二氧化硫、二氧化氮、可吸入颗粒物计算的空气综合污染指数数值越大，表示空气污染程度越重，空气质量越差。

③反映旅游资源开发效益的指标

◆经济效益

没有经济效益的旅游资源，很难成为旅游资源。旅游资源经济效益的高低，是和这项资源的开发条件、环境容量、适应范围与其他资源组合情况等密切相关的。开发条件是指该项旅游资源保存的完好程度和所处区位条件、当地经济发展水平和各种基础设施的完善程度；环境容量指的是该项旅游资源自身或其所在地，在同一时间所能容纳的合理的旅游者人数；而适应范围是指该项旅游资源能够吸引多大范围的不同地域、年龄、职业、文化素养的旅游者，能开展包括观光游览在内的多少种类的旅游项目，其旅游旺季时间长短等情况。

　　◆社会效益

　　主要指的是该项旅游资源的开发，对当地社会环境和社会发展带来的影响，表现在人生观、价值观、个人行为、家庭关系、生活方式、道德观念、宗教信仰等方面。一项旅游资源，如果具有积极的教育意义，能够使旅游者陶冶性情、提高品行道德修养、增长知识、开阔眼界、起到寓教于乐和寓教于美的作用，则它的社会效益就是积极的和良好的。反之，就是消极的和破坏性的。一项旅游资源，其开发利用后，如果是败坏社会风气，有碍社会环境，毒害人们的心灵，即使它的经济价值再高，也要停止经营，并把它逐出旅游资源的行列。

　　◆环境效益

　　旅游业的发展，旅游资源的开发，对周围环境的影响是十分巨大的。既有对自然环境的影响，也有对人类生活环境的影响；既有积极的影响，也有消极的影响。积极的影响主要有两个方面，一是保护环境。优越的环境已经成为强大的旅游吸引物，要加强旅游资源的吸引力，首先必须加强对环境的保护，尤其是对良好的自然环境的保护。二是促进生活环境质量的改善。为了开发旅游资源，为了适应旅游业的发展，旅游地的基础设施会不断改进，为旅游者服务的生活设施也会增加，从而在客观上能改善当地居民的生活环境质量，有利于当地人民生活的改善。

　　但是旅游资源的开发，也会给当地环境带来消极的影响，主要也表现在两个方面，一是对自然环境的破坏。旅游环境的开发对自然环境的破坏是多方面的。旅游开发初期对植物的覆盖率破坏最大。随着不断开发，旅游者增多，物种的多样性会下降，抗性弱的物种会消失。旅游活动中如狩猎、垂钓等，甚至是观看都会对野生动物造成不良影响。二是对人文环境的影响。如垃圾污染、交通堵塞、部分旅游者的高消费和不良个人行为为对当地居民心灵上造成的负面影响等。因此，只有具备良好环境效益的旅游资源，才具有开发利用的价值，而且旅游资源所处环境的质量也直接影响着它的吸引力。

　　由于农业旅游产生的效益在数据上很难从整体旅游产业所产生的效益中剥离出来，所以在本次研究中农业旅游资源开发效益中的经济效益、社会效益和环境效益均通过对当地居民的问卷调查统计得出。

三　计算评价指标权重

　　采用李克特五级量表对旅游资源开发潜力评价指标进行测量，评价值为

5、4、3、2、1，分别表示旅游资源价值（开发条件或者开发效益）很好、好、一般、不好、很不好，当指标等级介于两个相邻等级之间时，相应评分为 4.5、3.5、2.5、1.5。

采用专家征询的方法，根据层次分析法原理对评价指标权重进行计算。在对评价因子的重要性进行比较时，用数值 1、3、5、7、9 标度两指标相比较时前者较后者同等重要、稍重要、明显重要、强烈重要、极端重要；2、4、6、8 则表示它们之间的过渡情形；后者与前者比较的重要性标度值用前者与后者比较的重要性标度值的倒数表示。鉴于不同专家对指标间相对重要性的看法存在差异，经过两轮反馈后，确定了指标间相互比较的最终标度值，据此构建判断矩阵。

判断矩阵 1　V1—V1i（i=1，2，3，4，5，6）

V1	V11	V12	V13	V14	V15	V16
V11	1	1	3	3	5	4
V12	1	1	4	5	7	8
V13	1/3	1/4	1	3	1/3	1/4
V14	1/4	1/5	1/3	1	4	1/5
V15	1/5	1/7	3	1/4	1	1/3
V16	1/4	1/8	4	5	3	1

判断矩阵 2　V2—V2i（i=1，2，3，4，5，6）

V2	V21	V22	V23	V24	V25	V26
V21	1	1/7	1/9	1/8	1/5	1/6
V22	7	1	1/3	1/3	1/6	1/7
V23	9	3	1	1	3	2
V24	8	3	1	1	1/4	1/6
V25	5	6	1/3	4	1	1/3
V26	6	7	1/2	6	3	1

判断矩阵 3　V3—V3i（i=1，2，3）

V3	V31	V32	V33
V31	1	5	1/3
V32	1/5	1	1
V33	3	1	1

判断矩阵4　V—Vi（i =1，2，3）

V	V1	V2	V3
V1	1	3	5
V2	1/3	1	3
V3	1/5	1/3	1

等级量化表

A/B	同等重要	稍重要	明显重要	强烈重要	极端重要
a_{ij}	1	3	5	7	9

注：2、4、6、8 则表示它们之间的过渡情形。

经过计算机数据处理系统处理进行层次单排序和层次总排序，所示得到各因素权重值，结果经一致性检验，CR < 0.1，判断矩阵具有满意的一致性。

表 8 - 3　　　　　观光农业旅游资源潜力评价因子权重

二级指标层	代号	权重	排序	三级指标层	代号	权重	排序
旅游资源条件	V1	0.633	1	知名度	V11	0.264	2
				独特性	V12	0.361	1
				聚集度	V13	0.080	4
				资源总储量比重	V14	0.075	5
				开发利用程度	V15	0.068	6
				景观地域组合度	V16	0.153	3
旅游资源开发利用条件	V2	0.260	2	区内经济实力	V21	0.025	6
				可预见的激励因素	V22	0.072	5
				政府支持政策	V23	0.284	2
				当地居民态度	V24	0.139	4
				可进入性	V25	0.180	3
				生态环境	V26	0.300	1
旅游资源开发效益	V3	0.106	3	经济效益	V31	0.365	2
				社会效益	V32	0.206	3
				环境效益	V33	0.429	1

即 A = （V1，V2，V3）= （0.633，0.260，0.106）

A1 = （V11，V12，V13，V14，V15，V16）= （0.264，0.361，

0.080，0.075，0.068，0.153）

A2 =（V21，V22，V13，V24，V25，V26）=（0.025，0.072，0.284，0.139，0.180，0.3）

A3 =（V31，V32，V33）=（0.365，0.206，0.429）

从表中可以看出旅游资源在综合层中对旅游资源开发潜力评价起决定性作用的是资源条件值分，而不是开发条件和开发效益。这是旅游的主要动机，即观光游览的本质反映，也是开发条件、开发效益易变而旅游资源本质难变的结果。在本评价体系的权重值分配中，资源条件中独特性价值分排在首位，说明现阶段人们的农业旅游行为主要以寻求与其他旅游类型不同的旅游感受为主。通过因子排序可知，开发条件中生态环境、政府支持政策排名较高，开发效益中环境效益分最高。这可以指导我们在旅游资源开发工作中，抓住问题的主要矛盾，抓住重点、要点。借助良好的宣传可以提高旅游资源的知名度，改善交通状况可以提高旅游地的可进入性。同时也不能忽视细节与小问题，合理分配人力物力财力等资源，这样才能在旅游资源开发中取得更大的经济社会生态效益，使投入产出最优化。

与数理统计所要求的大样本量，且数据必须服从某种典型分布不同，灰色系统理论着重解决"小样本"、"贫信息不确定性问题"，其特点是少数据建模，对于观测数据及其分布没有特殊的要求和限制。只要原始数据列有4个以上数据，就可以通过变换实现对评价对象的正确描述。在现有运用多层次灰色评价方法的文献中，一般采用5个数据列对评价对象进行分析，即可得到客观可信的评价结果。

8.2.4 确定评价灰类

确定评价灰类就是要确定评价灰类的等级数、灰类的灰数及灰类的白化权函数，一般情况下视实际评价问题分析确定。设评价灰类序号为 e，$e=1$，2，…，g，即有 g 个评价灰类，可根据具体情况选取一定的白化权函数来描述灰类。

对于评价指标 V_{ij}，第 s 个受评对象属于第 e 个评价灰类的灰色评价系数记为 $x_{ijk}^{(s)}$，则有

$$x_{ijk}^{(s)} = \sum_{k=1}^{p} f_e(d_{ijk}^{(s)}) \qquad (1)$$

第 s 个受评对象属于各个评价灰类的总灰色评价数记为 $x_{ij}^{(s)}$，则有

$$x_{ij}^{(s)} = \sum_{e=1}^{g} x_{ije}^{(s)} \qquad (2)$$

所有评价者就评价指标 V_{ij} 对第个评价对象主张第个灰类的灰色评价权记为 $r_{ije}^{(s)}$，则有

$$r_{ije}^{(s)} = \frac{r_{ije}^{(s)}}{x_{ij}^{(s)}} \tag{3}$$

考虑到评价灰类有 g 个，便有第 s 个受评对象的评价指标 V_{ij} 对于各灰类的灰色评价权向量 $r_{ije}^{(s)}$：

$$r_{ije}^{(s)} = (r_{ij1}^{(s)}, r_{ij2}^{(s)}, \cdots, r_{ijg}^{(s)}) \tag{4}$$

将第 s 个受评对象的 V_i 所属指标 V_{ij} 对于各评价灰类的灰色评价权向量综合后，得到其灰色评价权矩阵 $R_i^{(s)}$：

$$\boldsymbol{R}_i^{(s)} = \begin{bmatrix} r_{i1}^{(s)} \\ r_{i2}^{(s)} \\ \vdots \\ r_{ini}^{(s)} \end{bmatrix} = \begin{bmatrix} r_{i11}^{(s)} r_{i12}^{(s)} \cdots r_{i1g}^{(s)} \\ r_{i21}^{(s)} r_{i22}^{(s)} \cdots r_{i2g}^{(s)} \\ \vdots \\ r_{ini1}^{(s)} r_{ini2}^{(s)} \vdots r_{inig}^{(s)} \end{bmatrix} \tag{5}$$

对 V_i 作综合评价。

对第 s 个受评对象的 V_i 作综合评价，其评价结果记为，则有 $B_i^{(s)}$：

$$B_i^{(s)} = A_i \times \boldsymbol{R}_i^{(s)} = (b_{i1}^{(s)}, b_{i2}^{(s)}, \cdots, b_{ig}^{(s)}) \tag{6}$$

由 Vi 的综合评价结果 $B_i^{(s)}$ 得到第 s 个受评对象的 U 所属指标 Ui 对于各评价灰类的灰色评价权矩阵 $\boldsymbol{R}^{(s)}$：

$$\boldsymbol{R}^{(s)} = \begin{bmatrix} B_1^{(s)} \\ B_2^{(s)} \\ \vdots \\ B_m^{(s)} \end{bmatrix} = \begin{bmatrix} b_{11}^{(s)} b_{12}^{(s)} \cdots b_{1g}^{(s)} \\ b_{21}^{(s)} b_{22}^{(s)} \cdots b_{2g}^{(s)} \\ \vdots \\ b_{m1}^{(s)} b_{m2}^{(s)} \cdots b_{mg}^{(s)} \end{bmatrix} \tag{7}$$

于是，对第 s 个受评对象的 U 作综合评价，其综合结果记为 $B^{(s)}$，则有：

$$\boldsymbol{B}^{(s)} = A \times \boldsymbol{R}^{(s)} = \begin{bmatrix} A_1 \times R_1^s \\ A_2 \times R_2^s \\ \vdots \\ A_m \times R_m^s \end{bmatrix} = (b_1^{(s)}, b_2^{(s)}, \cdots, b_g^{(s)}) \tag{8}$$

将各灰类等级按"灰水平"（阈值）赋值，第一灰类取为 d_1，第二灰类取为 d_2，…，第 g 灰类取为 d_g，则各灰类评价等级值化向量 $C = (d_1, d_2, \cdots, d_g)$，于是第 s 个受评对象的综合评价值 $W^{(s)}$ 可按下式计算：

$$W^{(s)} = B^s \times C^T \tag{9}$$

根据 $W^{(s)}$ 的大小确定第 q 个受评对象的评价值的高低并依次排序。

第三节　秦岭北麓区域农业观光旅游资源开发潜力评价

一　评价指标计算

（1）独特性指标

$$UI = \sum_{i=1}^{n} \frac{1}{K_i}$$

式中，n 为评价区域内旅游资源单体总数，K_i 为一定距离内 i 种类单体的总数，本研究中考虑到关中地区客源市场为秦岭北麓农业旅游发展的基础市场，此距离取关中地级城市间的平均距离134.33公里，独特性指标 UI 的理论值在0—1之间，数值越大说明区域旅游资源的垄断性越强。

表8-4　　　　　　　　　　　秦岭北麓独特性指标评价

评价区域	UI 值	评价得分
长安区	0.236196	3.5
临渭区	0.055209	1.5
潼关	0.147681	2.5
临潼	0.127764	2.5
眉县	0.145297	2.5
周至	0.114818	2.5
蓝田	0.145085	2.5
华阴市	0.160155	3
太白县	0.124418	2.5
岐山	0.107895	2.5
华县	0.105111	2.5
陈仓区	0.179972	3
户县	0.182909	3
凤县	0.229992	3.5
渭滨区	0.288234	4

（2）聚集度指标

$$R_i = \frac{r_1}{r_e}$$

式中，r_1 为平均最邻近距离，表示区域内所有单体距最近单体距离之和的平均值。r_e 为理论的随机型分布泊松分布时的平均最邻近距离，可以用下式计算：

$$r_e = \frac{1}{2\sqrt{\dfrac{n}{A}}}$$

式中，A 为区域面积，n 为区域内单体总数。

如果 R_i 值大于 1，说明区域内单体是均匀分布的，R_i 值等于 1 表示完全随机分布，R_i 值越小表明旅游资源群在区域分布上越集中，旅游资源单体关联程度越高。

表 8 - 5　　　　　　　　　秦岭北麓聚集度指标评价

市县区名称	区域面积（平方公里）	单体数量	r_1	r_e	R	评价得分
周至	2974	32	11.9	4.83	2.46	2
临潼	915	54	4.84	2.06	2.35	3
户县	1255	53	5.67	2.43	2.33	3.5
长安区	1583	39	7.26	3.18	2.28	4
蓝田	1969	42	8.1	3.42	2.37	3
渭滨区	923	50	5.06	2.17	2.33	3.5
眉县	863	43	5.11	2.24	2.28	4
陈仓区	2517	31	10.24	4.5	2.28	4
岐山	856.45	32	5.97	2.58	2.31	3.5
凤县	3187	23	13.3	5.88	2.26	4
太白县	2780	33	10.76	4.61	2.33	3.5
临渭区	1221	20	9.02	3.91	2.31	3.5
华县	1127	34	6.85	2.88	2.38	3
华阴市	817	47	4.76	2.08	2.29	4
潼关	526	46	4.19	1.69	2.48	2

（3）旅游资源总储量比重

区域旅游资源的储量可以用不同等级单体的加权求和分数表示，即将各等级旅游资源的单体数量分别乘以 10（五级）、7（四级）、5（三级）。旅游资源总储量比重即为区域旅游资源储量在整个秦岭北麓的比重。

表 8 - 6　　　　　　　　　　　秦岭北麓旅游资源总储量比重评价

	户县	周至	长安区	华阴市	岐山	临潼	华县	眉县	太白县	渭滨区	潼关	凤县	蓝田	临渭区	陈仓区
比重	90	75	73	62	46	42	34	31	27	27	25	24	17	10	5
评价得分	5	4.5	4.5	4	3.5	3.5	3.5	3.5	3	3	3	3	2.5	2	1

（4）开发利用程度

表 8 - 7　　　　　　　　　　　秦岭北麓开发利用程度评价

市县区名称	开发利用率（%）	评价得分
周至	75	4
临潼	66.03	3.5
户县	91.07	5
长安区	72.50	4
蓝田	73.17	4
渭滨区	33.33	1.5
眉县	45.24	2
陈仓区	75	4
岐山	83.87	4.5
凤县	85.71	4.5
太白县	63.63	3.5
临渭区	80	4.5
华县	70.59	4
华阴市	70.21	4
潼关	73.33	4

（5）区内经济实力

人均 GDP 作为衡量区域经济实力的指标。本文对于各区域人均 GDP 最后取值为 2006 年和 2007 年人均 GDP 的平均值。数据来源于各区域政府网站公布的数据。

表 8－8 秦岭北麓经济实力评价

市县区名称	人均 GDP	评价得分
周至	4580.25 元	2.5
临潼	9764.25 元	3.5
户县	11099.6 元	4
长安区	11081.1 元	4
蓝田	5438.1 元	3
渭滨区	37605.3 元	5
眉县	10092 元	4
陈仓区	11354 元	4
岐山	14483.35 元	4.5
凤县	19054.55 元	4.5
太白县	8113.2 元	3.5
临渭区	7606.88 元	3.5
华县	10980.45 元	4
华阴市	7871.2 元	3.5
潼关	5546.65 元	3

（6）当地居民态度

课题组于 2008 年 9 月—10 月，分别在研究的 15 个区县发放调查问卷 800 份，收回有效问卷 750 份，有效率 93.75%。依据对各评价区域进行的问卷调查进行统计分析，得出评价结果。

问卷设计中主要针对当地居民对于发展旅游业的态度进行调查，主要包括是否希望当地发展旅游业、是否希望当地发展农业旅游、如果发展旅游业是否希望能够参与这三个方面。

表 8－9 秦岭北麓当地居民态度评价

市县区名称	对当地发展农业旅游的态度	评价得分
潼关	7.5	2
临潼	7.8181	2.5
凤县	7.8695	2.5
华县	7.9	2.5
眉县	8	3
太白县	8.04545	3

续表

市县区名称	对当地发展农业旅游的态度	评价得分
临渭区	8.2	3.5
岐山	8.2272	3.5
陈仓区	8.3181	4
周至	8.3333	4
渭滨区	8.4	4
蓝田	8.5	4.5
长安区	8.5333	4.5
户县	8.6	4.5
华阴市	8.7	4.5

（7）可进入性

可进入性可用旅游交通网络的连通水平作定量分析。

$β$ 指数：$$β = L/P$$

$β$ 指数为网络中节点的平均连线数目，是对网络连接性的度量。对于多节点的旅游区而言，连接不同的旅游资源节点之间的交通线越多，等级越高，旅游者往来各旅游景点之间就越方便，其公式为 $β = L/P$。式中，$β$ 表示交通网的连接度，L 表示交通网中边的数量，即两点间的直线连接数目，P 表示交通网中顶点的数量，即节点数。$β$ 的取值一般处于 0—3 之间，在这个范围内，值越大，表明网络的连接度越好。

表 8 - 10　　　　　　　　　　秦岭北麓可进入性评价

	西安	渭南	宝鸡	咸阳	P	L	L/P	评价得分
太白县	1	1	1	1	5	4	0.8	2.5
凤县	1	1	1	1	5	4	0.8	2.5
眉县	2	2	2	1	5	7	1.4	3.5
周至	2	2	2	2	5	8	1.6	3.5
岐山	2	2	2	2	5	8	1.6	3.5
渭滨区	3	2		3	4	8	2	4
潼关	2	3	3	3	5	11	2.2	4
临潼	3	3	3	3	5	12	2.4	4.5
华阴市	3	3	3	3	5	12	2.4	4.5
华县	3	3	3	3	5	12	2.4	4.5
陈仓区	4	2	3	3	5	12	2.4	4.5

	西安	渭南	宝鸡	咸阳	P	L	L/P	评价得分
长安区	1	4	5	3	5	13	2.6	4.5
临渭区	4		4	4	4	12	3	5
蓝田	3	4	4	4	5	15	3	5
户县	3	4	4	4	5	15	3	5

(8) 生态环境

在国家环境保护总局 2000 年环境遥感调查的基础上，中国环境监测总站发布了《生态环境质量评价及分级技术规定》，并结合相关统计资料进行了全国范围的生态环境质量评价工作。本文所用植被覆盖指数直接采自其后公布的数据。

①植被覆盖指数

植被覆盖指数是指被评价区域内林地、草地及农田三种类型面积占被评价区域面积的比重。计算指标及权重分配见下表。植被覆盖指数 =（0.5 × 林地面积 + 0.3 × 草地面积 + 0.2 × 农田面积）/区域面积。

植被覆盖指数分权重

植被类型	林地			草地			农田	
权重	0.5			0.3			0.2	
结构类型	林地	灌林地	疏林地	高度覆盖草地	中度覆盖草地	低度覆盖草地	水田	旱田

表 8−11　　　　　　　　　秦岭北麓植被覆盖评价

市县区名称	林地（平方公里）	农田（平方公里）	草地（平方公里）	区域面积（平方公里）	植被覆盖指数	评价得分
岐山	22.1	403.27	0.34	856.45	0.107193648	2
潼关	78	99.95	0.16	526	0.112239544	2
蓝田	578.29	551	60	1969	0.211957847	2.5
临潼	114.37	546.94	150	915	0.231227322	2.5
临渭区	240.9	800.4	14.8	1221	0.233390663	2.5
华阴市	326.8	143.47	2.3	817	0.235965728	2.5
户县	351	366.85	366	1255	0.285792829	2.5
凤县	1600	145	440	3187	0.301537496	3
长安区	750.37	476.33	40.82	1583	0.304925458	3

市县区名称	林地 （平方公里）	农田 （平方公里）	草地 （平方公里）	区域面积 （平方公里）	植被覆 盖指数	评价得分
陈仓区	1062.17	445	654	2517	0.324308701	3
华县	489	274.8	366	1127	0.363287489	3.5
周至	1593	600	640.32	2974	0.372762609	3.5
渭滨区	603.8	120.4	86	923	0.381126761	3.5
眉县	480.69	224.89	175	863	0.391451912	3.5
太白县	2600	65.33	6.67	2780	0.473045683	4

②空气质量综合指数

根据空气质量常规监测的二氧化硫、二氧化氮、可吸入颗粒物计算的空气综合污染指数数值越大，表示空气污染程度越重，空气质量越差。本文依据陕西省环保局发布的2007年陕西省环境质量状况中公布的数据，对各个评价区域的空气质量进行评价（见表8-12）。

表8-12　　　　　　　　秦岭北麓空气质量综合评价

市县区名称	空气质量综合指数	评价得分
潼关	2.91	2.5
临潼	2.75	3
凤县	1.74	4
华县	2.91	2.5
眉县	1.74	4
太白县	1.74	4
临渭区	2.91	2.5
岐山	1.74	4
陈仓区	1.74	4
周至	2.75	3
渭滨区	1.74	4
蓝田	2.75	3
长安区	2.75	3
户县	2.75	3
华阴市	2.91	2.5

将各个区域的植被覆盖得分和空气质量得分进行综合平均，得到该区域

的生态环境质量得分（见表8–13）。

表8–13 　　　　　　秦岭北麓生态环境质量评价

评价区域	户县	周至	长安区	华阴市	岐山	临潼	华县	眉县	太白县	渭滨区	潼关	凤县	蓝田	临渭区	陈仓区
评价得分	2.5	3.5	3	2.5	3	2.5	3	4	4	4	2	3.5	2.5	2.5	3.5

（9）经济效益

依据对各评价区域进行的问卷调查进行统计分析，得出评价结果。问卷设计中主要针对有关旅游对当地经济发展的影响等11个方面进行调查，主要包括是否促进当地经济发展、是否增加就业机会、是否增加居民个人收入、是否提高生活水平、是否吸引更多投资、是否增加税收、是否提高房地产价格、是否旅游从业人员收入高于非旅游从业人员、是否造成贫富两极分化、是否导致物价上涨、是否旅游发展只有少数人受益。

表8–14 　　　　　　秦岭北麓经济效益评价

市县区名称	对旅游经济影响态度	评价得分
长安区	38.26667	2
临渭区	38.65	2
潼关	39.1818	2.5
临潼	39.5909	2.5
眉县	39.90909	2.5
周至	40.13333	3
蓝田	40.25	3
华阴市	40.53333	3
太白县	40.5909	3
岐山	40.90909	3
华县	41.25	3.5
陈仓区	41.59091	3.5
户县	42.33333	4
凤县	43.38181	4.5
渭滨区	43.7	4.5

（10）环境效益

依据对各评价区域进行的问卷调查进行统计分析，得出评价结果。问卷设计中主要针对有关旅游对当地环境影响的6个方面进行调查，主要包括是否改善交通状况、是否增强政府与居民的环保态度、是否提高基础设施建设、是否破坏宁静的生活环境、是否使本地生活环境质量下降、是否使本地农作物生长环境质量下降。

表 8 - 15　　　　　　　　秦岭北麓环境效益评价

市县区名称	对旅游环境影响态度	评价得分
临渭区	18.05	1.5
太白县	19.45455	2
陈仓区	20.86364	2.5
凤县	21.09091	3
户县	21.83333	3
临潼	21.90909	3
潼关	21.90909	3
眉县	22.2272	3.5
华县	22.5	3.5
岐山	22.54545	3.5
长安区	22.73333	3.5
蓝田	22.85	3.5
渭滨区	23.1	4
周至	23.63333	4
华阴市	24.13333	4.5

（11）社会效益

依据对各评价区域进行的问卷调查进行统计分析，得出评价结果。问卷设计中主要针对有关旅游对当地社会文化影响的 10 个方面进行调查，主要包括是否有利于提高当地知名度、是否有利于学习外来文化与语言、是否有利于当地传统文化的挖掘与保护、是否有利于居民思想观念的更新和开放、是否有利于改善人际关系、是否会导致人与人之间的信任程度降低、是否会使本地优良传统受到冲击、是否会使本地社会道德标准下降、本地赌博、嫖娼、吸毒等不良现象是否与旅游有关、是否会使个人或团伙犯罪率上升。

表 8 - 16　　　　　　　　秦岭北麓社会效益评价

市县区名称	对旅游社会文化影响态度	评价得分
长安区	34	1.5
眉县	35.3181	2
临渭区	35.45	2
陈仓区	35.63636	2
华县	36.3	2.5

市县区名称	对旅游社会文化影响态度	评价得分
蓝田	36.65	2.5
太白县	36.8181	2.5
周至	37.4	3
凤县	37.4545	3
临潼	38.4545	3.5
潼关	38.4545	3.5
华阴市	38.8	3.5
户县	39.43333	4
岐山	39.5	4
渭滨区	40.4	4.5

二　综合评价分析

（1）确定样本矩阵

根据灰色评价方法对数据样本量的要求，本研究采用专家评价法确定评价样本矩阵。请五位专家按照评分等级标准对请五位专家按照评分等级标准对 15 个评价区域的旅游资源开发潜力评价指标进行打分，设第 k 个专家对第 s 个景区的评价矩阵为 $\boldsymbol{D}^{(s)}$。

$$
\boldsymbol{D}^{(周至)} = \begin{bmatrix}
4 & 3 & 4 & 3.5 & 4.5 \\
2.5 & 2.5 & 2.5 & 2.5 & 2.5 \\
3 & 3 & 3 & 3 & 3 \\
4.5 & 4.5 & 4.5 & 4.5 & 4.5 \\
4 & 4 & 4 & 4 & 4 \\
3 & 3.5 & 3 & 2 & 2.5 \\
2.5 & 2.5 & 2.5 & 2.5 & 2.5 \\
3 & 3 & 3 & 3 & 3.5 \\
4 & 3.5 & 4 & 4 & 3 \\
4 & 4 & 4 & 4 & 4 \\
3.5 & 3.5 & 3.5 & 3.5 & 3.5 \\
3.5 & 3.5 & 3.5 & 3.5 & 3.5 \\
3 & 3 & 3 & 3 & 3 \\
3 & 3 & 3 & 3 & 3 \\
4 & 4 & 4 & 4 & 4
\end{bmatrix}
$$

$$
D^{(临潼)} = \begin{bmatrix}
5 & 3 & 3 & 5 & 4 \\
2.5 & 2.5 & 2.5 & 2.5 & 2.5 \\
3 & 3 & 3 & 3 & 3 \\
3.5 & 3.5 & 3.5 & 3.5 & 3.5 \\
3.5 & 3.53.5 & 3.5 & 3.5 \\
5 & 4 & 3.5 & 4 & 4.5 \\
3.5 & 3.5 & 3.5 & 3.5 & 3.5 \\
4.5 & 4 & 3 & 4 & 3.5 \\
5 & 4 & 3 & 4.5 & 3.5 \\
2.5 & 2.5 & 2.5 & 2.5 & 2.5 \\
4.5 & 4.5 & 4.5 & 4.5 & 4.5 \\
2.5 & 2.5 & 2.5 & 2.5 & 2.5 \\
2.5 & 2.5 & 2.5 & 2.5 & 2.5 \\
3 & 3 & 3 & 3 & 3 \\
3.5 & 3.5 & 3.5 & 3.5 & 3.5
\end{bmatrix}
$$

$$
D^{(户县)} = \begin{bmatrix}
3 & 5 & 4.5 & 4 & 3.5 \\
3 & 3 & 3 & 3 & 3 \\
3.5 & 3.5 & 3.5 & 3.5 & 3.5 \\
5 & 5 & 5 & 5 & 5 \\
5 & 5 & 5 & 55 \\
4 & 4.5 & 4.5 & 2.5 & 3.5 \\
4 & 4 & 4 & 4 & 4 \\
3 & 4 & 4 & 3 & 3.5 \\
3 & 5 & 3 & 3 & 4 \\
4.5 & 4.5 & 4.5 & 4.5 & 4.5 \\
5 & 5 & 5 & 5 & 5 \\
2.5 & 2.5 & 2.5 & 2.5 & 2.5 \\
4 & 4 & 4 & 4 & 4 \\
3 & 3 & 3 & 3 & 3 \\
4 & 4 & 4 & 4 & 4
\end{bmatrix}
$$

$$D^{(长安区)} = \begin{bmatrix} 5 & 4 & 4.5 & 3.5 & 4 \\ 3.5 & 3.5 & 3.5 & 3.5 & 3.5 \\ 4 & 4 & 4 & 4 & 4 \\ 4.5 & 4.5 & 4.5 & 4.5 & 4.5 \\ 4 & 4 & 4 & 4 & 4 \\ 4.5 & 3 & 5 & 3 & 4 \\ 4 & 4 & 4 & 4 & 4 \\ 4 & 3 & 4 & 4 & 3.5 \\ 5 & 3 & 4.5 & 4 & 3.5 \\ 4.5 & 4.5 & 4.5 & 4.5 & 4.5 \\ 4.5 & 4.5 & 4.5 & 4.5 & 4.5 \\ 3 & 3 & 3 & 3 & 3 \\ 2 & 2 & 2 & 2 & 2 \\ 3.5 & 3.5 & 3.5 & 3.5 & 3.5 \\ 1.5 & 1.5 & 1.5 & 1.5 & 1.5 \end{bmatrix}$$

$$D^{(蓝田县)} = \begin{bmatrix} 3.5 & 4 & 5 & 3 & 4.5 \\ 2.5 & 2.5 & 2.5 & 2.5 & 2.5 \\ 3 & 3 & 3 & 3 & 3 \\ 2.5 & 2.5 & 2.5 & 2.5 & 2.5 \\ 4 & 4 & 4 & 4 & 4 \\ 2.5 & 4 & 5 & 3 & 4.5 \\ 3 & 3 & 3 & 3 & 3 \\ 4 & 3 & 4 & 2.5 & 3.5 \\ 5 & 3 & 4.5 & 3 & 4 \\ 4.5 & 4.5 & 4.5 & 4.5 & 4.5 \\ 5 & 5 & 5 & 5 & 5 \\ 2.5 & 2.5 & 2.5 & 2.5 & 2.5 \\ 3 & 3 & 3 & 3 & 3 \\ 3.5 & 3.5 & 3.5 & 3.5 & 3.5 \\ 2.5 & 2.5 & 2.5 & 2.5 & 2.5 \end{bmatrix}$$

$$
D^{(渭滨区)} = \begin{bmatrix}
3 & 3.5 & 2 & 3 & 2.5 \\
4 & 4 & 4 & 4 & 4 \\
3.5 & 2.5 & 3 & 2 & 3.5 \\
3 & 3 & 3 & 3 & 3 \\
1.5 & 1.5 & 1.5 & 1.5 & 1.5 \\
3.5 & 2.5 & 3 & 2 & 3.5 \\
5 & 5 & 5 & 5 & 5 \\
3 & 3 & 3.5 & 3 & 3.5 \\
3.5 & 3 & 4 & 4 & 3.5 \\
4 & 4 & 4 & 4 & 4 \\
4 & 4 & 4 & 4 & 4 \\
4 & 4 & 4 & 4 & 4 \\
4.5 & 4.5 & 4.5 & 4.5 & 4.5 \\
4 & 4 & 4 & 4 & 4 \\
4.5 & 4.5 & 4.5 & 4.5 & 4.5
\end{bmatrix}
$$

$$
D^{(眉县)} = \begin{bmatrix}
3 & 4 & 3 & 2 & 3.5 \\
2.5 & 2.5 & 2.5 & 2.5 & 2.5 \\
4 & 4 & 4 & 4 & 4 \\
3.5 & 3.5 & 3.5 & 3.5 & 3.5 \\
2 & 2 & 2 & 2 & 2 \\
32.5 & 4 & 2 & 2.5 \\
4 & 4 & 4 & 4 & 4 \\
32.5 & 3 & 3 & 2.5 \\
3 & 3 & 3 & 3.5 & 4 \\
3 & 3 & 3 & 3 & 3 \\
3.5 & 3.5 & 3.5 & 3.5 & 3.5 \\
4 & 4 & 4 & 4 & 4 \\
2.5 & 2.5 & 2.5 & 2.5 & 2.5 \\
3.5 & 3.5 & 3.5 & 3.5 & 3.5 \\
2 & 2 & 2 & 2 & 2
\end{bmatrix}
$$

$$D^{(陈仓区)} = \begin{bmatrix} 2 & 3 & 3.5 & 2.5 & 3 \\ 3 & 3 & 3 & 3 & 3 \\ 4 & 4 & 4 & 4 & 4 \\ 1 & 1 & 1 & 1 & 1 \\ 4 & 4 & 4 & 4 & 4 \\ 2 & 3 & 4.5 & 3 & 3.5 \\ 4 & 4 & 4 & 4 & 4 \\ 2 & 4 & 4 & 2.5 & 3 \\ 2 & 3 & 4.5 & 3 & 3.5 \\ 4 & 4 & 4 & 4 & 4 \\ 4.5 & 4.5 & 4.5 & 4.5 & 4.5 \\ 3.5 & 3.5 & 3.5 & 3.5 & 3.5 \\ 3.5 & 3.5 & 3.5 & 3.5 & 3.5 \\ 2.5 & 2.5 & 2.5 & 2.5 & 2.5 \\ 2 & 2 & 2 & 2 & 2 \end{bmatrix}$$

$$D^{(岐山县)} = \begin{bmatrix} 4 & 5 & 4.5 & 4 & 3.5 \\ 2.5 & 2.5 & 2.5 & 2.5 & 2.5 \\ 3.5 & 3.5 & 3.5 & 3.5 & 3.5 \\ 3.5 & 3.5 & 3.5 & 3.5 & 3.5 \\ 4.5 & 4.5 & 4.5 & 4.5 & 4.5 \\ 4.5 & 4 & 2 & 3 & 3.5 \\ 4.5 & 4.5 & 4.5 & 4.5 & 4.5 \\ 4.5 & 3 & 4 & 3 & 4.5 \\ 4 & 3 & 5 & 3 & 4.5 \\ 3.5 & 3.5 & 3.5 & 3.5 & 3.5 \\ 3.5 & 3.5 & 3.5 & 3.5 & 3.5 \\ 3 & 3 & 3 & 3 & 3 \\ 3 & 3 & 3 & 3 & 3 \\ 3.5 & 3.5 & 3.5 & 3.5 & 3.5 \\ 4 & 4 & 4 & 4 & 4 \end{bmatrix}$$

$$D^{(\text{凤县})} = \begin{bmatrix} 2 & 4 & 3 & 3 & 3.5 \\ 3.5 & 3.5 & 3.5 & 3.5 & 3.5 \\ 4 & 4 & 4 & 4 & 4 \\ 3 & 3 & 3 & 3 & 3 \\ 4.5 & 4.5 & 4.5 & 4.5 & 4.5 \\ 3 & 4 & 3 & 2 & 3.5 \\ 4.5 & 4.5 & 4.5 & 4.5 & 4.5 \\ 3.5 & 4 & 3.5 & 3 & 4.5 \\ 4.5 & 4 & 3.5 & 3 & 2.5 \\ 2.5 & 2.5 & 2.5 & 2.5 & 2.5 \\ 2.5 & 2.5 & 2.5 & 2.5 & 2.5 \\ 3.5 & 3.5 & 3.5 & 3.5 & 3.5 \\ 4.5 & 4.5 & 4.5 & 4.5 & 4.5 \\ 3 & 3 & 3 & 3 & 3 \\ 3 & 3 & 3 & 3 & 3 \end{bmatrix}$$

$$D^{(\text{太白县})} = \begin{bmatrix} 3.5 & 5 & 3 & 5 & 4 \\ 2.5 & 2.5 & 2.5 & 2.5 & 2.5 \\ 3.5 & 3.5 & 3.5 & 3.5 & 3.5 \\ 3 & 3 & 3 & 3 & 3 \\ 3.5 & 3.5 & 3.5 & 3.5 & 3.5 \\ 3.5 & 5 & 3 & 3 & 4 \\ 3.5 & 3.5 & 3.5 & 3.5 & 3.5 \\ 3 & 5 & 3.5 & 4 & 3 \\ 4 & 5 & 3.5 & 3 & 2.5 \\ 3 & 3 & 3 & 3 & 3 \\ 2.5 & 2.5 & 2.5 & 2.5 & 2.5 \\ 4 & 4 & 4 & 4 & 4 \\ 3 & 3 & 3 & 3 & 3 \\ 2 & 2 & 2 & 2 & 2 \\ 2.5 & 2.5 & 2.5 & 2.5 & 2.5 \end{bmatrix}$$

$$
D^{(临渭区)} = \begin{bmatrix}
2 & 3 & 3 & 2 & 2.5 \\
1.5 & 1.5 & 1.5 & 1.5 & 1.5 \\
3.5 & 3.5 & 3.5 & 3.5 & 3.5 \\
2 & 2 & 2 & 2 & 2 \\
4.5 & 4.5 & 4.5 & 4.5 & 4.5 \\
2 & 3 & 3.5 & 3 & 2.5 \\
4 & 4 & 4 & 4 & 4 \\
2 & 3 & 2.5 & 2 & 3.5 \\
2 & 3 & 3.5 & 3 & 2.5 \\
3.5 & 3.5 & 3.5 & 3.5 & 3.5 \\
5 & 5 & 5 & 5 & 5 \\
2.5 & 2.5 & 2.5 & 2.5 & 2.5 \\
2 & 2 & 2 & 2 & 2 \\
2.5 & 2.5 & 2.5 & 2.5 & 2.5 \\
2 & 2 & 2 & 2 & 2
\end{bmatrix}
$$

$$
D^{(华县)} = \begin{bmatrix}
5 & 3 & 3 & 4 & 3.5 \\
2.5 & 2.5 & 2.5 & 2.5 & 2.5 \\
3 & 3 & 3 & 3 & 3 \\
3.5 & 3.5 & 3.5 & 3.5 & 3.5 \\
4 & 4 & 4 & 4 & 4 \\
4.5 & 3 & 2.5 & 4 & 3.5 \\
4 & 4 & 4 & 4 & 4 \\
5 & 3 & 3 & 4 & 4.5 \\
5 & 4 & 4 & 4 & 4.5 \\
2.5 & 2.5 & 2.5 & 2.5 & 2.5 \\
4.5 & 4.5 & 4.5 & 4.5 & 4.5 \\
3 & 3 & 3 & 3 & 3 \\
3.5 & 3.5 & 3.5 & 3.5 & 3.5 \\
3.5 & 3.5 & 3.5 & 3.5 & 3.5 \\
2.5 & 2.5 & 2.5 & 2.5 & 2.5
\end{bmatrix}
$$

$$
D^{(\text{华阴市})} = \begin{bmatrix}
4 & 4 & 3 & 3 & 3.5 \\
3 & 3 & 3 & 3 & 3 \\
4 & 4 & 4 & 4 & 4 \\
4 & 4 & 4 & 4 & 4 \\
4 & 4 & 4 & 4 & 4 \\
4.5 & 4 & 3 & 3.5 & 4 \\
3.5 & 3.5 & 3.5 & 3.5 & 3.5 \\
4.5 & 4 & 4 & 3 & 3.5 \\
5 & 4 & 3.5 & 3 & 4.5 \\
4.5 & 4.5 & 4.5 & 4.5 & 4.5 \\
4.5 & 4.5 & 4.5 & 4.5 & 4.5 \\
2.5 & 2.5 & 2.5 & 2.5 & 2.5 \\
3 & 3 & 3 & 3 & 3 \\
4.5 & 4.5 & 4.5 & 4.5 & 4.5 \\
3.5 & 3.5 & 3.5 & 3.5 & 3.5
\end{bmatrix}
$$

$$
D^{(\text{潼关})} = \begin{bmatrix}
3 & 2.5 & 3 & 2 & 3.5 \\
2.5 & 2.5 & 2.5 & 2.5 & 2.5 \\
2 & 2 & 2 & 2 & 2 \\
3 & 3 & 3 & 3 & 3 \\
4 & 4 & 4 & 4 & 4 \\
3 & 3.5 & 2.5 & 2 & 3 \\
3 & 3 & 3 & 3 & 3 \\
3 & 2.5 & 3 & 3 & 3.5 \\
3.5 & 3 & 4 & 3 & 3.5 \\
2 & 2 & 2 & 2 & 2 \\
4 & 4 & 4 & 4 & 4 \\
2 & 2 & 2 & 2 & 2 \\
2.5 & 2.5 & 2.5 & 2.5 & 2.5 \\
3 & 3 & 3 & 3 & 3 \\
3.5 & 3.5 & 3.5 & 3.5 & 3.5
\end{bmatrix}
$$

（2）确定评价灰类

设 $g=5$，有 5 个评价灰类，即 $e=1$，2，3，4，5。其相应的灰数及白化权函数如下：

第一灰类"很好"（$e=1$），灰数 $\otimes 1 \in [5, \infty)$，其白化权函数为 f_1（图 a）。$y=1/5x$

第二灰类"好"（$e=2$），灰数 $\otimes 2 \in [0, 4, 8]$，其白化权函数为 f_2（图 b）。$y=1/4x$　$y=-1/4x+2$

第三灰类"一般"（$e=3$），灰数 $\otimes 3 \in [0, 3, 6]$，其白化权函数为 f_3（图 c）。$y=1/3x$　$y=-1/3x+2$

第四灰类"不好"（$e=4$），灰数 $\otimes 4 \in [0, 2, 4]$，其白化权函数为 f_4（图 d）。$y=1/2x$　$y=-1/2x+2$

第五灰类"很不好"（$e=5$），灰数 $\otimes 5 \in [0, 1, 2]$，其白化权函数为 f_5（图 e） $y=x$　$y=-x+2$

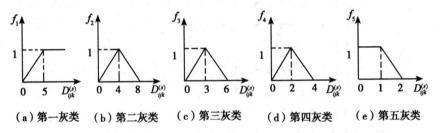

（a）第一灰类　（b）第二灰类　（c）第三灰类　（d）第四灰类　（e）第五灰类

（3）计算灰色评价系数

对于评价指标 V11（知名度），第 1 个评价对象周至的农业旅游资源开发潜力属于第 e 个评价灰类的灰色评价系数为 $x_{11e}^{(1)}$：

$$e=1 \quad x_{111}^{(1)} = \sum_{k=1}^{5} (d_{11k}^{(1)}) = f_1(d_{111}^{(1)}) + f_1(d_{112}^{(1)}) + f_1(d_{113}^{(1)}) + f_1(d_{114}^{(1)}) + f_1(d_{115}^{(1)})$$

$$= f_1(4) + f_1(3) + f_1(4) + f_1(3.5) + f_1(4.5)$$

$$= 0.8 + 0.6 + 0.8 + 0.7 + 0.9 = 3.8$$

同理，$e=2 \quad x_{112}^{(1)} = 4.5 \quad e=3 \quad x_{113}^{(1)} = 1.667$

$e=4 \quad x_{114}^{(1)} = 0.75 \quad e=5 \quad x_{115}^{(1)} = 0$

对于评价指标 V11，周至农业旅游资源开发潜力属于各个评价灰类的总灰色评价系数 $x_{11}^{(1)}$ 为：$x_{11}^{(1)} = \sum_{e=1}^{5} (x_{11e}^{(1)}) = x_{111}^{(1)} + x_{112}^{(1)} + x_{113}^{(1)} + x_{114}^{(1)} + x_{115}^{(1)} = 10.717$

（4）计算灰色评价权向量

就评价指标 V11，所有评价者对旅游资源开发潜力主张第 e 个评价灰类

的灰色评价权向量记为 $r_{11e}^{(1)}$ ，

$$e = 1 \quad r_{111}^{(1)} = \frac{x_{111}^{(1)}}{x_{11}^{(1)}} = \frac{3.8}{10.717} = 0.355$$

同理，$e = 2 \ r_{112}^{(1)} = 0.42 \quad e = 3 \ r_{113}^{(1)} = 0.156$

$$e = 4 \ r_{114}^{(1)} = 0.07 \quad e = 5 \ r_{115}^{(1)} = 0$$

所以，周至旅游资源开发潜力的评价指标 V11 对于各灰类的灰色评价权向量 $r_{11}^{(1)}$ 为：$r_{11}^{(1)} = (r_{111}^{(1)}, r_{112}^{(1)}, r_{113}^{(1)}, r_{114}^{(1)}, r_{115}^{(1)}) = (0.355，0.42，0.156，0.07，0)$

周至旅游资源开发潜力 V_1 所属指标 V_{1j} （$j = 1，2，3，4，5，6$）、V_2 所属指标 V_{2j} （$j = 1，2，3，4，5，6$）、V_3 所属指标 V_{3j} （$V_{3j} = 1，2，3$）对于各评价灰类的灰色评价权矩阵 $\boldsymbol{R}_1^{(周至)}$、$\boldsymbol{R}_2^{(周至)}$、$\boldsymbol{R}_3^{(周至)}$ 为：

$$\boldsymbol{R}_1^{(周至)} = \begin{bmatrix} r_{11}^{(周至)} \\ r_{12}^{(周至)} \\ r_{13}^{(周至)} \\ r_{14}^{(周至)} \\ r_{15}^{(周至)} \\ r_{16}^{(周至)} \end{bmatrix} = \begin{bmatrix} 0.354 & 0.42 & 0.156 & 0.07 & 0 \\ 0.185 & 0.231 & 0.308 & 0.277 & 0 \\ 0.211 & 0.263 & 0.351 & 0.175 & 0 \\ 0.434 & 0.422 & 0.142 & 0 & 0 \\ 0.324 & 0.406 & 0.27 & 0 & 0 \\ 0.189 & 0.236 & 0.372 & 0.203 & 0 \end{bmatrix}$$

$$\boldsymbol{R}_2^{(周至)} = \begin{bmatrix} r_{21}^{(周至)} \\ r_{22}^{(周至)} \\ r_{23}^{(周至)} \\ r_{24}^{(周至)} \\ r_{25}^{(周至)} \\ r_{26}^{(周至)} \end{bmatrix} = \begin{bmatrix} 0.185 & 0.231 & 0.308 & 0.277 & 0 \\ 0.241 & 0.302 & 0.329 & 0.128 & 0 \\ 0.287 & 0.358 & 0.297 & 0.058 & 0 \\ 0.324 & 0.406 & 0.27 & 0 & 0 \\ 0.263 & 0.329 & 0.313 & 0.094 & 0 \\ 0.263 & 0.329 & 0.313 & 0.094 & 0 \end{bmatrix}$$

$$\boldsymbol{R}_3^{(周至)} = \begin{bmatrix} r_{31}^{(周至)} \\ r_{32}^{(周至)} \\ r_{33}^{(周至)} \end{bmatrix} = \begin{bmatrix} 0.211 & 0.263 & 0.351 & 0.175 & 0 \\ 0.211 & 0.263 & 0.351 & 0.175 & 0 \\ 0.325 & 0.406 & 0.270 & 0 & 0 \end{bmatrix}$$

（5）对各级评价指标作综合评价

①对二级指标 V_1、V_2、V_3 作综合评价

对周至旅游资源开发潜力的二级指标 V_1、V_2、V_3 作综合评价，计算出综合评价结果 $B_1^{(周至)}$、$B_2^{(周至)}$、$B_3^{(周至)}$ 为：

$$B_1^{(周至)} = A_1 \times R_1^{(周至)} = (0.261, \ 0.274, \ 0.266, \ 0.163, \ 0)$$

$$B_2^{(周至)} = A_2 \times R_2^{(周至)} = (0.275, \ 0.344, \ 0.304, \ 0.78, \ 0)$$

$$B_3^{(周至)} = A_3 \times R_3^{(周至)} = (0.259, \ 0.324, \ 0.366, \ 0.100, \ 0)$$

　　由 $B_1^{(周至)}$、$B_2^{(周至)}$、$B_3^{(周至)}$ 得周至旅游资源开发潜力的总灰色评价权矩阵 $\boldsymbol{R}^{(周至)}$：

$$\boldsymbol{R}^{(周至)} = \begin{bmatrix} B_1^{(周至)} \\ B_2^{(周至)} \\ B_3^{(周至)} \end{bmatrix} = \begin{bmatrix} 0.261 & 0.274 & 0.266 & 0.163 & 0 \\ 0.275 & 0.344 & 0.304 & 0.78 & 0 \\ 0.259 & 0.324 & 0.366 & 0.1000 \end{bmatrix}$$

同理，可得出：

$$\boldsymbol{R}^{(太白县)} = \begin{bmatrix} B_1^{(太白县)} \\ B_2^{(太白县)} \\ B_3^{(太白县)} \end{bmatrix} = \begin{bmatrix} 0.254 & 0.290 & 0.298 & 0.158 & 0 \\ 0.267 & 0.320 & 0.296 & 0.117 & 0 \\ 0.188 & 0.235 & 0.314 & 0.2630 \end{bmatrix}$$

$$\boldsymbol{R}^{(凤县)} = \begin{bmatrix} B_1^{(凤县)} \\ B_2^{(凤县)} \\ B_3^{(凤县)} \end{bmatrix} = \begin{bmatrix} 0.269 & 0.328 & 0.282 & 0.122 & 0 \\ 0.246 & 0.298 & 0.301 & 0.155 & 0 \\ 0.292 & 0.321 & 0.276 & 0.1110 \end{bmatrix}$$

$$\boldsymbol{R}^{(眉县)} = \begin{bmatrix} B_1^{(眉县)} \\ B_2^{(眉县)} \\ B_3^{(眉县)} \end{bmatrix} = \begin{bmatrix} 0.218 & 0.272 & 0.292 & 0.220 & 0 \\ 0.277 & 0.346 & 0.278 & 0.099 & 0 \\ 0.188 & 0.236 & 0.288 & 0.2880 \end{bmatrix}$$

$$\boldsymbol{R}^{(岐山县)} = \begin{bmatrix} B_1^{(岐山县)} \\ B_2^{(岐山县)} \\ B_3^{(岐山县)} \end{bmatrix} = \begin{bmatrix} 0.275 & 0.314 & 0.280 & 0.132 & 0 \\ 0.268 & 0.312 & 0.312 & 0.111 & 0 \\ 0.270 & 0.338 & 0.309 & 0.0830 \end{bmatrix}$$

$$\boldsymbol{R}^{(渭滨区)} = \begin{bmatrix} B_1^{(渭滨区)} \\ B_2^{(渭滨区)} \\ B_3^{(渭滨区)} \end{bmatrix} = \begin{bmatrix} 0.247 & 0.309 & 0.303 & 0.128 & 0.014 \\ 0.307 & 0.378 & 0.282 & 0.032 & 0 \\ 0.411 & 0.418 & 0.170 & 0 & 0 \end{bmatrix}$$

$$\boldsymbol{R}^{(潼关)} = \begin{bmatrix} B_1^{(潼关)} \\ B_2^{(潼关)} \\ B_3^{(潼关)} \end{bmatrix} = \begin{bmatrix} 0.200 & 0.250 & 0.318 & 0.233 & 0 \\ 0.219 & 0.274 & 0.287 & 0.220 & 0 \\ 0.224 & 0.280 & 0.319 & 0.178 & 0 \end{bmatrix}$$

$$\boldsymbol{R}^{(临潼区)} = \begin{bmatrix} B_1^{(临潼区)} \\ B_2^{(临潼区)} \\ B_3^{(临潼区)} \end{bmatrix} = \begin{bmatrix} 0.261 & 0.295 & 0.294 & 0.152 & 0 \\ 0.260 & 0.313 & 0.256 & 0.17 & 0 \\ 0.224 & 0.280 & 0.319 & 0.178 & 0 \end{bmatrix}$$

$$\boldsymbol{R}^{(华阴市)} = \begin{bmatrix} B_1^{(华阴市)} \\ B_2^{(华阴市)} \\ B_3^{(华阴市)} \end{bmatrix} = \begin{bmatrix} 0.272 & 0.337 & 0.293 & 0.0.09 & 0 \\ 0.318 & 0.340 & 0.234 & 0.108 & 0 \\ 0.279 & 0.324 & 0.293 & 0.104 & 0 \end{bmatrix}$$

$$\boldsymbol{R}^{(华县)} = \begin{bmatrix} B_1^{(华县)} \\ B_2^{(华县)} \\ B_3^{(华县)} \end{bmatrix} = \begin{bmatrix} 0.242 & 0.291 & 0.304 & 0.164 & 0 \\ 0.327 & 0.339 & 0.240 & 0.094 & 0 \\ 0.230 & 0.287 & 0.311 & 0.172 & 0 \end{bmatrix}$$

$$\boldsymbol{R}^{(陈仓区)} = \begin{bmatrix} B_1^{(陈仓区)} \\ B_2^{(陈仓区)} \\ B_3^{(陈仓区)} \end{bmatrix} = \begin{bmatrix} 0.219 & 0.271 & 0.316 & 0.161 & 0.033 \\ 0.309 & 0.358 & 0.236 & 0.098 & 0 \\ 0.201 & 0.251 & 0.289 & 0.259 & 0 \end{bmatrix}$$

$$\boldsymbol{R}^{(长安区)} = \begin{bmatrix} B_1^{(长安区)} \\ B_2^{(长安区)} \\ B_3^{(长安区)} \end{bmatrix} = \begin{bmatrix} 0.318 & 0.362 & 0.275 & 0.046 & 0 \\ 0.299 & 0.347 & 0.256 & 0.099 & 0 \\ 0.164 & 0.205 & 0.248 & 0.294 & 0.089 \end{bmatrix}$$

$$\boldsymbol{R}^{(临渭区)} = \begin{bmatrix} B_1^{(临渭区)} \\ B_2^{(临渭区)} \\ B_3^{(临渭区)} \end{bmatrix} = \begin{bmatrix} 0.185 & 0.226 & 0.263 & 0.253 & 0.074 \\ 0.259 & 0.280 & 0.283 & 0.178 & 0 \\ 0.162 & 0.202 & 0.269 & 0.366 & 0 \end{bmatrix}$$

$$\boldsymbol{R}^{(蓝田)} = \begin{bmatrix} B_1^{(蓝田)} \\ B_2^{(蓝田)} \\ B_3^{(蓝田)} \end{bmatrix} = \begin{bmatrix} 0.252 & 0.290 & 0.293 & 0.166 & 0 \\ 0.315 & 0.316 & 0.252 & 0.118 & 0 \\ 0.210 & 0.263 & 0.325 & 0.202 & 0 \end{bmatrix}$$

$$\boldsymbol{R}^{(户县)} = \begin{bmatrix} B_1^{(户县)} \\ B_2^{(户县)} \\ B_3^{(户县)} \end{bmatrix} = \begin{bmatrix} 0.274 & 0.313 & 0.292 & 0.122 & 0 \\ 0.341 & 0.226 & 0.295 & 0.137 & 0 \\ 0.301 & 0.376 & 0.287 & 0.036 & 0 \end{bmatrix}$$

②对一级指标 V 作综合评价

对周至旅游资源开发潜力的一级指标 V 作综合评价，得其综合评价结果 $B^{(周至)}$：

$$B^{(周至)} = A \times \boldsymbol{R}^{(周至)} = (0.264, 0.297, 0.286, 0.134, 0)$$
$$B^{(太白县)} = A \times \boldsymbol{R}^{(太白县)} = (0.25, 0.292, 0.299, 0.158, 0)$$
$$B^{(凤县)} = A \times \boldsymbol{R}^{(凤县)} = (0.265, 0.319, 0.286, 0.129, 0)$$
$$B^{(眉县)} = A \times \boldsymbol{R}^{(眉县)} = (0.230, 0.287, 0.288, 0.195, 0)$$
$$B^{(岐山县)} = A \times \boldsymbol{R}^{(岐山县)} = (0.273, 0.315, 0.291, 0.121, 0$$
$$B^{(渭滨区)} = A \times \boldsymbol{R}^{(渭滨区)} = (0.280, 0.338, 0.283, 0.090, 0.09)$$

$$B^{(潼关)} = A \times R^{(潼关)} = (0.207,\ 0.259,\ 0.310,\ 0.224,\ 0)$$

$$B^{(临潼区)} = A \times R^{(临潼区)} = (0.256,\ 0.298,\ 0.286,\ 0.160,\ 0)$$

$$B^{(华阴市)} = A \times R^{(华阴市)} = (0.285,\ 0.336,\ 0.278,\ 0.102,\ 0)$$

$$B^{(华县)} = A \times R^{(华县)} = (0.262,\ 0.303,\ 0.288,\ 0.147,\ 0)$$

$$B^{(陈仓区)} = A \times R^{(陈仓区)} = (0.240,\ 0.291,\ 0.292,\ 0.074,\ 0)$$

$$B^{(长安区)} = A \times R^{(长安区)} = (0.296,\ 0.341,\ 0.267,\ 0.064,\ 0.009)$$

$$B^{(临渭区)} = A \times R^{(临渭区)} = (0.202,\ 0.237,\ 0.269,\ 0.245,\ 0.047)$$

$$B^{(蓝田)} = A \times R^{(蓝田)} = (0.264,\ 0.293,\ 0.285,\ 0.157,\ 0)$$

$$B^{(户县)} = A \times R^{(户县)} = (0.294,\ 0.297,\ 0.292,\ 0.116,\ 0)$$

③计算综合评价值并排序

各评价灰类等级值化向量 $C = (5,\ 4,\ 3,\ 2,\ 1)$，周至旅游资源开发潜力的综合评价值 $W^{(周至)}$ 为：

$$W^{(周至)} = B^{(周至)} \times C^T = (0.264,\ 0.297,\ 0.286,\ 0.134,\ 0)(5,\ 4,\ 3,\ 2,\ 1)^T = 3.64$$

同理，可求得：

$$W^{(太白县)} = B^{(太白县)} \times C^T = 3.633$$

$$W^{(凤县)} = B^{(凤县)} \times C^T = 3.719$$

$$W^{(眉县)} = B^{(眉县)} \times C^T = 3.550$$

$$W^{(岐山县)} = B^{(岐山县)} \times C^T = 3.741$$

$$W^{(渭滨区)} = B^{(渭滨区)} \times C^T = 3.790$$

$$W^{(潼关)} = B^{(潼关)} \times C^T = 3.445$$

$$W^{(临潼区)} = B^{(临潼区)} \times C^T = 3.649$$

$$W^{(华阴市)} = B^{(华阴市)} \times C^T = 3.802$$

$$W^{(华县)} = B^{(华县)} \times C^T = 3.680$$

$$W^{(陈仓区)} = B^{(陈仓区)} \times C^T = 3.391$$

$$W^{(长安区)} = B^{(长安区)} \times C^T = 3.785$$

$$W^{(临渭区)} = B^{(临渭区)} \times C^T = 3.300$$

$$W^{(蓝田)} = B^{(蓝田)} \times C^T = 3.662$$

$$W^{(户县)} = B^{(户县)} \times C^T = 3.768$$

区域排序结果如下：

区域名称	华阴市	渭滨区	长安区	户县	岐山县	凤县	华县	蓝田	临潼区	周至县	太白县	眉县	潼关县	陈仓区	临渭区
排序	1	2	3	4	5	6	7	8	9	10	11	12	13	14	15

三　评价结果分析

（1）从区域资源开发潜力综合排序可知：

第一，旅游资源开发潜力位居前5位的为华阴市、渭滨区、长安区、户县、岐山县，这5个县区分布于西安、宝鸡、渭南三市，说明秦岭北麓农业旅游的开发潜力在区域分布上相对均衡。

第二，旅游资源开发潜力的差异与经济的差异有着很强的一致性，而与资源禀赋本身的一致性较弱。资源禀赋固然是旅游资源开发潜力的重要影响因素，但旅游资源丰富并不等于旅游资源开发潜力就大，这一结论与人们惯常认为的"旅游资源丰富，因而旅游开发潜力也大"的结论相异。这是因为区域旅游资源的开发潜力是来自区域各方面要素的综合作用和影响，还与旅游资源所在区域的经济开放度、交通通达度、环境状况等密切相关。旅游业发展潜力排名靠前的区域，其区位条件、生态环境及经济基础等各子要素也都较强。而眉县等开发潜力差的区域虽然旅游资源丰富，但由于受经济、交通等条件的限制，发展旅游业所需的各项支撑体系还有待完善，旅游资源优势暂时并很难形成产品优势。因此，今后在挖掘和发挥区域旅游资源开发潜力时必须要有系统的观念。

（2）发展区域划分

根据旅游资源开发潜力评价值，可以把秦岭北麓15个区域的农业旅游资源开发潜力划分为三个发展分区：

旅游发展分区	包含区域
最佳可开发区域	华阴市，渭滨区，长安区，户县，岐山县
次佳可开发区域	凤县，华县，蓝田，临潼区，周至
欠佳可开发区域	临渭区，陈仓区，潼关，眉县，太白县

第四节　相关建议

点轴开发理论是在中心地理论和增长级理论的基础上提出的，认为地域经济过程在集聚效应的作用下，应该在点上聚集，使区位优势最大的点成为区域增长中心，当各种生产要素通过向心运动在点上的集中达到一定的规模后，中心将逐步产生扩散效应，带动周边的地区发展。在旅游发展中，点—轴理论中的点就是中心城镇或重点旅游区，轴就是它们之间的联结通道（即交通线）。在规划布局时，应考虑开发一些旅游发展增长点，点与点之间要有一定的联结通道。在不断发展的过程中，使交通沿线一些次一级的城镇和旅游风景区、风景点也逐步发展起来，形成交通沿线的轴带发展，从而达到以点带线、以线带面的作用，带动整个地域的旅游发展。总之，在旅游布局规划中，应注意对旅游发展增长极的培植，借此带动整个旅游地区的发展。

因此在旅游发展布局中，往往对那些旅游资源价值高、区位条件好、社会经济发展水平较高的旅游风景区或中心城镇作为旅游增长极培育，集中人力、物力、财力，给予一定的优惠政策，进行重点开发，并以此带动其他旅游风景区、旅游景点的发展，从而促进整个旅游地的旅游发展。

轴线和点的选择：

G045 （连云港—霍尔果斯）

管理局	渭南	渭南	渭南	渭南	渭南	渭南
控制点	陕豫界（风陵渡）	潼关县	华阴市	华县	临渭区	市辖区
区间里程（km）	0	16.9	31.366	24.62	15.514	7.95

G310 （连云港—天水）

管理局	渭南	渭南	渭南	渭南	渭南	渭南	渭南	渭南
控制点	河南预灵	潼关县	孟源镇	华山镇	罗夫镇	华县杏林	渭南市	渭南临潼交界
区间里程（km）	0	13.5	10	14.5	12.645	22.371	22	11.756

G310 （连云港—天水）

管理局	宝鸡	宝鸡	宝鸡	宝鸡	宝鸡
控制点	眉县	岐山县陈家庄	陈仓区潘家湾	陈仓区姬家店	宝鸡市渭滨区
区间里程（km）	37.691	8	27.2	3.732	9.137

由表中我们可以看到 G310 贯穿渭南市区、华县、华阴市和潼关四个区县，而 G045 则贯穿临渭区，华阴市、华县和潼关四个区县，其中华阴市均为道路节点。G310 贯穿眉县、岐山县、陈仓区和渭滨区四个县区，G045 则贯穿眉县、岐山县、陈仓区，其中岐山县均为道路节点。在渭南和宝鸡两市的农业旅游发展潜力评价中，渭南的华阴市为最佳可开发区域，宝鸡的渭滨

区和岐山县为最佳可开发区域。因此这三个县区可以作为旅游增长极，进行重点开发，并以此带动其他县区的发展，从而促进整个旅游地的旅游发展。眉县、临渭区、陈仓区和潼关处于轴线上，可作为次一级开发区域，而凤县和太白县均处于轴线外，且旅游资源开发潜力较差，所以可以作为后期开发区域。

考察报告

秦岭北麓野外考察笔记

考察时间：2008 年 4 月

考察地点：西安近郊、西安白鹿塬、户县、周至等秦岭北麓一线

考察人员：严艳、王光生、于凤军、杨晓美、宋秀云、高群、高言玲、韩改芬、周文、王晓庆、李德山、连丽娟等

执笔人：杨晓美、宋秀云

考察区域概况：

秦岭北麓位于秦岭分水线至关中平原南缘之间，泛指秦岭主梁以北至渭河以南地区，涉及西安市的周至、户县、长安区、临潼区、蓝田，宝鸡市的凤县、太白、渭滨区、宝鸡县、眉县、岐山和渭南市的临渭区、华县、华阴、潼关三市的 15 个县、区。这一区域地处黄河、长江两大流域，接壤地带海拔在 1500—3500 米。

秦岭北麓地区开发历史悠久，人口密度相对较大，距大城市近，由于受到自然条件的限制，生产主要以农业为主，经济增长缓慢。但在农业产业化的推动下，经济出现了较快的增长。并随着农村经济的深入发展和农业结构调整步伐的进一步加快，农村经济从单一的粮食生产转入多种种植结构成分相结合的新格局。将小麦、玉米、水稻等传统农业种植和苹果、草莓、猕猴桃、线辣椒等果蔬结合起来，建立特色果菜生产基地，2006 年眉县因此实现农业总产值 8.2 亿元，农民人均纯收入 2348.5 元。秦岭北麓其他各地区也根据各自不同的自然地理优势，形成独具特色的农业生产模式。宝鸡市渭滨区凭借其明显的城郊优势，发展以种植业为主，果、菜、鱼、肉、蛋、奶多业为辅的城郊型农业模式，长安区也随之开发观光农业，这些都成为农民增加收入的重要来源。

近些年来，秦岭北麓凭借其得天独厚的自然资源和优越的生态环境，大力发展各种类型的观光农业。农业的种植不再以收获农产品为主要目的，而以供人们观赏、休闲、娱乐为主要目的。不仅能够利用高新技术建立现代化

的农业基地，增加农民收入，而且有利于生态环境的保护，实现可持续发展。

考察目的：实地了解秦岭北麓地区农业旅游发展的现状和发展的潜力，为进一步的研究工作提供现实资料。

具体考察情况如下。

第一站：渭河现代生态农业示范区

渭河现代生态农业示范区是现代生态农业示范、农业生态观光、农业科技产业园，是西安、咸阳城郊区的休闲观光旅游基地，及优质、丰富、多样的农业产品综合基地。

建设中的渭河示范区位于户县北部，渭河南岸，北以渭河主河道为界，南以户县二号路—涝店一号路为界，西至周户交界，东至咸（阳）户（县）公路，地貌为渭河漫滩地和一级阶地，地形开阔平坦，坡降 1%—2.5%，海拔 388—400 米。该区土壤中性偏碱，以沙质土为主，属于标准的渭河漫滩地带。气候资源较为丰富，属暖温带半湿润大陆性气候，年平均气温 13.5℃，大于 0℃的积温 4890℃，大于 10℃的有效积温 4349℃，无霜期 234 天，平均日照 1890 小时，降雨量 649 毫米，光热水气资源丰富，可满足多种作物生长，平均农作物复种指数 196%。地表径流亩均水量 590 立方米，地下水亩均水量 340 立方米，地表水和地下水资源亩均 930 立方米，总量可以保证各种作物正常生长。暖温带半干旱气候，地下水埋藏浅，富水性强，且分布均衡。

示范区总面积 6.68 万亩，其中农业用地 4.1 万亩，建设用地 0.26 万亩，未利用土地 0.64 万亩，河滩湿地及护堤地 1.63 万亩。

示范区包括涝店、渭丰、大王三各乡镇以北部分地区，涉及行政村 35 个，农业人口 2.13 万人。区内现有单位 5 个，其中市级单位 2 个，县级单位 3 个，皆以农业科技示范区为主。西安市现代化综合苗圃是西安市林业局直属单位，占地 1000 余亩，拥有高标准的智能温室 14 万平方米，已具有生产高档名贵苗木花卉的技术和设备；国营户县原种场占地 2000 余亩，是西安地区较大的良种繁育推广基地，其中投资 350 万元，占地 300 亩的陕西农业科技示范园，已经成功探索出渭河沿岸果树大棚栽培技术，为设施农业发展起到了科技示范作用；西安市水利局水保总站建成节水灌溉技术研究推广和灌溉实验于一体的科研基地。西安天源生物科技有限公司投资 2500 万元，建成了园区内最大的奶牛养殖基地。

范区交通示便利，示范区中心南距西宝高速南线 6 千米，距咸户公路 8 千米，距西宝高速入口 15 千米，距西汉高速 20 千米，区内"二经四纬"形成园田化道路网络。渭河现代生态农业示范区目前是户县发展农业旅游的重点区域。

户县渭河生态农业示范区规划图

在前往渭河现代生态农业示范区的路上，道路两旁已经零星地有许多小型的农业培育基地，如花卉培育基地等。对于渭河现代生态农业示范区，我们主要详细考察了一个示范园。该示范园以培育果木新品种为主，主要有杏和葡萄。由于考察时间的关系，葡萄刚刚抽芽，杏正处于成熟阶段，在工作人员的陪同下，示范园的园长向我们详细地介绍了杏的培育技术，并进入培育棚中进行参观。经过园长的详细介绍，我们对示范园的整体工作有了一定的认识。该示范园属于事业单位，培育出的新品种和开发的新技术可以免费提供给当地的农民，为提高当地的农业科技水平作出了一定的贡献。该示范园目前还没有开发农业观光旅游项目，但是已经有这方面的意向，准备在不久之后开发旅游项目。而且通过与园长的交流，可以看出，园长对于开发农业观光旅游项目具有很高的热情，也寄予了很高的期望，他相信这是一条可以带领当地农民致富的道路。在与园长的交流中，提到开发农业观光旅游是否会对农作物的生长有影响？园长认为正常的采摘活动和观赏活动是不会对农作物的生长有影响的，但是恶意践踏果木的行为例外。他认为这主要在于旅游者的素质和管理人员的管理，他认为近年来旅游者的素质在不断提高，践踏果木的行为在逐渐减少。

在园长的热情陪同下，我们顺利地完成了该示范园的考察工作。通过考察、交流，我们有以下几点认识。

1. 农业科技示范园开始对开发旅游有了理性思考

农业科技示范园的园长对该园发展旅游业有着理性的思考，主要表现在两个方面：一方面是园长对发展旅游充满信心和希望，态度十分积极，也很乐观；另一方面是园长对发展旅游所带来的一些负面影响也有考虑，并且根据自己的经验和他人的经历指出了一些负面影响并采取了针对性的措施。由此可以看出，人们对于发展旅游的盲目夸大时代已经过去，对旅游业的发展有了更全面、合理的认识。

2. 观光农园发展旅游的投资方式呈现多样化、多渠道的趋势

该农园主要是由农业部、乡镇政府、事业单位联合投资兴建的，目前主要是欠发达地区农业示范基地，职工由专职员工50人和当地兼职农民组成。随着园区的发展，这个事业单位也逐渐形成了企业化管理。为了进一步将开发旅游的设想付诸现实，他们进行了积极的招商引资，目前园内正在开发建设的葡萄园就是企业投资兴建的。由此看出，农业示范基地开发旅游的多样化是必然的，也是不可或缺的，这主要是由农民这个特殊群体自身特征所造成的，包括资金的缺乏、管理经验的欠缺、知识水平的限制等。

3. 农业示范园开发旅游对带动周围农村发展具有重要作用

由于时间和资金的限制，我们没有逐一对周围的农业示范园进行考察，但通过在这里的观察和交流，我们了解到开发旅游的农业示范园周围的村庄内陆续出现了一些"农家乐"现象，这显然为农民的发家致富另辟了一条新道，但这样一个辐射范围有多大，也是一个值得深入研究的问题。

4. 关于农业示范园开发旅游的门票问题

对于这样一个事业单位的农业示范基地开发旅游，通过大家的交流探讨，对其日后发展旅游的门票问题提出了设想，建议此园开发旅游后，建立一个无门票的项目收费体系。这也是基于对农业旅游本身的特征及客源市场需求的充分考虑而提出的，不是简单得像大多数景点一样仅靠门票经济生存，那么这样一个观光农业园的发展将会是一个成功发展旅游的典范，至少在经营模式上是一个创新。

5. 对于园内旅游项目开发的设想

针对这样一个农业示范基地，可以开展如下旅游项目：（1）开展采摘

活动，根据园内大量的设施果树（杏树、葡萄等），可在果实成熟期开展进园自由采摘活动，增加游客的参与性。（2）开展科普教育活动，根据考察过程中园长在杏园中有关杏树相关知识的介绍，可以针对城市中小学生开展一些科普知识获取活动，或和在校大学生联合组办教育实习基地，从而弥补单一采摘活动的季节性问题。这主要基于两种有利环境条件：一是家长对孩子教育的重视性；二是这种寓教于乐的形式，可观性和娱乐性强，符合孩子的喜好。（3）开展科技推广项目，这主要是针对一些农民及园区之间的成果交流开展的活动项目，为农民提供一条发家致富之路，为解决"三农"问题提供一个途径。（4）进行产品深加工，延长产业链，开发旅游商品。在交流过程中，得知该厂已经有玉米深加工和苦瓜深加工，而对于果树的生产目前还停留在第一产业阶段。因此建议该区在农业发展的同时，实现产业链的加长，从而由第一产业过渡到第二产业，同时兼顾第三产业，真正形成第一、二、三产业的全面合理结合。一方面为农业园提供更多的经济收入，另一方面也可开发更多的旅游项目，如参观果汁加工等活动。

示范园大棚内　　　　　　　　　　　同学与园长访谈

第二站：东韩村

　　户县东韩村位于户县北郊，距县城中心1千米。地处城市发展区。全村237户，常住人口959人，总面积0.68平方千米，2002年，被陕西省委、省政府命名为"陕西省绿色村庄"。自20世纪80年代以来，东韩村两委会带领广大群众走共同富裕的道路，实现人均积累1.39万元，人均年产值3.1万元，纯收入2850元。实现了农业机械化、吃水自来化、办公标准化、民居楼房化和村貌园林化。被省委、省政府命名为"小康示范村"，有"陕西第一村"的美誉。

　　调查组进村时正好赶上当地一家举办婚礼，十分热闹。进入村子的第一感觉是这里已经完全没有乡村的感觉，整个村子犹如一个城市别墅花园，每

东韩村外景

座房屋都是三层小楼，整个村庄布局整齐，绿树成荫，花草遍地，但最吸引人的则是随处可见的农民画。

　　户县农民画早有盛名，它以创意新颖、风格淳朴、乡土气息和生活浓厚而著名。位于村中央广场的画舫和地下室都有大量的画供游人免费参观。走进画室，浓郁的乡土生活气息扑面而来，浓艳的色彩、生动的人物、新奇的构思更令人大开眼界。我从对当地农民画画家潘晓玲的访谈了解到，这里的农民画大部分都是卖给外国游客的，销量很好。禁不住美画的诱惑，我和另外两名同学各买了一幅画作为纪念。

农民画画展

　　东韩村是省旅游局涉外接待的定点村，农家乐管理得比较规范，厨房、卧室有一定的硬件设施，卫生条件较好，符合要求的农家，门口挂有"定点接待户"牌子，没有像其他地方那样乱拉客人的现象。

在等待吃饭的时间里，我们和农家乐的女主人和男主人进行了交谈。从访谈中了解到他们对于发展农业旅游、开办农家乐是非常满意的，整个访谈过程中他们都是满面堆笑，喜悦之情溢于言表。当我问到他们的年收入是多少时，男主人很高兴地告诉我，他们现在一年可以收入大概 4 万—5 万元，不过不单单是农家乐的收入，他还经营了奶牛，效益也很好。我还对其他农家乐的主人进行了访谈，他们的认知几乎是一致的，他们都认为开发旅游使村民的整体素质都有所提高，开阔了眼界。当我问到发展旅游是否会使犯罪增加时，他们的反应都是否定的，引用他们的原话就是"现在大家都忙着挣钱，谁还有时间去做坏事呀！"但是他们大多数都不认为参与旅游的农户的收入一定会高于非参与旅游的农户。

东韩村的农家乐主要经营的是住宿和餐饮，没有其他的娱乐项目，他们主要是依托户县农民画。但是给我的感觉是缺少了一些乡村的气息。据我了解，他们现在没有开发果木的采摘、垂钓这类的项目，可参与性的活动不是很多，在这方面我认为还有待提高。他们餐饮的价格是按照人数算得，不是点餐制，相对来讲价格较高。

有几点认识：（1）旅游发展确实为农民致富走向小康提供了一条路径。通过对东韩村的考察及对当地农民的访谈获悉，农民对发展旅游都抱有积极的态度，并一致认为该村旅游业的发展确实给农民谋福利了。但对于农民参与旅游业的方式、利益分配方式等问题还有待进一步深入研究。（2）旅游项目单调，且多为游览观光型，有待进一步开发。除了看农民画、购农民画就是吃农家饭，再无其他旅游项目，旅游项目显得过于单调，只需一个小时就可将整个村庄浏览完毕，除了想品尝一下农家饭，游客再无其他理由留在此地，因此可见这里目前还只是一个旅游中转站而非旅游休闲度假目的地。（3）农家乐发展水平不高，有待进一步提高服务水平和经营水平。这里没有菜谱，也没有其他的娱乐项目，卫生质量较差（将别人用过的一次性杯子给我们喝水）。因此我认为应该提高卫生质量，这是开办农家乐的基本要求。制作一个具有农家地方特色的菜谱，设置一些简单的农家娱乐项目以便游客在等餐的过程中进行娱乐，提高卫生质量，使东韩村的农家乐越来越红火。（4）整个村庄管理水平低，有待进一步提高。通过与当地农民的交流得知，整个村庄发展农家乐并没有固定的标准和要求，也没有人对此进行定期的检测管理。此外，对于外来游客的食宿安排也无人给予安排和管理。由此可见，整个东韩村几乎处于无管理状态，这种低水平的无管理状态显然不利于东韩村的可持续发展。因此我建议村内组建一个旅游管理委员会，对整个村庄农家乐制定一定的质量标准、规范和等级划分标准，对符合该标准的农家准予开发农家乐，否则不准开发农家乐。同时，定期进行质量评定，得分高的给予高等级的三朵花，依次为两朵花、一朵花。而对于开发农家乐的农户也要定时进行检查和监督，以保证农家乐的卫生质量和特色菜等质量等。另外，我认为村里还应该对来访游客进行分配和管理，保证利益分配的公平性，同时也可避免出现拉客、抢客的不文明现象。（5）深度挖掘农村旅游资源，丰富活动项目。利用一些地方风俗节日开发一些参与性的活动项目，增加游客的体验，同时活动内容的丰富也可以留住游客，增加当地的经济收入。包括游客参与作画、剪纸；组办农民画比赛；组织中小学生进行参观游览；农民干部考察学习；农家土特产销售；农家菜手艺学习等，从而形成一个集新农村特色展示、农家风味品尝学习、风俗参与体验、农民画游购学等诸多项目为一体的新农村时尚旅游目的地。这也是旅游发展的必然，因为旅游越来越成为一种体验经济。只有如此，东韩村的旅游发展才可保持强劲势头，不断蓬勃发展。（6）继续保持村庄的原真性。从保持原真性角度看，东韩村在给予游客真实的农村面貌方面做得比较好。首先，当天举办的婚庆就是很自然、淳朴的当地风俗的体现，而没有因为发展旅游而被歪曲和改变；其次，村中开办农家乐的农户也没有因为旅游的关系而天天开门营业，仍然是照常种地、串门，一切都没有因旅游发生改变。将最原始的农村生活状态展现给游客，而非像其他一些舞台化、商业化的村庄，可以考虑采取更好的方法来保证旅游的原真性和可持续发展。

第三站：周至杂果林带

　　周至秦岭北麓杂果林带东起九峰乡，西至竹峪乡，东西长约64.8公里，共分布有8个乡镇。这里气候温和，湿润多雨，土壤肥沃，是种植杂果林的理想基地。多年来，由政府引导、多头扶持、市场调节、自主发展，形成了现在的沿山杂果经济林带，总面积已达4.3万亩，主要果树种类十多个。其中以东南部水蜜桃基地面积最大，有2.1万亩；西南塬区油桃栽植位居第二，达1.2万亩；还分布有杏3000亩、李1500亩、樱桃1000亩、葡萄800亩、早熟苹果600亩，在沿山沟坡上还栽植有核桃、板栗、柿子等。基地内果树种类齐全，早、中、晚熟品种结构合理，成熟期从5月上旬开始到10月中旬结束，供应时间较长，是当地农民重要的经济来源。水蜜桃基地主栽品种有：5 月成熟的五月春桃、早凤王、安龙水蜜，6 月成熟的沙红桃系列，8 月成熟的川中岛系列及未央二号等；油桃基地从 5 月上旬开始，设施大棚油桃，极早 518、引美 1 号开始上市，6 月初五月阳光、华光、曙光、艳光等优良品种开始成熟，7 月秦光 2 号、秦光 1 号等陆续成熟上市。另外 5 月的金太阳杏、凯特杏、红灯大紫樱桃可上市，6 月东方红李、澳李—14 等已成熟，7 月早熟苹果成熟，8 月葡萄新品红提、黑提、户太八号等可成熟上市，到 9 月核桃、板栗等正好赶上中秋佳节成熟。

在抓好杂果生产的同时，位于杂果基地东部的九峰乡大力发展"农家乐"旅游都市农业，走出了一条发展农业经济的新路子。春暖花开的日子，到果园来赏花留影，果实成熟的季节拾一个篮子到指定园子免费采摘水果，成为都市人"果园之旅"最难忘的趣事。

下一站就是到周至的九峰乡考察那里的农家乐和杂果林带。在路上，我们看到了各种果林，主要是猕猴桃、油桃、樱桃和葡萄。九峰乡的耿峪村，是我们原计划住宿的地方，我们决定继续向山里进发，希望能考察一下山里农家乐的开发情况。一路上我们路过几家，但规模都较小。我们一直开车到耿峪村后，这里的农家乐较多，规模也比较大，我们选择了较大的一家住宿。我们把住宿安排好后就在周边地区进行了考察。

经过访谈我们了解到，现在耿峪村的所有居民都经营农家乐，没有经营农家乐的农户都搬到了山外，而现在在山里经营农家乐的人也有一些是山外的人，其中我们走访的一家老板就是周至县城里的人，他在这里投资 50 万元开办了一家农家乐，可以说是耿峪村中农家乐档次较高的一家了。他的小院布置得很雅致，有流水，有树藤，有木屋，他还计划在小院的靠河的一边设置一些桌椅，可以让人们一边欣赏水景，一边品尝鲜果。相信他未来的生意应该是不错的。

我们还走访了另外一家开办时间较长的农家乐，这一家已经开办了 6 年，整体设施都比较完善，门口处有详细的价目表，小院内有栽种的蔬菜和花卉，还有临水的亭子，非常雅致。

对于这里的农业旅游的发展现状，有许多值得肯定的地方，但还可以进一步提高。这里的自然风光很好，有山有水，森林的覆盖率很高，大多数农家乐都将山脚下的小河引到自家的小院形成水景，为小院增添了灵气，这是值得肯定的，因为大多数来自西安的游客对水都很向往，所以这正好迎合了游客的偏好。但不足的是这里的交通状况有待改善，山路主要是土路，汽车开过后扬起的灰尘很大，对环境造成很大影响。

耿峪村景观

晚上和第二天的早上，我们在这里吃了很地道的农家饭，价位适中。

耿峪村小溪景观

第四站：户县阿姑泉牡丹园

我们驱车离开了耿峪村，进行沿途考察。这条环山公路的路况很好，周边景色宜人，成片成片的果林郁郁葱葱。沿路的村子大多都已经开发了农家乐，越靠近西安开发得越成熟。大部分都是由钓鱼、采摘果木、吃农家饭这几个项目组成。

　　沿途经过户县牡丹园，我们进园进行了考察。阿姑泉牡丹园位于陕西省户县城南 10 公里处的终南山北麓，因地处户县石井乡阿姑泉村的山坡上而取名阿姑泉牡丹园风景区。因为这里有三口千年不涸的泉，故名阿姑泉。建园前，这里森林覆盖率达 93％，环境清幽，水、土、空气均无污染，是一处风景秀美的山林宝地。因为附近庙宇、名胜较多，每年春夏都吸引着众多游人观光旅游。1993 在这里建起了集森林、山水、花卉为一体的综合性山林公园。由于花卉中以牡丹为主，所以称之为牡丹园风景区。

　　园区可游面积约 5 平方公里。背山面水，以姑泉山为中心，东有潭峪，西有皂峪，两谷相抱，两水环绕。由姑泉山山顶沿山梁向东南 3 公里，是闻名遐迩、峰峦叠翠的风景名胜九华山。站在山头，向北遥望，是茫茫的秦川平原，田野风光尽收眼底。

　　由于我们考察的时间是 4 月底，已经过了牡丹的花期，所以进入园后看到的牡丹大多已经凋零，观赏性不强。但是牡丹园中除了我们之外，还有许多游客，他们大多数也都感到有些失望。我认为在这一点上牡丹园的工作做得不好，我们进园之前就咨询过工作人员花期是否已过，但工作人员告诉我们有些花已经凋谢，还有一些花开得很好，显然进园后看到的情景与他们所说的不符，这容易使游客产生反感，感觉被欺诈，影响景区声誉。

第五站：大弥勒寺

　　位于西安白鹿原的大弥勒寺是一个纯粹的佛教活动场所，没有任何功利的活动，所有经费都是信徒的捐赠。

　　我们受到了寺里住持师傅的热情接待，通过和法师的交流，聆听了一些有关发展旅游和宗教之间的关系的见解，同时游览了一些正在建设中的佛寺。住持师傅学识渊博，对宗教旅游的开发有独到的见解。

　　在大弥勒寺中，我们感觉不到一点世俗的气息，大家都认为这是现在佛教寺院中少有的一方净土。宗教教人向善，有着社会规则和法律不可替代的作用。宗教为人们提供了一种不同于现代科学的发展思路，有利于促使人心向善，改善社会治安状况，有利于国家的精神文明建设。同时，宗教的存在也有利于旅游业的进一步发展，丰富了旅游的文化内涵。

　　离开大弥勒寺，我们回到学校，野外考察活动圆满结束。

参 考 文 献

［1］陈道品、梅虎：《桂林市郊农业旅游开发模式研究》，《广西社会科学》2004年第12期。

［2］曹瑞琴：《"农家乐"旅游的现状及发展对策》，《甘肃科技》2008年第24卷第2期。

［3］尹占娥、殷杰、许世远：《上海乡村旅游资源评价研究》，《旅游学刊》2007年第22卷第8期。

［4］张金霞、叶蓓：《武汉市农家乐旅游的发展模式》，《统计与决策》，2006年。

［5］杨群：《广东农业观光旅游的现状及开发模式探讨》，《乡镇经济》，2003年。

［6］韦东海：《桂林市农家乐发展的现状及对策建议》，《产业与科技论坛》2007年第6卷第7期。

［7］陈志永、李乐京、梁玉华：《乡村居民参与旅游发展的多维价值及完善建议——以贵州安顺天龙屯堡文化村为个案研究》，《旅游学刊》2007年第22卷第7期。

［8］张国平、李金波、黄郝成：《乡村投资主体关系研究》，《旅游学刊》2007年第22卷第6期。

［9］胡敏：《乡村民俗经营管理核心资源分析》，《旅游学刊》，2007年。

［10］Arie Reiche. Oded Lowengart. Ady Milman Rural tourism in Israel: service quality and orientation. Tourism Management, 2000, 451 - 459.

［11］Brian Garrod, Roz Wornell. Ray Youell Re-conceptualising rural resources as countryside capital. The case of rural tourism. Journal of Rural Studies, 2006, 117 - 128.

［12］刘宇峰、孙虎、原志华：《陕西秦岭山地旅游资源特征及开发模式探讨》，《山地学报》2008年第1期。

［13］王克西、任燕、张月华：《秦岭北麓环山带生态环境保护问题研究》，《西北大学学报》2007年第37卷第2期。

［14］朱晓勤、刘康、秦耀民：《基于GIS的秦岭山地植被类型与环境梯度的关系分析》，《水土保持学报》2006年第20卷第5期。

［15］管华：《秦岭—黄淮平原交界带自然地理边际效应》，科学出版社2006年版。

［16］张国伟：《华北地块南部早前寒武纪地壳的组成及其演化和秦岭造山带的形成及其演化》，《西北大学学报》1988年第18卷第1期。

［17］李乃英、郭彩玲、惠振德、马占元：《陕南秦巴山区矿产资源开发利用与持续发展研究》，《资源科学》1999 年第 21 卷第 4 期。

［18］刘晓东、方建刚、杨续超、李新周：《秦岭邻近地区旬降水气候学及其大气环流特征》，《干旱气象》2003 年第 21 卷第 3 期。

［19］庄丽丽：《浙江省休闲农业发展模式及其规划设计研究》，浙江农林大学，2010 年。

［20］周涛：《浅谈秦岭地区在创建生态示范省中的地位和作用》，《陕西环境》2001 年第 8 卷第 2 期。

［21］周万龙、张骅、陈谦等：《强化秦岭北麓水土保持支撑关中一线两带建设——关于秦岭北麓生态环境问题及水土保持对策的调查报告》，《陕西水土保持》2003 年第 1 期。

［22］刘康、马乃喜、胥艳玲、孙根年：《秦岭山地生态环境保护与建设》，《生态学杂志》2004 年第 23 卷第 3 期。

［23］马乃喜：《秦岭地区生物多样性的特点与保护》，《陕西环境》2000 年第 7 卷第 1 期。

［24］刘凤仪、邓丽芳：《秦岭北坡发现珍稀蝶种》，《西安联合大学学报》2000 年第 2 卷第 3 期。

［25］周万龙等：《关于秦岭北麓生态环境问题及水土保持对策的调查报告》，《陕西水土保持》2003 年第 1 期。

［26］张民侠：《秦岭保护区群生物多样性及其保护与发展研究》，《农村生态环境》2000 年第 16 卷第 4 期。

［27］任燕：《秦岭北麓地区经济发展与自然保护研究》，《理论导刊》2007 年第 1 期。

［28］王香鸽、孙虎：《陕西秦岭北坡浅山地带生态环境保护研究》，《陕西师范大学学报》2003 年第 3 卷第 31 期。

［29］雷瑞德：《加强植被建设，保护秦岭生态环境》，《陕西环境》2000 年第 7 卷第 1 期。

［30］王书转、赵先贵、肖玲：《秦岭北麓区域主要河流水质分析与评价》，《干旱区资源与环境》2007 年第 8 卷第 21 期。

［31］张仰渠：《陕西森林》，陕西科学技术出版社 1989 年版。

［32］吴小玲：《发展观光休闲农业　推进现代农业建设》，《台湾农业探索》2007 年第 3 期。

［33］肖亮：《城市休闲系统研究》，天津大学，2010 年。

［34］牛亚菲、陈田：《自然保护区生态旅游开发研究》，《海峡两岸观光休闲农业与乡村旅游发展——海峡两岸观光休闲农业与乡村旅游发展学术研讨会论文集》，2002 年。

［35］南宇、李兰君：《中国中西部旅游资》，清华大学出版社、北京交通大学出版社 2007 年版。

［36］建设"后花园"：《捍卫绿色的前提》，《西安日报》。

［37］郭威：《西安市发展秦岭北麓农业休闲观光旅游应注意的问题》，《西北建筑工程学院学报》（自然科学版）2001 年第 18 卷第 4 期。

［38］《2007 年宝鸡市国民经济和社会发展统计公报》，陕西统计局。

［39］《2007 年渭南市国民经济和社会发展统计公报》，陕西统计局。

［40］《2007 年西安市国民经济和社会发展统计公报》，陕西统计局。

［41］李健、罗芬、邓金阳：《国内外奥运旅游研究发展综述》，《旅游学刊》2007 年第 9 卷第 22 期。

［42］《"五一"小长假热了短线游　乡村游等异常火爆》，陕西省人民政府网。

［43］邱云美：《欠发达地区发展散客旅游的 SWOT 分析》，《丽水学院学报》2007 年第 12 期。

［44］刘笑明：《西安市观光农业发展与布局研究》，西北大学硕士学位论文，2003 年。

［45］吴必虎：《大城市环城游憩带（ReBAM）研究——以上海市为例》，《地理科学》2001 年第 4 期。

［46］刘笑明、李同升：《区域观光农业空间布局研究——以西安市为例的研究》，《西安石油大学学报》（社会科学版）2005 年第 1 期。

［47］裘莉娟：《西安市周边地区观光农业总体布局研究》，西北农林科技大学硕士学位论文，2007 年。

［48］苏平、党宁、吴必虎：《北京环城游憩带旅游地类型与空间结构特征》，《地理研究》2004 年第 3 期。

［49］马庆斌：《观光农业及其规划研究》，西北大学硕士学位论文，2002 年。

［50］孔祥智：《都市型现代农业的内涵、发展思路和基本框架》，《北京农业职业学院学报》2007 年第 7 期。

［51］郭焕成、王云才：《中国观光农业的性质与发展研究》，海峡两岸观光农业休闲农业与乡村旅游发展，2004 年。

［52］王书转、肖玲、吴海平：《秦岭北麓生态承载力定量评价研究》，《水土保持》2006 年第 13 卷第 1 期。

［53］蓝君：《国外观光休闲农业的主要形式》，《新农村》1998 年第 10 期。

［54］郭春华、马晓燕、冷平生：《浅析观光农业类型和规划要点》，《北京农学院学报》2002 年第 4 期。

［55］李文荣：《农业观光园发展模式研究》，《农机化研究》2006 年第 8 期。

［56］方志权、吴方卫：《论都市农业的基本特征与功能作用》，《上海农村经济》2007 年第 9 期。

［57］李娜:《旅游产业集群模式与发展研究——以陕西省旅游产业集群发展为例》,陕西师范大学硕士论文,2007年。

［58］莫申国:《秦岭植被景观多样性与物种梯度分析》,《福建林业科技》2007年第34卷第4期。

［59］齐增湘、熊兴耀、徐卫华、甘德欣:《基于GIS的秦岭山系气候适宜性评价》,《湖南农业大学学报》(自然科学版)2011年第37卷第3期。

［60］张立伟、宋春英、延军平:《秦岭南北年极端气温的时空变化趋势研究》,《地理科学》2011年第31卷第8期。

［61］刘宇峰、孙虎、原志华:《陕西秦岭山地旅游资源特征及开发模式探讨》,《山地学报》2008年第1期。

［62］孔庆蕊、孙虎:《基于垂直地带性的旅游资源开发研究》,《江西农业学报》2009年第21卷第12期。

［63］朱美宁、宋保平:《基于大尺度旅游地规划空间组织结构研究——以陕西秦岭为例》,《江西农业学报》2009年第21卷第16期。

［64］段青维:《户县秦岭北麓水资源保护存在的问题与措施》,《水利科技与经济》2011年第17卷第7期。

［65］高天凝、程世娇、焦原磊、王小龙、郝高建:《秦岭北麓地区生态治理中生态私有对策实证分析——以宝鸡市凤县双石铺镇双石铺村为例》,《安徽农业科学》2011年第39卷第1期。

［66］李勤:《秦岭北麓森林公园生态旅游绿色营销策略研究》,《陕西行政学院学报》2007年第21卷第1期。

［67］武宇红:《秦岭北麓生态产业政策初探》,《安徽农业科学》2011年第39卷第34期。

［68］马致远、李婷、胡伟伟、豆惠萍:《秦岭北麓水资源可持续开发利用分析》,《西北地质》2011年第44卷第2期。

［69］蒋建军、冯普林:《秦岭北麓水资源利用现状与生态景观维护》,《人民黄河》2010年第32卷第7期。

［70］李海燕、李建伟、权东计:《长安秦岭北麓发展带生态景观规划研究》,《云南地理环境研究》2005年第17卷第5期。

［71］张静:《五十年来秦岭北麓(西安段)自然资源变化轨迹研究》,陕西师范大学,2006年。

［72］静铁:《陕西秦岭北麓体育旅游开发战略模式研究》,《地方经济》2011年。

［73］董红梅:《陕西秦岭北麓生态旅游可持续发展研究》,《安徽农业科学》2011年第39卷第2期。

［74］肖玲、王书转、张健、王利军、任桂镇:《秦岭北麓主要河流的水质现状调查与评价》,2008年。

［75］王红权、陈小利：《秦岭北麓生态环境保护现状、存在问题及对策》，《陕西林业》2008 年第 5 期。

［76］李均、冯忠贤、鲍梦麟、樊维翰：《秦岭北麓综合治理亟待加快》，《陕西水利》2003 年第 2 期。

［77］王书转、肖玲、马彩虹、兰叶霞：《秦岭北麓生态承载力研究》，《国土与自然资源研究》2005 年第 4 期。

［78］郭红芳：《国内休闲农业研究综述》，《桂林旅游高等专科学校学报》2007 年第 6 期。

［79］戴美琪：《休闲农业旅游对农村社区居民的影响研究》，中南林业科技大学，2007 年。

［80］罗佩：《新农村建设中休闲农业的规划设计研究》，中南林业科技大学，2009 年。

［81］黄蓉：《休闲农业旅游研究》，中南林学院，2004 年。

［82］解东：《临沂市农业旅游现状分析及发展对策研究》，中国农业大学，2005 年。

［83］帅娅娟：《休闲农业发展模式研究》，湖南师范大学，2008 年。

［84］杜立钊、师守祥：《甘南生态经济建设支撑体系研究（三）——生态产业的选择与培育》，《草业科学》2003 年第 4 期。

［85］黎晓春：《吉林省农业结构调整问题研究》，吉林大学，2006 年。

［86］卓锦霞：《张家界国家森林公园环境营销研究》，中南林业科技大学，2005 年。

［87］严志刚：《我国农业观光温室的发展和景观规划设计研究》，南京农业大学，2006 年。

［88］胡迎春：《京郊休闲果园游客满意度研究》，北京林业大学，2007 年。

［89］何景明：《国外乡村旅游研究述评》，《旅游学刊》2003 年第 1 期。

［90］李乃英：《对开发陕西农业旅游的思考》，《人文地理》1999 年第 2 期。

［91］芮晔：《南京农业旅游市场开发研究》，南京师范大学，2003 年。

［92］刘笑明：《西安市观光农业发展与布局研究》，西北大学，2003 年。

［93］孙爱丽：《上海观光农业的现状和开发措施研究》，上海师范大学，2003 年。

［94］刘丹丹、刘从九：《国内旅游观光农业发展的现状及对策》，《安徽农学通报》2008 年第 21 期。

［95］胡爱娟：《休闲农业结构布局及发展模式研究——以杭州市为例》，《2011 年全国休闲农业创新发展会议论文集》，2011 年。

［96］刘登伟：《秦岭南北环境变化人类影响因素比较研究——以水资源为例》，陕西师范大学，2004 年。

［97］齐杰、王芳：《秦岭北坡森林旅游产业发展的 SWOT 分析》，《安徽农业科学》

2007 年第 28 期。

　　[98] 张志诚：《秦岭森林公园的生态化规划设计》，《北方环境》2011 年第 9 期。

　　[99] 李勤：《秦岭北麓森林公园实施绿色营销策略可行性研究》，《理论导刊》2007 年第 6 期。

　　[100] 郭立新、张日清、张进德、张凤梧：《陇南山区观光农业开发初探》，《甘肃林业科技》2009 年第 2 期。

　　[101] 钟春艳、王敬华：《关于休闲观光农业发展热潮的思考》，《安徽农业科学》2009 年第 20 期。

　　[102] 杨松茂、任燕：《秦岭北麓"峪口型地域"深层次开发研究》，《西北大学学报》（哲学社会科学版）2009 年第 5 期。

　　[103] 郭旭、陈健：《大都市乡村旅游开发的现状与对策——以南京为例》，《南京社会科学》2009 年第 11 期。

　　[104] 杨尚英：《秦岭北麓森林公园空气负离子资源的开发利用探讨》，《生态经济》2003 年第 10 期。

　　[105] 乔彦军、徐冬寅、杨敏、王显炜：《秦岭北麓公路生态旅游景观开发研究》，《生态经济》2010 年第 2 期。

　　[106] 张朝枝：《生态旅游的绿色营销特点及策略》，《社会科学家》2000 年第 6 期。

　　[107] 韩笑：《生态旅游及其绿色营销策略》，《安徽农业科学》2007 年第 31 期。

　　[108] 宋秀云、严艳：《西安市民对秦岭北麓观光农业园的认知及消费偏好研究》，《江西农业学报》2008 年第 7 期。

　　[109] 严艳、杨晓美：《秦岭北麓农业旅游资源空间结构研究》，《西安电子科技大学学报》（社会科学版）2008 年第 4 期。

　　[110] 姚江鹏：《秦岭北麓生态旅游区开发可行性研究》，《科技致富向导》2009 年第 14 期。

　　[111] 职晓晓：《长安区秦岭北麓生态旅游资源的开发与保护》，《陕西教育学院学报》2009 年第 1 期。

　　[112] 何平然、孙凤君：《观光农业的经济学思考》，《中国集体经济》2009 年第 15 期。

　　[113] 郭焕成、刘军萍、王云才：《观光农业发展研究》，《经济地理》2000 年第 2 期。

　　[114] 舒伯阳：《中国观光农业旅游的现状分析与前景展望》，《旅游学刊》1997 年第 5 期。

　　[115] 韩丽：《关于我国观光农业的可持续发展探讨》，《农业经济》2000 年第 10 期。

　　[116] 田喜洲：《开发生态农业旅游的思考》，《生态经济》2002 年第 6 期。

［117］郭一新：《休闲农业旅游开发探讨》，《地域研究与开发》1999 年第 2 期。

［118］赵荣、王斌、张结魁：《西安市国内游客旅游行为研究》，《西北大学学报》（自然科学版）2002 年第 4 期。

［119］谢雯、覃志豪、任黎秀、姜立鹏：《昭通市发展农业生态观光旅游初探》，《中国农业资源与区划》2007 年第 3 期。

［120］路丽、刘金铜、李红军、王建江：《太行山丘陵区观光农业区域规划与发展模式构想——以河北省为例》，《中国生态农业学报》2005 年第 1 期。

［121］李同升、马庆斌、沈锐：《观光休闲农业规划与旅游园区建设探讨——以西安"皇家上林苑观光农园"为例》，《海峡两岸观光休闲农业与乡村民俗旅游研讨会论文集》（上），2002 年。

［122］郭盛晖：《浅析珠江三角洲观光农业的发展》，《海峡两岸观光休闲农业与乡村民俗旅游研讨会论文集》（上），2002 年。

［123］宋金平、牟春辉：《我国观光农业发展存在的问题与对策》，《海峡两岸观光休闲农业与乡村民俗旅游研讨会论文集》（下），2002 年。

［124］杨载田：《观光休闲农业规划布局原则探索》，《海峡两岸观光休闲农业与乡村旅游发展——海峡两岸观光休闲农业与乡村旅游发展学术研讨会论文集》，2002 年。

［125］张振海、黄跃东：《福州市休闲农业发展思路探讨》，《2008 年福建省科协第八届学术年会农业分会场论文集》，2008 年。

［126］余剑晖、杨晓霞、彭可：《重庆市农业旅游发展论略》，《安徽农业科学》2006 年第 19 期。

［127］庄秀琴：《江苏省洪泽湖区发展湿地观光农业的可行性分析》，《安徽农业科学》2006 年第 24 期。

［128］张建国、俞益武、蔡碧凡、何方：《浙江新昌休闲农业产业带规划布局与发展战略研究》，《安徽农业科学》2007 年第 2 期。

［129］查芳：《蚕桑丝绸文化的乡村旅游品牌——以陕西安康为例》，《安徽农业科学》2007 年第 16 期。

［130］陈超群、罗明春、钟永德：《乡村旅游者体验真实性探析》，《安徽农业科学》2007 年第 34 期。

［131］钟春艳、王敬华：《关于休闲观光农业发展热潮的思考》，《安徽农业科学》2009 年第 20 期。

［132］董桥锋：《素朴之美——观光农业园规划设计研究》，华中农业大学，2010 年。

［133］盖晓媛：《杭州市乡村景观旅游规划设计研究》，浙江理工大学，2010 年。

［134］黄欢：《农业景观在风景区建设中的价值与应用研究》，昆明理工大学，2010 年。

［135］耿芳：《基于农业多功能视角下发展休闲观光农业的应用研究》，浙江大学，

2011 年。

［136］方丹：《现代农庄的开发规划研究》，中南林业科技大学，2010 年。

［137］张毅、张涛、徐进、王益锋：《西安市旅游观光农业发展探析》，《安徽农业科学》2010 年第 27 期。

［138］贾会棉、路剑：《体验经济下对保定市发展观光农业的新思考》，《安徽农业科学》2006 年第 18 期。

［139］张长青：《沿淮洼地生态观光农业发展现状及对策思考》，《安徽农学通报》2007 年第 23 期。

［140］严艳、宋秀云：《基于旅游消费偏好的秦岭北麓观光农业园发展研究》，《西安电子科技大学学报》（社会科学版）2008 年第 6 期。

［141］李林、蒋伟：《国内外休闲农业研究》，《农业研究与应用》2011 年第 3 期。

［142］韩改芬、严艳：《西安市秦岭北麓发展带观光农业对比研究》，《安徽农业科学》2009 年第 19 期。

［143］张小明：《秦岭北麓"农家乐"存在的问题及对策》，《新西部（下半月）》2008 年第 10 期。

［144］泰秀：《秦岭北麓休闲产业带的开发策略》，《西安工程大学学报》2010 年第 3 期。

［145］刘树林：《西秦岭北缘断裂带宝鸡—天水段活动性评价及区域应力场分析》，长安大学，2011 年。

［146］王威：《秦岭北麓中段芷阳沟泥石流特征分析及预测研究》，长安大学，2011 年。

［147］杨莹、李建伟、刘兴昌、段炼儒：《功能性郊区发展的定位分析——以长安秦岭北麓发展带为例》，《西北大学学报》（自然科学版）2006 年第 4 期。

［148］李燕凌、陈娟、李学军：《论生态农业的发展模式与选择》，《农村经济与科技》2007 年第 7 期。

［149］李保印：《21 世纪的生态农业模式农业观光园》，《河南职业技术师范学院学报》2002 年第 3 期。

［150］任军号、孙虎、高向鹏：《秦岭北坡旅游度假带规划研究》，《陕西师大学报》（自然科学版）1995 年第 3 期。

［151］雷明德、李骊明、雷羡梅：《西安市秦岭山地绿色旅游开发的初步建议》，《西北大学学报》（哲学社会科学版）1997 年第 4 期。

［152］郑辽吉：《丹东市观光农业发展模式及开发研究——以大梨树生态农业观光旅游区为例》，《海峡两岸观光休闲农业与乡村民俗旅游研讨会论文集》（上），2002 年。

［153］刘华斌、张娇丽：《观光农业园规划设计初探》，《九江学院学报》2009 年第 3 期。

［154］李静、江琦、张浪：《上海市南汇区蔬菜产业示范园区规划探讨》，《西北农

林科技大学学报》（社会科学版）2007 年第 2 期。

　　［155］蒲亚锋、邹志荣：《富平天成生态观光农业示范园规划设计》，《安徽农业科学》2008 年第 28 期。

　　［156］陈宇、姜卫兵：《观光农业园（区）规划研究》，《安徽农业科学》2009 年第 11 期。

　　［157］梁竹君、武丽：《环境监控技术在设施农业中的应用》，《安徽农业科学》2009 年第 16 期。

　　［158］王晓丹、张小栓、穆维松：《观光农业游客满意度评价指标体系的构建》，《现代农业科技》2007 年第 7 期。

　　［159］张英、徐晓红、田子玉：《我国设施农业的现状、问题及发展对策》，《现代农业科技》2008 年第 12 期。

　　［160］田晓珍、杨鸿佼、张法瑞：《观光农业发展中的生态环境问题探析》，《现代农业科技》2009 年第 4 期。

　　［161］李春亭：《观光农业景观结构和景观功能的研究》，《北京农业职业学院学报》2008 年第 1 期。

　　［162］毛帅：《休闲农业与观光农业、都市农业的联系与区别》，《特区经济》2008 年第 10 期。

　　［163］王颖、易兰兰、薛亚娟：《高科技农业观光园发展模式初探》，《商场现代化》2006 年第 36 期。

　　［164］钟国庆：《观光休闲农业园旅游发展潜力评估——以北京市休闲果园为例》，《广东农业科学》2009 年第 7 期。

　　［165］张万荣、张建国：《浙江观光农业园发展模式构建与实证研究》，《广东农业科学》2010 年第 3 期。

　　［166］汪晓云：《如何提高观光农业园的建设品位》，《农业工程技术（温室园艺）》2009 年第 1 期。

　　［167］王跃伟、姚俊娜：《观光农业园消费者研究——以金鹭鸵鸟园为例》，《江西农业学报》2009 年第 2 期。

　　［168］余华荣、张文英：《广东省观光农业园景观影响因素研究》，《广东园林》2008 年第 6 期。

　　［169］钟春艳、周连第：《观光农业园的绿色营销策略》，《商业研究》2009 年第 8 期。

　　［170］严艳、连丽娟、林明太、陆邦柱：《基于 ASEB 栅格分析法的旅游产品开发研究——以福建省湄洲岛为例》，《资源开发与市场》2009 年第 8 期。

　　［171］景丽：《兰州市观光农业研究》，《甘肃高师学报》2007 年第 5 期。

　　［172］孙根年、孙建平、吕艳、年碧宏：《秦岭北坡森林公园游憩价值测评》，《陕西师范大学学报》（自然科学版）2004 年第 1 期。

[173] 高雪玲、刘康、康艳、沈炳岗：《秦岭山地生态系统服务功能价值初步研究》，《中国水土保持》2004 年第 4 期。

[174] 吴炼、李细高：《长沙市郊发展旅游观光农业的潜力、模式与对策》，《安徽农业科学》2007 年第 36 期。

[175] 赵博勇：《生态农业及其发展模式研究》，西北大学，2009 年。

[176] 孟英伟：《我国农业观光园的研究综述》，《河北旅游职业学院学报》2009 年第 2 期。

[177] 项载昌：《生态农业旅游及其开发规划理论的初步探讨》，云南师范大学，2005 年。

[178] 李文杰：《呼和浩特市城郊观光农业开发初探》，《内蒙古师范大学学报》（哲学社会科学版）2006 年第 S2 期。

[179] 裘莉娟、邹志荣：《西安市周边地区观光农业总体布局研究》，《安徽农业科学》2007 年第 13 期。

[180] 刘霞、李艳霞：《对发展西部地区生态农业的探讨》，《中国海洋大学学报》（社会科学版）2003 年第 4 期。

[181] 马守臣、徐炳成、陆孝平：《焦作市观光农业开发模式及发展对策》，《安徽农业科学》2008 年第 28 期。

[182] 杜姗姗、蔡建明、陈奕：《北京市观光农业园发展类型的探讨》，《中国农业大学学报》2012 年第 1 期。

[183] 潘虹、张岩丽、刘英：《农业旅游节庆开发研究——以"泗水桃花节"为例》，《安徽农业科学》2009 年第 26 期。

[184] 宋晓虹：《生态旅游农业的发展及其创新意义》，《贵州农业科学》2002 年第 1 期。

[185] 傅琴琴：《休闲观光农业发展探析》，《市场论坛》2009 年第 1 期。

[186] 孙艺惠、杨存栋、陈田、郭焕成：《我国观光农业发展现状及发展趋势》，《经济地理》2007 年第 5 期。

[187] 乔家君、李小建：《基于微观视角的河南省农区经济类型划分》，《经济地理》2008 年第 5 期。

[188] 徐胜、姜卫兵、翁忙玲、韩建：《江苏省现代农业园区的建设现状与发展对策》，《江苏农业科学》2010 年第 3 期。

[189] 陈彪：《对观光农业类型的探究》，《现代农业科学》2009 年第 5 期。

[190] 彭朝晖、杨开忠：《政府扶持下的都市农业产业群模式研究——以北京市延庆县为例》，《中国农业大学学报》2006 年第 2 期。

[191] 刘嘉：《农业观光园规划设计初探》，北京林业大学，2007 年。

[192] 刘洋：《大都市郊区观光农园规划设计研究》，西北大学，2010 年。

[193] 管兵中、卢松：《国内农业旅游研究述评》，《安徽农学通报》2006 年第

13 期。

　　［194］杨敏、李君轶：《高新农业旅游开发研究——以陕西杨凌国家级农业高新技术产业示范区为例》，《安徽农业科学》2003 年第 4 期。

　　［195］章筱蕾：《浅析农业生态旅游的发展》，《安徽农学通报（上半月刊）》2010年第 11 期。

　　［196］贾会棉、路剑：《体验经济下对保定市发展观光农业的新思考》，《安徽农业科学》2006 年第 18 期。

　　［197］沈海鹏：《休闲农业服务质量研究》，华中农业大学，2010 年。

　　［198］张绍芬：《沈家营镇农业观光旅游发展对策研究》，中国农业科学院，2010 年。

　　［199］蔡金华、刘照亭、王敬根、曲直：《日本观光农业对中国现代农业发展的启示》，《现代农业科技》2008 年第 21 期。

　　［200］宿竹君、刘慧民、王大庆：《生态农业观光园循环经济发展模式的创新理念》，《黑龙江生态工程职业学院学报》2011 年第 2 期。

　　［201］陈征：《观光农业园区规划方法及其评价研究》，《农业现代化研究》2009 年第 6 期。

　　［202］王海龙、单成海：《观光农业园设计》，《西昌学院学报》（自然科学版）2004 年第 4 期。

　　［203］刘娟、孙素芬、郭强：《发展生态休闲农业的理论与途径探析——以北京市为例》，《安徽农业科学》2008 年第 2 期。

　　［204］韩远彬：《丽水生态农业观光旅游研究》，《现代农业科技》2009 年第 12 期。

　　［205］孟铁鑫：《都市型休闲观光农业的发展策略研究——以杭州为例》，《科技和产业》2009 年第 7 期。

　　［206］闵洁：《论长江三角洲休闲农业旅游的开发》，《现代农业科技》2009 年第 19 期。

　　［207］王娜、刘玲：《嘉善县休闲观光农业发展探析》，《现代农业科技》2008 年第 11 期。

　　［208］陈章真：《中国旅游产业带动休闲农业的可行性分析》，第六届海峡两岸休闲农业发展学术研讨会论文集，2008 年。

　　［209］孙爱丽：《上海观光农业的现状和开发措施研究》，上海师范大学，2003 年。

　　［210］汪如钢、丁蔓琪：《塘栖休闲观光农业经济开发策略——以枇杷产业为例》，《北方经济》2010 年第 20 期。

　　［211］林国华、曾玉荣、周江梅、徐慎娴、刘荣章、林卿：《海西新农村建设视野下的休闲观光农业发展探析》，《福建农林大学学报》（哲学社会科学版）2009 年第 5 期。

　　［212］黄超、谢文、赵小敏、陶丹丹、黄俊、饶金波、谢林波、郭熙：《婺源县观

光农业重点布局区划研究》，《南方园艺》2011 年第 5 期。

[213] 刘莹：《海鸥岛休闲农业发展研究》，华中农业大学，2010 年。

[214] 邓志强：《设施农业旅游开发研究》，西南大学，2011 年。

[215] 何伟：《休闲农业的特点及淮安市休闲农业发展分析》，《安徽农业科学》2008 年第 8 期。

[216] 张全国、马瑞昆、贾秀领：《观光农业特点、类型、实施条件及河北省发展对策》，《河北农业科学》2008 年第 2 期。

[217] 匡丽红、秦华：《观光农业建园条件分析》，《安徽农业科学》2006 年第 18 期。

[218] 王小华、赵燕、熊丽、徐延涛：《休闲农业的规划设计与经营》，《北方园艺》2006 年第 3 期。

[219] 申彩虹、杨敏：《河北省观光农业发展问题探究》，《河北农业大学学报》（农林教育版）2003 年第 3 期。

[220] 吴雁华、傅桦：《关于观光农业发展的若干问题之探讨》，《首都师范大学学报》（自然科学版）2002 年第 2 期。

[221] 戴美琪、游碧竹：《国内休闲农业旅游发展研究》，《湘潭大学学报》（哲学社会科学版）2006 年第 4 期。

[222] 郑铁、周力：《观光农业可持续发展对策研究》，《农业经济》2006 年第 6 期。

[223] 万红莲：《杨凌观光农业旅游的发展现状及对策研究》，《河北农业科学》2010 年第 1 期。

[224] 郭春华、马晓燕、冷平生：《浅析观光农业类型和规划要点》，《北京农学院学报》2002 年第 2 期。

[225] 古长标：《浅析江苏省农业科学院溧水植物科学基地休闲观光功能》，《北京农业》2011 年第 27 期。

[226] 孙金土、何庆富、金小华、陈喜根：《拓展农业功能　推进休闲观光农业发展》，《杭州农业与科技》2009 年第 4 期。

[227] 张东云、郭建华：《邯郸市农业观光游功能区划研究（英文）Journal of Landscape Research》2010 年第 3 期。

[228] 曹华、赵景文：《拓展蔬菜设施功能　提升观光农业内涵　蔬菜》2010 年第 3 期。

[229] 高源、李斌欣：《观光农业园功能分区规划探讨技术与市场》（园林工程）2007 年第 12 期。

[230] 潘丽芹、周建东、吴涛：《农业观光园的功能区划及景观规划——以扬州市沙头镇农业观光园为例农机化研究》2007 年第 11 期。

[231] 汪晓云：《设施园艺与观光农业系列（2）——观光农业的功能设置》，《农

业工程技术（温室园艺）》2007 年第 8 期。

［232］汪晓云、王全会：《农业观光园的功能设置和建设思路》，《农村实用工程技术》2003 年第 1 期。

［233］李继东、徐寒梅、陈雪梅：《论观光农业的创新功能》，《生产力研究》2003 年第 6 期。

［234］李勇：《加快福州市休闲观光农业发展的对策建议》，《福建农业》2008 年第 6 期。

［235］刘士奇：《休闲农业辟蹊径　花果含笑迎佳宾——休闲观光农业巡礼》，《福建农业》2011 年第 5 期。

［236］徐官玲：《浅谈休闲观光农业》，《农村·农业·农民（B 版）》2006 年第 9 期。

［237］孙昕、王家民：《秦岭山区生态经济资源发展构想》，《生态经济（学术版）》2009 年第 2 期。

［238］张俊香：《秦岭南北地区环境脆弱化与脆弱度比较研究》，陕西师范大学，2002 年 4 月。

［239］岳利萍：《区域开发环境影响评价研究》，西北大学，2004 年 5 月。

［240］王晓冬：《全球变化下秦岭东西部响应程度比较研究》，陕西师范大学，2003 年 5 月。

［241］胡小晖：《全球变化下秦岭南北气候变化及其环境效应的比较研究》，陕西师范大学，2001 年 5 月。

［242］葛立群、董雪：《浅谈观光休闲与农业产业规划园区的有机结合——以大连“三十里堡龙口生态农业园”为例》2011 年第 11 期。

［243］蒲姝、韩雪：《新农村建设视野下乡村旅游景区发展研究——以成都市三圣乡红砂村景区为例》，《成都纺织高等专科学校学报》2010 年第 4 期。

［244］单婵、杨旺生：《浅谈观光农业园区中的低碳理念》，《重庆科技学院学报》（社会科学版）2011 年第 20 期。

［245］李延云、聂宇燕等：《观光休闲与农业产业规划园区建设探讨——以北京“梨树沟休闲农业园”为例》，《农业工程技术（农产品加工业）》2011 年第 3 期。

［246］何圣东：《建设都市农业综合体，推动休闲观光农业园区转型升级》，《中共浙江省委党校学报》2010 年第 5 期。

［247］赵永胜：《观光休闲农业园区景观规划设计探讨》，《山西建筑》2010 年第 28 期。

［248］张彩燕：《观光农业园区景观规划浅析》，《农业科技与信息》（现代园林）2010 年第 4 期。

［249］李胜、周飞跃、郑志安、路明：《都市循环农业观光园区系统集成创新模式与产业关联分析》，《科学管理研究》2010 年第 1 期。

［250］韩苗：《观光农业园区景观规划设计研究》，《陕西师范大学学报》（自然科学版）2009 年第 S1 期。

［251］黄新锋：《论观光休闲农业园区的景观规划——以深圳光明农科大观园为例》，《现代农业科技》2009 年第 14 期。

［252］高旺、陈东田、董小静、徐学东、张晓鸿：《结合山地景观开发利用的农业观光园区规划设计研究》，《中国农学通报》2008 年第 11 期。

［253］吕其林：《观光农业园区节水灌溉技术的应用设计》，《水利科技与经济》2008 年第 2 期。

［254］周建东、陈学好、潘丽琴、吴涛：《城郊型观光农业园区可持续规划研究——以扬州市沙头镇观光农业园区为例》，《扬州大学学报》（农业与生命科学版）2007 年第 4 期。

［255］甄灿福：《黑龙江省农业科技园区观光采摘园、垂钓休闲区规划设计》，《水利天地》2007 年第 22 期。

［256］王献溥、于顺利：《启东市滨海地区观光农业园区建设的实施途径探讨》，《安徽农学通报》2007 年第 19 期。

［257］陈东田、张晓鸿、王艳：《城郊生态农业观光园区规划研究》，《现代农业科技》（上半月刊）2006 年第 10 期。

［258］潘宏、林清：《观光农业的发展与园区规划初探》，《中国农学通报》2005 年第 8 期。

［259］李炯华、杨兆萍城郊观光农业生态旅游发展研究——以新疆独山子观光农业园区为例》，《水土保持研究》2005 年第 4 期。

［260］冯丽，王克昕：《北京市观光农业园区规划存在问题浅析》，《农村实用工程技术》2004 年第 1 期。

［261］姜卫兵、陈宇、姜鹏：《论观光农业园区的景观表达特性》，《中国园林》2003 年第 3 期。

［262］郭莉、王先杰：《北京市观光农业园规划中存在的问题与对策》，《北京农学院学报》2010 年第 3 期。

［263］耿芳：《基于农业多功能视角下发展休闲观光农业的应用研究》，浙江大学，2011 年。

［264］郭列侠：《休闲观光农业与城市发展关系探讨》，浙江大学，2007 年。

［265］杜谋：《山地农业观光园的规划设计研究》，西北农林科技大学，2010 年。

［266］张喜娜、杨波：《巩义市汇鑫农业园规划初探》，《现代农业科技》2011 年第 4 期。

［267］范黎丽：《我国乡村旅游发展的演变规律和演进机制研究》，南京师范大学，2008 年。

［268］胡自超：《农业园区规划研究》，《硅谷》2008 年第 17 期。

[269] 张亚萍、张建林、邢佑浩：《传统农业资源向现代景观资源的转化——浅析垫江黄沙白柚农业生态观光园规划设计》，《西南园艺》2004 年第 3 期。

[270] 肖光明：《观光农业的复合型开发模式初探——以肇庆广新农业生态园为例》，《经济地理》2004 年第 5 期。

[271] 李瑾：《我国观光农业的地域模式、功能分区与规划初探》，《中国农业资源与区划》2002 年第 2 期。

[272] 刘孟达：《绍兴市发展休闲观光农业的路径探析》，《现代农业》2006 年第 12 期。

[273] 陈艳红：《浅谈休闲农业》，《江南论坛》2003 年第 5 期。

[274] 崔艳、冯艳莉：《关于铜川市发展观光休闲农业的思考》，《榆林学院学报》2006 年第 2 期。

[275] 陈顺明：《论乡村旅游开发与社会主义新农村建设》，《湖南商学院学报》2006 年第 4 期。

[276] 陈文锦：《从农业的游憩化与产业化探讨台湾休闲农园之发展》，《台湾农业探索》2004 年第 3 期。

[277] 陈美云：《台湾休闲农业的成功经验及对大陆的启示》，《科技情报开发与经济》2006 年第 2 期。

[278] 程叙、雷炎炎、杨晓霞、杨庆媛：《休闲农业用地浅议》，《安徽农业科学》2006 年第 13 期。

[279] 成升魁、徐增让、李琛、吴月湖：《休闲农业研究进展及其若干理论问题》，《旅游学刊》2005 年第 5 期。

[280] 熊旅鑫、谢正根：《我国休闲农业的主题内容与景观设计原则》，《现代农业科技》2011 年第 18 期。

[281] 倪川：《观光农业生态园规划设计理论研究与实践》，福建农林大学，2010 年。

[282] 张艳双、陈爱丽、陈利莉：《农业科普观光景观规划——以南京现代农业园为例》，《安徽农业科学》2011 年第 16 期。

[283] 刘重佐：《浅议专类农业科技示范园规划设计》，《山西建筑》2011 年第 12 期。

[284] 高洁、鲁琳：《雅安市桃花山生态观光农业园 SWOT 分析及发展对策》，《安徽农业科学》2010 年第 16 期。

[285] 李晓颖、王浩：《"三位一体"生态农业观光园规划探析》，《中国农学通报》2011 年第 25 期。

[286] 柯立：《观光休闲农业策划的思路和方法研究》，《安徽农业科学》2008 年第 27 期。

[287] 赵磊：《多类型观光农业园对比分析》，河南农业大学，2010 年。

［288］杜洁：《观光农业园景观设计——以北戴河集发农业观光园中民俗作坊园为例》，《安徽农业科学》2010 年第 3 期。

［289］丁忠明、孙敬水：《我国观光农业发展问题研究》，《中国农村经济》2000 年第 12 期。

［290］史云、朱培峰、范晓梅：《低碳经济下的休闲农业开发研究》，《安徽农业科学》2010 年第 16 期。

［291］李晓颖、王浩、申世广：《景观·产业·游憩——三位一体生态农业观光园规划设计》，《江苏农业科学》2010 年第 5 期。

［292］陈宇：《论观光农业园规划的原则和手法》，《中国农学通报》2010 年第 2 期。

［293］何红：《陕西秦岭区域旅游合作与发展对策研究》，《安徽农业科学》2011 年第 12 期。

［294］徐学义：《中国西北部地质概论：秦岭、祁连、天山地区》，科学出版社 2008 年版。

［295］沈茂才：《中国秦岭生物多样性的研究和保护：秦岭国家植物园总体规划与建设》，科学出版社 2010 年版。

［296］刘胤汉：《陕西秦巴山区垂直带土地结构与演替研究》，西安地图出版社 1995 年版。

［297］潘贤丽：《观光农业概论》，中国林业出版社、北京大学出版社 2009 年版。

［298］郑健雄：《休闲旅游产业概论》，中国建筑工业出版社 2009 年版。

［299］朱玲、王捷二：《中国农业旅游的开发与发展初探》，见郭焕成，郑健雄主编《海峡两岸观光休闲农业与乡村旅游发展》，中国矿业大学出版社 2004 年版。

［300］Michael Pacione. Progress in rural GeograPhy，London：CroomHelm，1998.

［301］张天柱：《现代观光旅游农业园区规划与案例分析》，中国轻工业出版社 2009 年版。